Y ahora, ¿por qué llora?

Y ahora, ¿por qué llora?

Las claves del desarrollo psicológico del bebé
hasta los 12 meses

Hetty van de Rijt y Frans Plooij

SALVAT

Título original en inglés: *Why they cry*

Publicado por primera vez en 1992 por Kosmos-Z & K.
Uitgevers, Utrecht y Amberes, con el título *Oei, ik Groei!*

Traducción: Cathy Ginard Féron
Ilustraciones: Jan Jutte
Diseño de portada: Hans Geel

ISBN: 84-345-9484-6
D.L.: NA-1363-96

Impreso por Graphycems (Morentin, Navarra).
Diciembre 1996 Printed in Spain - Impreso en España

A nuestra hija Xaviera Femke,
de quien tanto hemos aprendido

Sumario

Introducción   VIII

1: *¿Cómo crece el bebé?*   1
2: *¿Cómo experimenta su mundo el recién nacido?*   14
3: *5 semanas: El mundo de las sensaciones*   35
4: *8 semanas: El mundo de las pautas*   51
5: *12 semanas: El mundo de las transiciones suaves*   79
6: *19 semanas: El mundo de los sucesos*   105
7: *26 semanas: El mundo de las relaciones*   143
8: *37 semanas: El mundo de las categorías*   193
9: *46 semanas: El mundo de las sucesiones*   229

Epílogo   267
Índice Temático   269

Introducción

Un bebé que llora puede ser una verdadera pesadilla para sus progenitores. Los padres que han conocido períodos de lloreras de sus hijos pequeños pueden dar fe de la angustia, la tensión y la desesperación que ello puede provocar. La mayoría de los padres suelen inquietarse cuando su bebé llora durante largos espacios de tiempo. Se preguntan si estará enfermo o si le pasará algo malo. Ocasionalmente encuentran una explicación que les satisface, aunque ésta no sea siempre la más acertada. Pero muchas veces no hay explicación y no queda más remedio que aguantar hasta que haya pasado la tormenta.

Todo ello origina preocupaciones, cansancio, irritación, sentimiento de culpabilidad y, en algunas ocasiones, incluso agresividad. El llanto del bebé puede llegar a provocar discusiones entre los padres, sobre todo cuando no se ponen de acuerdo sobre lo que hay que hacer. Por otra parte, los consejos bienintencionados —pero inoportunos— de la familia, los amigos, los vecinos e incluso de extraños, no hacen más que empeorar las cosas. Eso de «dejadle llorar, que es bueno para los pulmones» no es precisamente la solución que los padres desean oír. No puede eliminarse el problema ignorándolo.

La buena noticia: existe una razón

En los últimos 25 años hemos estudiado el desarrollo de los bebés y la manera en que la madre o el cuidador responde a este desarrollo. Nuestras investigaciones se han llevado a cabo en los hogares, donde seguimos de cerca las actividades cotidianas de madres y bebés y recopilamos todo tipo de información. Las entrevistas realizadas nos aportaron también valiosos datos.

Nuestras investigaciones han revelado que todos los padres tienen que vérselas de vez en cuando con un bebé que no cesa de llorar. De hecho, hemos visto que, sorprendentemente, los bebés normales y sanos son más llorones, difíciles, exigentes y están más enmadrados a las mismas edades, y en estos períodos pueden llevar a los demás miembros de la familia al borde de la desesperación. *Ahora somos capaces de predecir, con un margen de error de una semana, cuándo cabe esperar uno de estos «períodos de crisis».*

Durante estos períodos, el bebé llora por una razón concreta. Se siente mal por los cambios drásticos que experimenta de repente en su desarrollo. Estos cambios le permiten aprender muchas habilidades nuevas, y por consiguiente tendrían que ser motivo de alegría. A fin de cuentas, son una señal de que el pequeño está realizando enormes progresos. Pero, por lo que respecta al bebé, estos cambios son desconcertantes. Lo que le desorienta es que todo cambie de la noche a la mañana. Es como si se hubiera adentrado en un mundo totalmente nuevo.

Es bien sabido que los bebés se desarrollan físicamente «a trompicones». A veces permanecen totalmente estancados durante un tiempo, para luego crecer varios milímetros en una sola noche. Investigaciones recientes han demostrado que el desarrollo mental del bebé se produce del mismo modo. Los estudios neurológicos revelan que, hasta los 18 meses, existen por lo menos seis edades en que el cerebro del bebé experimenta cambios drásticos. Poco después de cada uno de estos períodos se produce un salto adelante en el desarrollo mental. Hay razones para creer que, de hecho, existen una serie de saltos de este tipo, aunque todavía no han sido estudiados convenientemente.

Este libro se centra en los siete saltos principales que estamos convencidos que da un bebé a lo largo de su primer año de vida. En él se explica qué significa cada uno de estos avances para el bebé a la hora de comprender el mundo que le rodea, y cómo utiliza esta comprensión para desarrollar las nuevas habilidades que necesita en cada fase de su desarrollo.

¿Qué significa esto para mí y para mi bebé?

Los nuevos o futuros padres pueden servirse de estos conocimientos sobre los saltos en el desarrollo del bebé para ayudarle a superar estos períodos, a menudo confusos, de su recién estrenada vida. El libro te permitirá comprender mejor cómo piensa el bebé y por qué reacciona como lo hace en determinados momentos. Podrás ofrecerle la ayuda adecuada en los momentos en que la necesite, así como el entorno idóneo para que pueda sacar el mayor provecho de cada salto en su desarrollo.

Sin embargo, éste no es un libro sobre cómo convertir a tu hijo en un genio. Creemos firmemente que cada niño es inteligente a su manera y que cada niño es único. Este libro te ayudará a comprender a tu bebé, a poder con él cuando atraviese una etapa difícil, y a disfrutar de él mientras crece. Este libro trata de las alegrías y las penas de crecer junto con el bebé.

Todo lo que se necesita para utilizar bien este libro es:
- Un padre y/o una madre amorosos. Aunque a lo largo del libro nos referimos únicamente a la madre o la mamá, lo hacemos sólo para simplificar el texto, y naturalmente incluimos a todo aquel —padre, abuelos, etc.— que se encarga de cuidar al bebé.
- Un bebé activo, chillón, que esté creciendo.
- Paciencia, a tenor de las posibilidades de cada uno.
- ... Y estar dispuesto a crecer junto con el bebé.

¿Qué contiene este libro?

El capítulo 1 (¿Cómo crece el bebé?) explica parte de las investigaciones en que se basa este libro y cómo se aplican a tu bebé. Aprenderás que tu bebé crece literalmente dando «saltos» en su desarrollo mental y que estos saltos van precedidos de períodos tempestuosos en los que suele estar enmadrado, gruñón o temperamental.

El capítulo 2 (¿Cómo experimenta su mundo el recién nacido?) explica cómo es el mundo de un recién nacido y cómo éste percibe la multitud de sensaciones nuevas que le rodean. Descubrirás hasta qué punto la naturaleza lo ha equipado para hacer frente a los retos de la vida, y lo importante que es el contacto físico para su futuro desarrollo.

Los siguientes capítulos abordan los siete principales saltos en el desarrollo que experimenta el bebé en torno a las 5, 8, 12, 19, 26, 37 y 46 semanas de vida. Cada capítulo te indica los signos que te permitirán saber que está dando un gran salto. Te explica los nuevos cambios en la percepción que experimenta el bebé en ese momento y cómo los va a utilizar en su desarrollo.

Cada capítulo incluye listas en las que podrás controlar qué cosas elige tu bebé cada vez que se le abre un mundo nuevo y adquiere nuevas habilidades. Asimismo te indicaremos qué juegos se ajustan más a las habilidades del bebé en cada fase de su desarrollo.

Este libro te ofrece:

APOYO EN LOS MOMENTOS DIFÍCILES

Te ayudará en los momentos en que tengas que enfrentarte a los problemas del llanto. Te ayudará a saber que no estás sola, que el bebé llora por una razón, y que todo período de crisis únicamente dura unas pocas semanas, y a veces sólo unos pocos días. Este libro te contará lo que han experimentado otras madres cuando sus bebés tenían la edad del tuyo. Verás que todas las madres se enfrentan a sentimientos de angustia, irritación, alegría y todo tipo de emociones.

CONFIANZA EN TI MISMA

Comprenderás que los sentimientos de ansiedad, enfado y alegría son necesarios, y que tu bebé realiza progresos gracias a estos sentimientos. Verás que puedes sentir mejor que nadie las necesidades del bebé en cualquier momento. Nadie puede decirte lo que has de hacer. Tú eres la experta. Tienes derecho a nombrarte especialista en temas relativos a tu bebé, pues eres quien mejor lo conoce.

AYUDA PARA COMPRENDER A TU BEBÉ

Te dirá qué le sucede al bebé durante cada fase crítica. Te explicará que atravesará una fase muy difícil cuando esté a punto de aprender nuevas habilidades, cuando los cambios en su sistema nervioso empiecen a inquietarlo. En cuanto consigas comprenderlo, te preocuparás menos y estarás menos dolida con su conducta. Asimismo te dará más «tranquilidad», con lo que podrás ayudarle a superar cada uno de estos períodos.

SUGERENCIAS SOBRE CÓMO AYUDAR A TU BEBÉ A JUGAR Y A APRENDER

Después de cada período de crisis, el bebé aprenderá nuevas habilidades. Si le ayudas, aprenderá más rápido, más fácilmente y con más ganas. Te enseñaremos a «leer los pensamientos del bebé» y a percatarte de lo que le preocupa a esa edad. Además, te ofreceremos ideas sobre juegos, actividades y juguetes para que elijas los que más se adecuen a él.

UN INFORME ÚNICO SOBRE EL DESARROLLO DEL BEBÉ

Este libro crece con tu hijo. A lo largo de sus páginas tendrás la oportunidad de seguir los períodos de crisis y los progresos del bebé, y además podrás añadir tus propias observaciones; así pues, los avances realizados por tu hijo a lo largo de su primer año de vida quedarán registrados en el libro.

Además de ayudarte a comprender los «problemas» del bebé y compartir sus progresos, este libro te brindará la oportunidad de comparar tus experiencias con las de otras madres, cuyos comentarios incluimos en sus páginas. En este sentido, se trata de un libro escrito por y para las mamás.

En el transcurso de los años hemos pedido a muchas madres que anoten día tras día los progresos de sus hijos y que al mismo tiempo registren tanto sus propios pensamientos y sentimientos, como sus observaciones sobre la conducta de sus bebés. Los diarios incluidos en el libro constituyen una pequeña muestra de los informes semanales de 15 bebés: ocho niñas y siete niños. Esperamos que sientas que tu hijo está creciendo junto con los del grupo seleccionado y que te sientas identificada con las observaciones de otras madres.

Sobre todo, esperamos que te dé tranquilidad y la confianza de que eres capaz de criar a tu bebé. Esperamos que este libro se convierta en un amigo y una guía indispensable para superar el crucial primer año de vida del pequeño.

1

¿Cómo crece el bebé?

Para muchos padres, ver crecer a su bebé es una de las experiencias más interesantes y gratificantes de su vida. A todos les gusta recordar y celebrar la primera vez que su retoño se sentó bien derechito, gateó, pronunció su primera palabra, comió solo con cuchara, y toda una serie de preciosos «estrenos».

Pero ¿se te ha ocurrido pensar alguna vez qué sucede en el cerebro de tu hijo que le permite aprender estas cosas cuando lo hace? Sabemos que su percepción del mundo crece y cambia con él, porque lo vemos cuando de repente es capaz de jugar al escondite («al cucú») contigo o de reconocer la voz de la abuela por teléfono. Estos momentos son igual de especiales que la primera vez que gatea, pero mucho más misteriosos, porque tienen que ver con algo que tiene lugar dentro de su cerebro, algo que no podemos ver. Y su cerebro crece con tanta rapidez como su rechoncho cuerpo.

Pero los padres acaban descubriendo tarde o temprano que el primer año de vida puede transcurrir por un camino bastante accidentado. Aunque se deleitan con el desarrollo del niño, también descubren que en ocasiones la alegría de su bebé puede convertirse en verdadero sufrimiento por las noches. A veces, el bebé parece tan inestable como el tiempo en abril.

La vida con un bebé puede llegar a convertirse en una experiencia muy difícil, y en algún caso exasperante. Casi todos los padres pueden rememorar tanto las inexplicables lloreras como ciertos períodos difíciles que parecían no tener fin. Estos episodios pueden llevar a ambos progenitores a la desesperación, pues se preguntan qué le pasa a su pequeño e intentan en vano aplicar todo tipo de trucos, movidos por el afán de tranquilizarlo o mimarlo, para que se calme y vuelva a estar alegre.

Cuando el bebé llora y está enmadrado, es posible que simplemente esté creciendo

Durante 25 años hemos estudiado las interacciones entre madres y bebés. Hemos documentado —en observaciones objetivas, informes personales y cintas de vídeo— las veces que las madres indican que sus bebés están «en crisis». En estos períodos de crisis, el bebé suele estar lloroso, gruñón y enmadrado. Invariablemente preceden a un período en que el niño empieza a dar un salto adelante.

Es sabido que los bebés se desarrollan físicamente «a trompicones». A veces los niños no crecen durante un tiempo y de repente se estiran varios milímetros en una sola noche. El desarrollo mental del niño progresa de un modo muy similar.

No es de extrañar que recientes estudios neurológicos sobre el crecimiento y desarrollo del cerebro respalden nuestras observaciones de las interacciones entre madre e hijo. Aunque el estudio de los hechos físicos que acompañan a los procesos mentales en el cerebro sigue estando «en pañales», se ha demostrado que en seis de las diez edades llamadas «críticas» que hemos identificado en los primeros 20 meses de vida tienen lugar cambios importantes en el cerebro. Poco después de cada una de estas edades se produce un salto adelante en el desarrollo mental, como los que describimos en este libro. Esperemos que las investigaciones de otras edades críticas acaben dando resultados parecidos.

Si te detienes a pensar qué le está pasando a tu hijo, verás que es un proceso muy desagradable. No es extraño que el bebé sienta malestar de vez en cuando, teniendo en cuenta el número de cambios que ha experimentado en sólo un año de vida. ¡El de crecer es un trabajo duro!

Un paso atrás, un salto adelante

En este libro describimos, de un modo accesible a todos los padres, los siete principales saltos en el desarrollo que creemos que experimentan todos los bebés en el primer año de vida. Cada salto le permite al pequeño asimilar la información de una manera nueva y utilizarla para adquirir las habilidades que necesita para crecer, no sólo física, sino también mentalmente, hasta convertirse en un adulto hecho y derecho.

Cada salto va precedido de lo que llamamos un «período de crisis», una fase en la que el bebé está enmadrado, en la que exige que su madre o su cuidador le preste más atención. Lo asombroso y extraordinario es que, a lo largo del primer año de vida, todos los bebés atraviesan estos períodos críticos en el mismo momento, semana más, semana menos.

Estos siete saltos en el desarrollo no son los mismos que los estirones del crecimiento físico, aunque algunas veces pueden coincidir. Muchos de los grandes acontecimientos en el primer año de desarrollo de un bebé, como cuando le sale el primer diente, tampoco están relacionados con estos saltos en el desarrollo mental.

Por otra parte, los hitos del desarrollo mental pueden reflejarse en los progresos físicos, aunque de ningún modo se limitan a eso.

¿Qué sucede cuando el bebé da un salto adelante?

Poco antes de cada salto, el bebé experimenta un cambio repentino y extremadamente rápido, relacionado con un cambio en el sistema nervioso, principalmente el cerebro, y que también puede ir acompañado de algunos cambios físicos. En este libro lo llamamos «el gran cambio». Cada gran cambio aporta algo nuevo al bebé y altera su modo de percibir el mundo. Y cada vez que un nuevo tipo de percepción agobia al bebé, adquiere los recursos para aprender una nueva serie de habilidades apropiadas para ese «nuevo mundo». Por ejemplo, en torno a las 8 semanas, el gran cambio en el cerebro permite al bebé percibir por primera vez pautas sencillas.

Después del período inicial de perturbación, que siempre acompaña al gran cambio, observarás que surgen nuevas conductas. Siguiendo con el mismo ejemplo, en torno a las 8 semanas tu bebé mostrará un repentino interés por formas, pautas y estructuras visibles, como las estanterías del supermercado o los barrotes de su cuna. Observarás avances en cualquier faceta de la conducta del bebé. Ahora puede empezar a adquirir el control sobre su cuerpo, ya que se da cuenta de que sus brazos y piernas funcionan según los mismos patrones, y se esforzará por controlarlos. Así pues, el gran cambio altera la percepción de las sensaciones, tanto dentro como fuera del cuerpo del bebé.

¿Cómo puede saberse que se produce un gran cambio?

Un signo que indica un gran cambio —y que nosotros denominamos «acumulación de nubarrones»— es que la conducta del bebé empeora inexplicablemente. Algunas veces te parecerá como si te hubieran cambiado el niño por otro. Notarás que está mucho más enmadrado que en las semanas anteriores y a menudo tendrá lloreras que no consigues explicar. Esto es muy angustiante, sobre todo cuando te sucede por primera vez, pero es completamente normal. Cuando un bebé se muestra más difícil y exigente, muchas madres se preguntan si no estará incubando alguna enfermedad. O se preocupan, sin llegar a comprender por qué su bebé se muestra de pronto tan conflictivo.

¿A qué edades se inician estos «períodos de crisis»?

Todos los bebés atraviesan estos períodos a más o menos las mismas edades. Durante los primeros 12 meses de la vida del bebé se producen siete saltos en el desarrollo que van precedidos por sus correspondientes períodos de crisis. Estos períodos se inician a las 5, 8, 12, 15, 23, 34 y 42 semanas de edad. El comienzo puede variar en una o dos semanas, pero puedes estar segura de que llegará.

En este libro nos limitamos a analizar el período de desarrollo que va desde el nacimiento hasta el final del primer año de vida del bebé. Sin embargo, este patrón no finaliza después del primer año. Antes de cumplir 18 meses, el bebé dará otros tres saltos: a las 55, 64 y 75 semanas, y a lo largo de la niñez se han descrito algunos más.

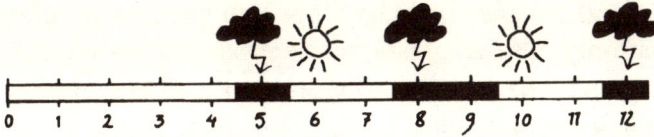

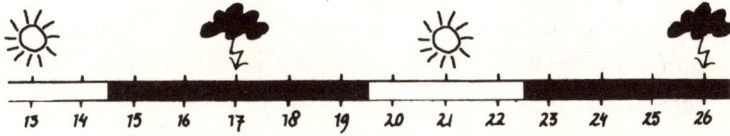

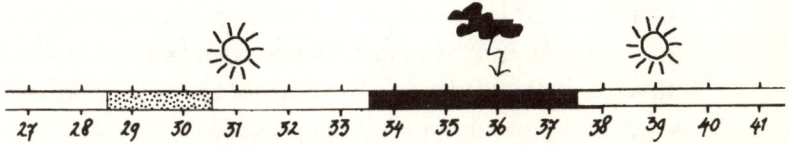

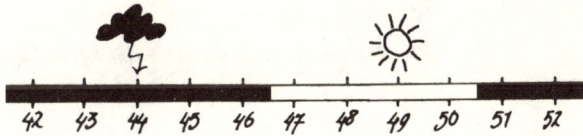

Es posible que tu bebé esté más enmadrado.

En torno a esta semana es probable que se produzca un «período tormentoso».

Probablemente tu bebé atravesará una fase con pocas complicaciones.

En torno a esta semana es probable que tu bebé vuelva a estar alegre.

El hecho de que el bebé esté irritable y enmadrado en torno a las 29 o 30 semanas no significa que esté dando otro salto. Lo que ocurre es que ha descubierto que su mamá puede irse y dejarlo solo. Por extraño que parezca, se trata de un progreso: el bebé dispone de una nueva habilidad; está aprendiendo algo sobre las distancias.

¿Cuánto dura un período de crisis?

Los primeros períodos de crisis que atraviesa el bebé no son muy largos. Pueden durar tan sólo unos días, aunque a los nuevos padres, afligidos por el llanto inexplicable del pequeño, a menudo les parecen mucho más largos. Los intervalos entre estos primeros períodos también son breves, con una media de tres o cuatro semanas.

Más adelante, a medida que los cambios que experimenta sean más complejos, el bebé tardará más en asimilarlos y los períodos de crisis pueden durar entre una y seis semanas. Sin embargo, cada bebé es diferente. Algunos son más sensibles que otros a los cambios, y ciertos cambios son más dolorosos que otros. Pero todos sentirán algún malestar al experimentar estos cambios en sus vidas.

¿Qué pasa con los bebés prematuros y los bebés tardíos?

Cada uno de los grandes cambios está estrechamente relacionado con las transformaciones del sistema nervioso del bebé, pues el momento elegido por la naturaleza para dar los saltos en el desarrollo se calcula a partir la fecha de la concepción. En este libro utilizamos la edad más convencional, a partir de la fecha de nacimiento del bebé. Por consiguiente, las edades en que se produce un salto en el desarrollo corresponden a las de un bebé nacido a los nueve meses. Si tu bebé fue prematuro o se retrasó mucho, convendría que ajustaras las edades de acuerdo con ello. Por ejemplo, si tu bebé ha nacido con dos semanas de retraso, su primer período de crisis ocurrirá probablemente dos semanas antes de lo que se dice aquí. Si es prematuro de cuatro semanas, sucederá cuatro semanas después, a las 9 semanas de edad. No olvides tenerlo en cuenta con cada uno de los siete saltos en el desarrollo.

Ningún bebé se salva

Todos los bebés experimentan «períodos de crisis» cuando se producen grandes cambios en su desarrollo.

Normalmente, los bebés tranquilos y acomodadizos re-accionarán a estos cambios igual que los bebés más «difíciles» y temperamentales. Sin embargo, ni que decir tiene que los bebés temperamentales tendrán mayores dificultades para enfrentarse a los cambios que sus compañeros más tranquilos. Las madres de bebés difíciles lo pasarán peor, pues sus bebés, que ya de por sí necesitan más atención, exigirán todavía más cuando tengan que hacer frente a los grandes cambios. Estos bebés son los que más necesitarán a su mamá, los que más hambre de conocimientos tendrán y los que presentarán mayores posibilidades de conflicto con sus madres.

El bebé también lo pasa mal, ¡intenta comprenderlo!

Estos grandes cambios siempre asustan al bebé, pues ponen patas arriba el mundo familiar que conocía hasta entonces. Si lo piensas bien, verás que es muy lógico. Imagínate cómo te sentirías si al despertarte te encontraras de repente en otro planeta donde todo fuera diferente. ¿Qué harías?

¿Te darías la vuelta y volverías a dormir otro rato?... No.

¿Sentirías ganas de comer?... No.

¿Te gustaría aferrarte a alguien con quien te sintieras segura?... Sí, sin duda.

Esto es exactamente lo que quiere hacer tu bebé.

El bebé «llega a buen puerto»

Tú eres la persona a la que mejor conoce tu bebé. Es en ti en quien más confía y a quien más conoce. Cuando su mundo está patas arriba, se siente desconcertado. Llora, algunas veces incesantemente, y sólo quiere que lo lleves en brazos todo el día. A medida que crezca, hará todo lo posible por quedarse a tu lado. Algunas veces se aferrará a ti y no querrá soltarte por nada del mundo. Es posible que quiera que lo trates otra vez como a un pequeñín. Todo esto son signos de que necesita consuelo y seguridad. Es su manera de sentirse seguro. Podría decirse que está llegando al «puerto» desde el que inició su vida.

Los primeros intentos de dominar las nuevas habilidades

Cuando de repente tu bebé empiece a mostrarse enmadrado, es posible que su caprichosa conducta te preocupe e incluso te irrite. Querrás saber qué le pasa y te gustaría que todo volviera a ser como antes. Tu reacción natural será vigilarlo más de cerca. Es entonces cuando puedes advertir que sabe más de lo que creías. Notarás que intenta hacer cosas que nunca antes le habías visto hacer. En este momento te darás cuenta de que tu bebé está cambiando, aunque él lo sabe ya desde hace algún tiempo.

Cada cambio abre un nuevo mundo

Cada gran cambio es único. Le ofrece al bebé un nuevo tipo de percepción, que le permite aprender una nueva serie de habilidades que forman parte de su nuevo mundo: habilidades que en modo alguno podría haber aprendido antes, por muchos estímulos que le hubieras dado.

En este libro describimos los cambios en la percepción que experimenta el bebé cuando da un nuevo salto en su desarrollo, así como las nuevas habilidades que están a su disposición. Observarás que cada «mundo» descansa sobre los cimientos del anterior. En cada nuevo mundo, el bebé puede hacer muchos descubrimientos. Algunas de las habilidades que descubra serán totalmente nuevas, mientras otras supondrán una mejora con respecto a las que ha adquirido con anterioridad.

No hay dos bebés exactamente iguales. Cada uno tiene sus preferencias, su temperamento y sus propias características físicas, y por ello, en cada nuevo mundo seleccionará aquello que personalmente considere más interesante. Algunos bebés lo intentan todo, mientras que otros se sienten cautivados por una habilidad especial. Estas diferencias hacen que cada bebé sea único. Si las observas y las disfrutas, verás surgir la personalidad de tu bebé a medida que crece.

Cómo ayudar al bebé a jugar y aprender

Tú puedes darle a tu hijo las cosas que mejor se adaptan a sus necesidades personales. Eres quien mejor lo conoce. Por ello, más que nadie, puedes sacar lo mejor que hay en él. Si respondes a lo que intenta decirte, le ayudarás a progresar. Evidentemente, es posible que el bebé elija juegos, actividades y juguetes que a ti personalmente te parecen menos interesantes, y que tú prefieras otros que a él no le gustan en absoluto. No olvides que las madres también son únicas. Asimismo puedes alentarlo si pierde interés o quiere darse por vencido con demasiada facilidad. Con tu ayuda, el proceso de juego y aprendizaje le resultará más estimulante y también más divertido.

Romper los viejos hábitos y establecer nuevas reglas

Cuando el bebé aprende algo nuevo, a menudo significa que ha de abandonar un hábito viejo. Por ejemplo, en cuanto pueda gatear, será perfectamente capaz de ir a buscar sus juguetes, y en cuanto pueda andar solo con cierta seguridad, ya no puede esperar que le lleven en brazos tan a menudo como antes. Cada salto adelante en su desarrollo hará que sea más capaz y más independiente.

Es entonces cuando la madre y el bebé pueden tener problemas para adaptarse uno a otro. A menudo hay una gran diferencia entre lo que desea el bebé y lo que la madre desea o cree que es bueno para él, y ello puede ser causa de enfado y resentimiento por ambas partes. En cuanto descubras qué nuevas habilidades está intentando ejercitar tu bebé, estarás mejor preparada para establecer las reglas adecuadas para cada fase del desarrollo y cambiarlas a medida que crezca.

Un respiro después del salto

La fase problemática acaba tan de repente como empezó. Para la mayoría de las madres se trata de una época relajada en la que pueden disfrutar de sus bebés. La presión ha disminuido. El bebé es más independiente y a menudo está muy atareado practicando sus nuevas habilidades. Además, en esta fase también está más alegre. Por desgracia, este período de relativa paz y tranquilidad no dura mucho: no es más que la calma antes de la siguiente tempestad. La naturaleza no da tregua a los bebés.

No hay «horas fijas» para jugar con el bebé

Si dejas que el bebé decida por sí mismo cuándo desea atención y qué tipo de atención prefiere, observarás que probablemente cambie de una semana a otra. Cuando se produzca un gran cambio, el bebé atravesará las siguientes fases:

• Necesidad de estar pegado a mamá.
• Necesidad de jugar y aprender nuevas habilidades con mamá.
• Necesidad de jugar solo.

Por ello es poco natural establecer horas fijas para jugar con el bebé. Si quieres que tu bebé te preste toda su atención, no te quedará más remedio que esperar hasta que le apetezca a él. En Estados Unidos, donde la vida puede llegar a ser muy acelerada, se ha hecho muy popular el concepto de «quality time». Se trata de períodos que los individuos frenéticos reservan en sus agendas para pasarlos con los niños. Sin embargo, es imposible planificar de antemano la diversión con el bebé. De hecho, es posible que al bebé no le apetezca tu atención en el momento programado. Los momentos gratos, tiernos, divertidos y turbulentos con el bebé brotan espontáneamente.

Cómo utilizar este libro

Este libro crece con tu bebé. Puedes comparar tus experiencias con las de otras madres durante cada una de las fases del desarrollo del bebé. En el transcurso de los años hemos pedido a muchas madres que registraran día tras día los progresos de sus bebés y también sus propios pensamientos y sensaciones, así como las observacio-

nes sobre la conducta del bebé. Los diarios que hemos incluido en
este libro constituyen una pequeña muestra, basada en informes
semanales de 15 bebés: ocho niñas y siete niños. Esperamos que
sientas que tu bebé crece junto con los del grupo seleccionado y
que puedas identificarte con las experiencias de otras madres.

Las madres no sólo pueden utilizar este libro como lectura, sino
también para anotar los progresos realizados por el bebé. Cuando
sus hijos ya son mayores, muchas madres desean recordar todos
los sucesos y emociones de esos primeros años tan importantes. Algunas madres escriben un diario, una bonita forma de registrar los
acontecimientos importantes, pero la mayoría de ellas no tienen ganas de escribir, o simplemente no tienen tiempo para hacerlo, y están convencidas de que recordarán los acontecimientos importantes y otros detalles de la vida de su bebé. Por desgracia, más tarde,
estas madres lamentan profundamente el hecho de que sus recuerdos se hayan borrado más pronto de lo que habían imaginado.

Las fichas que incluimos al final de cada capítulo te permitirán
anotar los apetencias y los progresos de tu bebé. Asimismo hay espacio para que anotes tus propios pensamientos y comentarios sobre el crecimiento y la latente personalidad de tu hijo. A menudo,
unas pocas frases clave son suficientes para provocar más tarde un
alud de recuerdos. Así, este libro puede convertirse en un *diario de
crecimiento único* sobre el desarrollo de tu bebé.

En el próximo capítulo, «¿Cómo experimenta su mundo el recién nacido?», aprenderás lo bien que la naturaleza ha equipado a
tu pequeño para esta nueva vida y el importante papel que el contacto físico desempeña en esta nueva existencia. Es importante que
conozcas estos hechos, porque te ayudarán a entender mejor a tu
bebé, a saber lo que quiere y lo que necesita, y a comprender qué
experimenta cuando da su primer salto adelante.

En los siguientes capítulos, el libro crecerá con tu bebé a lo largo
de las primeras 52 semanas de vida. Durante este período experimentará siete grandes cambios; cada cambio le permitirá dar un
salto adelante en su desarrollo. Cada salto se analiza en un capítulo
aparte, que se compone de cuatro apartados:

Se acumulan los nubarrones: los signos de un gran cambio des-
cribe cómo reacciona el bebé ante los cambios que experimenta.
En estos períodos tormentosos encontrarás apoyo en los comentarios de otras madres sobre los tiempos difíciles de sus bebés.

En este apartado hemos incluido una sección titulada *Signos de que el bebé está creciendo de nuevo*, en la que puedes señalar los síntomas que has observado que indican que tu bebé está experimentando un gran cambio.

El gran cambio: «el mundo de...» trata de las nuevas habilidades que adquiere el bebé en este salto. En cada caso es como si se abriera un nuevo mundo ante sus ojos, un mundo lleno de observaciones que es capaz de hacer y habilidades que puede adquirir.

En este apartado encontrarás una sección titulada *¿Cómo explora el bebé su nuevo mundo?*, que ofrece una amplia lista de habilidades que pueden desarrollar los bebés una vez han dado el salto. Cuando utilices las listas, recuerda que ningún bebé hará todo lo que se enumera en ellas. Algunos demostrarán en ese momento sólo algunas de las habilidades enumeradas, y es posible que no aprecies otras habilidades hasta que hayan transcurrido semanas o meses. Sobre gustos no hay nada escrito, ¡incluso entre los bebés! No importa cuántas cosas elija tu bebé: seleccionará lo que más le convenga en este momento. A medida que señales o subrayes sus preferencias, irás descubriendo por qué tu bebé es único.

Cómo ayudar al bebé a aprender nuevas habilidades te ofrece información sobre juegos, actividades y juguetes apropiados para cada fase del desarrollo que incrementarán la conciencia y la satisfacción del bebé y darán sentido al tiempo que pasáis jugando juntos.

Por último, **Un respiro después del salto** indica cuándo cabe esperar que el bebé vuelva a ser más independiente y alegre. Los comentarios recogidos de las madres muestran que ésta es a menudo la mejor época para los padres y los niños, cuando ambos pueden apreciar las habilidades recién adquiridas que confieren al bebé la facultad de aprender algo sobre este mundo y disfrutarlo.

Este libro ha sido diseñado para poder empezar en cualquier momento del primer año del bebé, en cuanto se precise ayuda para comprender la fase de desarrollo en que se encuentra. No es necesario leerlo de cabo a rabo. Si el bebé ya tiene unos meses, basta con saltarse los capítulos (anteriores) ya superados.

Esperamos que utilices el conocimiento de los saltos en el desarrollo de tu bebé para comprender qué le está pasando, para ayudarle a superar estos tiempos difíciles y estimularlo cuando asume la decisiva tarea de crecer. Sobre todo, esperamos que puedas compartir con él las alegrías y las penas que implica crecer.

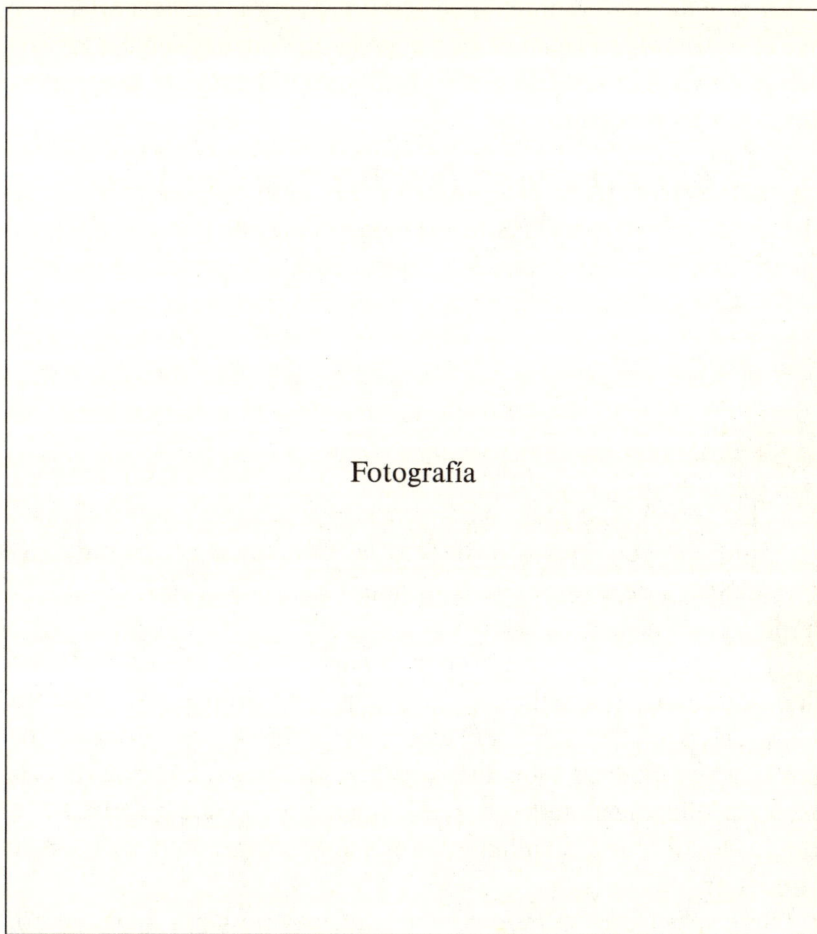

Fotografía

MI NOMBRE ES: _____
Fecha de nacimiento: _____
Hora: _____
Lugar: _____
Peso: _____
Estatura: _____
Notas: _____
_____
_____
_____
_____

2

¿Cómo experimenta su mundo el recién nacido?

¿Cuántos padres no habrán contemplado el rostro del recién nacido, preguntándose qué estaría pasando en su pequeño cerebro? A menudo parece como si el bebé, que te devuelve la mirada con ojos abiertos de par en par, esté pensando: «¡Qué mundo tan extraño y maravilloso es éste!».

En efecto, el mundo de un recién nacido es un lugar asombroso lleno de sensaciones nuevas y extrañas. Luz, sonido, movimiento, olores, sensaciones sobre su suave piel: todas son tan nuevas, que por ahora ni siquiera sabe distinguirlas. Algunas veces, cuando está bien abrazado a su madre, todo parece maravilloso. Se siente lleno, cálido, soñoliento y arrullado por el suave murmullo de voces a su alrededor.

Otras veces, este mundo se hace añicos y no logra imaginar por qué se siente tan mal. Hay *algo* mojado, frío, hambriento, ruidoso, demasiado brillante o simplemente desesperadamente infeliz, y lo único que él puede hacer es llorar.

Durante sus primeras cinco semanas de vida, el bebé se familiarizará lentamente con el mundo que le rodea. Tú y él llegaréis a conoceros mejor que cualquier otra persona en vuestro mundo compartido en ese momento. Pronto dará el primer gran salto en su desarrollo.

Pero antes de poder comprender lo que experimentará el bebé cuando tenga 5 semanas y dé su primer salto, es preciso saber cómo es el mundo del recién nacido. Y para ayudarle a enfrentarse a sus nuevos retos es necesario saber cuán importante es el contacto físico y cómo utilizarlo.

Tu bebé ya puede percibir muchas cosas

Los bebés se interesan por el mundo circundante a partir del momento en que nacen. Miran y escuchan, y así asimilan su entorno. Se esfuerzan por enfocar al máximo los ojos, y es por ello que los bebés bizquean con frecuencia al intentar ver mejor, o tiemblan y jadean de puro agotamiento debido al esfuerzo. A menudo los recién nacidos te miran como si estuvieran totalmente pasmados.

El recién nacido tiene una memoria excelente y no tarda en reconocer a las personas, las voces e incluso algunos juguetes, como un animalito de peluche colgado delante de él. Asimismo anticipa claramente partes regulares de la rutina diaria: la hora del baño, de los abrazos, del biberón, o la hora de salir de paseo.

Ya a esta temprana edad, los bebés imitan las expresiones faciales. Haz la prueba: sácale la lengua mientras estás sentada y le hablas tranquilamente, o abre la boca de par en par como si fueras a gritar. Al hacerlo, asegúrate de que realmente te está mirando y dale tiempo para reaccionar. La mayoría de los movimientos del bebé son muy lentos según el modo de ver de los adultos, y necesita unos segundos para reaccionar.

Un bebé sabe explicarle a su madre cómo se siente: si está feliz, enfadado o sorprendido. Lo hace cambiando ligeramente el tono de sus chillidos o su llanto, y también utilizando el lenguaje corporal. La madre no tardará en aprender lo que esto significa. Por otro lado, el bebé dejará bien claro que espera que su madre lo comprenda. Si no lo hace, después de esperar un poco, el bebé reaccionará llorando con enfado o sollozando amargamente.

Pese a su tierna edad, el recién nacido ya muestra sus preferencias. La mayoría prefiere mirar a las personas y no a los juguetes.

Asimismo descubrirás que tu bebé sabe expresar sus preferencias si le muestras dos juguetes diferentes, pues fijará su mirada en uno de ellos.

El recién nacido es muy sensible a las muestras de aliento. Le encanta que elogien su suave fragancia, su aspecto y sus progresos. ¡Si lo colmas de cumplidos, verás que consigues mantener por más tiempo su atención!

Sus sentidos funcionan muy bien

Los recién nacidos ya pueden ver, oír, oler, probar y sentir diversas cosas, y son capaces de recordar estas sensaciones. Sin embargo, la percepción que tiene un recién nacido de estas sensaciones es muy diferente al modo en que la experimentará cuando sea mayor.

¿Qué sienten los recién nacidos?

¿QUÉ VEN?

Hasta hace poco, los científicos y médicos creían que los recién nacidos no podían ver. Algunos de ellos siguen creyéndolo. Es un cuento chino. Incluso en el pasado, las madres siempre rechazaron esta idea, y el tiempo les ha dado la razón. El recién nacido tiene una visión muy buena, pero sólo puede ver claramente hasta una distancia de 20-25 cm. Más allá, su visión probablemente es borrosa. Algunas veces también tiene dificultades a la hora de enfocar el objeto que está mirando con ambos ojos, pero una vez que lo consiga, podrá mirar fijamente el objeto. Incluso dejará de moverse por un momento. Toda su atención se centrará en el objeto. Si está muy alerta, a veces podrá seguir el movimiento de un juguete moviendo los ojos o girando la cabeza, y en ocasiones haciendo ambas cosas a la vez. Y consigue hacerlo de arriba abajo y de izquierda a derecha. Lo importante es que muevas el objeto lenta y deliberadamente.

Si al cabo de unos momentos lo pierde de vista, vuelve a atraer su atención e intenta moverlo más lentamente.

El objeto que mejor seguirá es una simple figura con las características básicas del rostro humano: dos grandes puntos en la parte superior que imiten los ojos y uno en la inferior para la boca. Los bebés son capaces de hacerlo una hora después de nacer. Muchos de ellos tienen los ojos bien abiertos y están muy alerta. Los padres y las madres suelen quedarse fascinados por los preciosos y enormes ojos de su bebé. A esta edad, es posible que los bebés se interesen más por algo que tenga un vago parecido con el rostro humano.

Tu bebé preferirá contemplar objetos llenos de color en vez de cosas lisas y aburridas. El rojo es su color favorito, y sentirá especial interés por los contrastes fuertes: algo rojo con rayas blancas seguramente mantendrá por más tiempo su atención que un objeto verde con rayas azules. Cuanto más fuertes sean los contrastes de colores, más interesado estará. Las rayas blancas y negras mantienen su atención por más tiempo porque el contraste es el más fuerte.

¿QUÉ PUEDEN OÍR?

El recién nacido puede distinguir claramente entre diferentes sonidos. Poco después de nacer será capaz de reconocer tu voz. Es posible que le gusten la música, el zumbido de un motor y el tamborileo suave y rítmico. Es lógico, pues ya está familiarizado con estos sonidos. En el útero estaba rodeado del golpeteo, el crujido, el resuello y el chirrido constantes del corazón, las venas, el estómago, los pulmones y los intestinos. Asimismo siente un interés innato por la mayoría de las voces humanas y las encuentra tranquilizadoras. Por lo general, los bebés se sentirán bien en un entorno similar al que estaban acostumbrados cuando permanecían en el útero, y un bebé cuya madre haya pasado mucho tiempo en ambientes ruidosos puede sentirse bastante mal en una habitación excesivamente silenciosa y tranquila.

Tu bebé sabe distinguir entre las voces graves y las agudas. Los sonidos agudos le llamarán antes la atención. Los adultos se dan cuenta de esto y por ello hablan a los bebés con timbres agudos, así que no hay por qué avergonzarse de esos «cuchi, cuchi, cuchi» que usamos con ellos. También sabe diferenciar entre los sonidos intensos y los suaves, y no le gustan los ruidos repentinos y fuertes. Algunos bebés se asustan con facilidad; si éste es el caso de tu bebé, es importante que no hagas nada que pueda asustarlo.

¿QUÉ OLORES LES GUSTAN?

El recién nacido es muy sensible a los olores. No le gustan los olores que podríamos llamar «penetrantes» o «intensos». Estos olores le provocarán una reacción violenta. Intentará dar la espalda a la fuente del olor o se echará a llorar.

Tu bebé sabe distinguir tu olor corporal y el de la leche de tu pecho de los de otras madres. Si, por ejemplo, se le presentan varias piezas de ropa de diferentes personas, se volverá hacia la prenda que has llevado tú.

¿QUÉ SABORES LES GUSTAN A LOS BEBÉS?

El bebé ya es capaz de distinguir entre varios sabores diferentes. Tiene preferencia por las cosas dulces y no le gustan los sabores ácidos. Si prueba algo amargo, lo escupirá enseguida.

¿QUÉ SIENTEN LOS BEBÉS?

Los bebés son capaces de notar los cambios de temperatura. Pueden sentir calor, y esto es algo que les viene de perlas cuando buscan el pezón si no se lo ponen en la boca, puesto que el pezón es mucho más caliente que el resto del pecho. Así pues, el bebé localizará el pezón simplemente moviendo la cabeza en dirección al lugar más caliente. Evidentemente, para poder hacerlo su rostro tiene que estar cerca del pecho de la madre.

El bebé también puede sentir frío. Pero si dejas que se enfríe no conseguirá volver a calentarse, porque a esta edad aún no es capaz de tiritar para calentarse a fin de controlar su temperatura corporal. La madre y el padre son quienes han de procurarle el calor corporal. Por ejemplo, no es muy sensato llevarse el bebé a dar un largo paseo por la nieve, por muy abrigado que esté, porque podría enfriarse demasiado y presentar signos de hipotermia. Por consiguiente, si en una situación así tu bebé se echa a llorar, llévalo cuanto antes a un sitio bien caldeado.

El bebé es muy sensible a que lo toquen. Por lo general le gusta el contacto con la piel, ya sea suave o firme. Has de descubrir qué prefiere tu bebé. Normalmente disfrutará de un masaje corporal en una habitación caldeada. Cualquier tipo de contacto físico es simplemente el mejor consuelo y diversión para él. Intenta averiguar qué tipo de contacto adormece o despierta a tu bebé, ya que puedes aprovecharlo en los momentos difíciles.

El recién nacido vive en su propio mundo

Los recién nacidos no saben distinguir
entre sus sentidos

Los recién nacidos son incapaces de procesar las señales que sus sentidos envían al cerebro, como hacen los adultos. Esto significa que no saben distinguir entre sus sentidos. Experimentan su mundo de una manera especial, muy diferente a la nuestra. Nosotros percibimos un olor, vemos la flor que lo desprende, tocamos sus suaves pétalos y oímos el zumbido de la abeja que se acerca a ella. Comprendemos la diferencia entre cada uno de nuestros sentidos, y ello nos permite distinguirlos. Comprendemos los mensajes que envían nuestros sentidos y sabemos a qué atenernos.

Sin embargo, el recién nacido no es capaz de hacer estas distinciones. Para él, el mundo es un solo universo: una mescolanza de sensaciones que cambia drásticamente en cuanto varía un único elemento. Recibe fielmente todas estas impresiones, pero para él forman un todo indivisible. No se da cuenta de que este mundo está compuesto por señales procedentes de diversos sentidos y que cada sentido transmite sus propios mensajes. Todavía no sabe establecer una distinción entre él y su entorno, y no es consciente de ser una personita independiente.

Incluso su mundo y su cuerpo forman «un todo»

El recién nacido no sólo es incapaz de diferenciar sus sentidos, sino que además no sabe establecer una distinción entre las sensaciones que se originan dentro de su cuerpo y las que vienen de fuera. Por lo que a él respecta, el mundo exterior y su cuerpo son exactamente lo mismo. Lo que sucede fuera, sucede también dentro de su cuerpo. Para él, el mundo es una enorme sensación de olor-color-sonido-gusto-y-abrazo. Lo que siente su cuerpo, lo siente todo el mundo. Su mundo está aburrido, su mundo está hambriento, caliente, mojado, cansado o sabe bien.

Dado que el recién nacido se percibe a sí mismo y al mundo como una sola cosa, a menudo es difícil averiguar por qué está llorando. Podría ser cualquier cosa. Así, no es extraño que a veces su llanto pueda llegar a confundir a los padres.

El recién nacido está equipado para sobrevivir en su propio mundo

Si pudieras experimentar el mundo del mismo modo que lo hace tu bebé, serías incapaz de actuar de forma independiente. Para hacerlo, tendrías que estar más desarrollada, tanto mental como físicamente. Tendrías que saber que tienes manos para coger cosas, que tu madre tiene un pezón y que tú tienes una boca para chupar. Sólo cuando alguien comprende estas cosas puede hacerlas deliberadamente.

Sin embargo, esto no implica que los recién nacidos sean del todo incapaces de reaccionar ante el mundo tal como lo perciben. Afortunadamente, tu bebé ya viene dotado de varias características especiales para compensar sus deficiencias relativas y para ayudarle a sobrellevar este período inicial.

Sus reflejos le dirán qué hacer

Un recién nacido girará automáticamente la cabeza a un lado cuando se le acuesta boca abajo, para así poder respirar libremente. Este movimiento es una reacción refleja. No es que se detenga a pensar: «ahora tengo que girar la cabeza». Simplemente lo hace. En cuanto un bebé empieza a saber pensar y reaccionar, este reflejo desaparece. Es un sistema perfecto.

Los recién nacidos también se vuelven hacia los sonidos. Esta reacción automática garantiza que un bebé centrará su atención en el lugar de posible interés en su entorno. Durante muchos años esta reacción fue ignorada debido a que la respuesta del recién nacido al sonido es retardada: transcurren entre cinco y siete segundos antes de que el bebé empiece a mover la cabeza, y tarda otros tres o cuatro en completar el movimiento. Esta reacción desaparece entre la quinta y la octava semana tras el nacimiento.

El bebé tiene un *reflejo de succión*. En cuanto la boca de un recién nacido hambriento entra en contacto con otro objeto, se cierra alrededor de él y empieza a chupar. Este reflejo le proporciona una capacidad de succión increíblemente potente, la cual desaparece asimismo cuando deja de ser precisa, es decir, en cuanto el bebé ya no necesita mamar.

Asimismo tiene el *reflejo de aprehensión*. Si quieres que tu bebé te agarre un dedo, acaríciale la palma de la mano: te agarrará el dedo. Si haces lo mismo con sus pies, utilizará los dedos de los pies para agarrar. Se cree que este reflejo proviene de tiempos prehistóricos, cuando el cuerpo de las madres homínidas todavía estaba recubierto de pelo. Gracias a este reflejo, los bebés podían agarrarse al pelo de las madres poco después de nacer. El bebé seguirá utilizando este reflejo durante los primeros dos meses de vida, especialmente si presiente que quieres dejarlo en la cuna cuando él preferiría seguir contigo.

Los bebés utilizan el denominado *reflejo de Moro* cuando están asustados. Arquean la espalda, echan la cabeza hacia atrás y agitan los brazos y las piernas, primero hacia fuera y luego hacia dentro, antes de cruzarlos sobre el pecho y el estómago. Parece como si intentaran aferrarse a algo durante una caída.

Tu bebé mostrará muchos reflejos típicos. Todos ellos desaparecen y son reemplazados más tarde por respuestas voluntarias. Pero hay otros reflejos automáticos que se mantienen durante toda la vida, como respirar, estornudar, toser, parpadear, el reflejo rotuliano y retirar bruscamente la mano al tocar una superficie caliente.

Los bebés también se aburren

Tu pequeño todavía no sabe divertirse solo. Los bebés, sobre todo los bulliciosos y temperamentales, no ocultan que quieren «marcha» en cuanto se despiertan. Intenta encontrar maneras de mantener ocupado a tu bebé.

- Explora la casa con él. Dale la oportunidad de ver, oír y tocar todo lo que le parezca interesante. Háblale de todo lo que encuentres durante estas exploraciones, sin importar lo que sea: le encanta oír tu voz. Dale la oportunidad de ver, oír, oler y tocar distintos objetos. Muy pronto empezará a reconocer algunos de ellos.
- A tu hijo le gusta oír tu voz. Pero si hay una radio encendida de fondo, le costará concentrarse sólo en tu voz. Aunque los bebés son capaces de reconocer diferentes voces cuando las oyen una por una, no pueden distinguirlas si las oyen al mismo tiempo.
- Cerciórate de que haya siempre objetos interesantes en los lugares adecuados, para que el bebé los mire cuando esté despierto. A esta edad no puede buscarlos por sí solo, y por eso, para él, «ojos que no ven, corazón que no siente».
- A los bebés les encanta escuchar música. Intenta descubrir cuál es su música preferida y pónsela. Puede que lo tranquilice mucho.

- En todas las actividades, *guíate siempre por la reacción de tu bebé.*

Llorar es su modo de pedir ayuda

Los reflejos que hemos mencionado son el primer recurso del bebé para devolver a la normalidad una situación incómoda. Ésa no es siempre tarea fácil para él, por ejemplo, si hace demasiado frío o demasiado calor, si no se siente bien o si se aburre. En tales casos, los bebés reaccionan utilizando otra estrategia. Automáticamente se echan a llorar hasta que alguien corrige la situación. El bebé es incapaz de arreglar ciertas cosas sin la ayuda de los adultos. Si éstos se la niegan, llorará incesantemente, hasta quedar completamente exhausto.

Las lloreras empezaron en la segunda semana. Lloraba día y noche, a pesar de que comía y crecía bien. Cuando lo llevé al pediatra para la revisión, mencioné que quizá se debía a puro aburrimiento. Pero el pediatra me dijo que era imposible, porque los bebés mantienen cerrados los ojos durante los primeros diez días, y aunque mi bebé tuviera los ojos abiertos, no podría ver nada. De todas formas, la semana pasada coloqué un sonajero en su cuna. Parece que funciona. Llora mucho menos. ¡Lloraba realmente de aburrimiento!

Paul, 4ª semana

Para sobrevivir, el bebé ha de confiar en alguien que esté dispuesto a satisfacer sus necesidades de la mañana a la noche. Por ello, la naturaleza le ha dotado de un arma secreta, que utiliza continuamente: su físico.

Es una monada

Los bebés parecen muñecas. Son los afortunados propietarios de una enorme cabezota. Su cabeza constituye casi una tercera parte de su estatura total. Por si fuera poco, sus ojos y su frente también son «demasiado grandes» y sus mejillas son «demasiado mofletudas». Además, sus brazos y piernas son «demasiado cortos y regordetes». Es tan mono que atrae todas las simpatías. Los diseñadores de muñecos y los dibujantes de historietas aprovechan también estas características. ¡Es un *look* que vende bien! Es así como el bebé atrae tu atención. Es una criatura dulce, pequeña e indefensa: una monada, que quiere que le hagas caso. Te seducirá hasta que lo cojas en brazos, para tranquilizarle y cuidar de él.

Su primera sonrisa: un momento inolvidable

En todo el mundo hay bebés que sonríen antes de cumplir las seis semanas. Se han realizado filmaciones de bebés que sonríen en el útero. Aun así, es algo poco corriente en bebés tan pequeños. No obstante, puede que seas una de las afortunadas madres que han sido testigo de una de estas precoces sonrisas. Hay recién nacidos que sonríen cuando se les toca, cuando la brisa fresca acaricia sus mejillas, cuando oyen voces humanas u otros sonidos, cuando perciben un rostro inclinado sobre su cuna, cuando ven una pintura o simplemente cuando han saciado el hambre y están satisfechos. Algunas veces incluso sonríen mientras duermen.

Las madres se entusiasman mucho al verlo. Lo llaman realmente sonrisa, y sin duda se le parece mucho. Sin embargo, más tarde, cuando el bebé sólo sonríe durante el contacto social, admitirán que notan la diferencia. Estas primeras sonrisas parecen un tanto artificiales, tienen algo de «robóticas». Pero eso no quita para que sean momentos inolvidables.

El contacto físico: una sensación familiar

Incluso antes de nacer, el bebé percibe el mundo como un todo. Al nacer, el bebé abandona el entorno que le era familiar y por primera vez queda expuesto a todo tipo de cosas desconocidas y nuevas. Este nuevo mundo se compone de muchas sensaciones nuevas. De repente puede moverse con mayor libertad, siente frío y calor, oye una serie de ruidos diferentes y más fuertes, ve luces brillantes y nota el contacto de la ropa que lo envuelve. Aparte de estas impresiones, también tiene que respirar por sí solo y ha de acostumbrarse a beber leche, y su aparato digestivo ha de procesar este nuevo alimento. Todas estas cosas son nuevas para él. Dado que de pronto ha de hacer frente a estos enormes cambios en su estilo de vida, es fácil comprender por qué necesita sentirse seguro.

¡Díselo con mimos y caricias!

El contacto humano es el mejor modo de imitar el mundo seguro del bebé dentro del útero. Esto le da seguridad. A fin de cuentas, tu útero «abrazaba» su cuerpo y tus movimientos lo mecían, por lo que él puede recordar. Era su hogar. Él formaba parte de todo lo que tuviera lugar ahí dentro: los latidos rítmicos de tu corazón, el fluir de tu sangre y el ruido de tu estómago. Así pues, es lógico que le guste volver a sentir de nuevo el contacto físico tan familiar y a oír esos sonidos que tan bien conoce. Además, los recién nacidos se sentirán más relajados y seguros en su nuevo entorno cuando estén con su mamá.

El contacto físico: simplemente el mejor consuelo y el mejor juguete

Aparte de la comida y el calor, durante los primeros cuatro meses de su nueva vida no hay nada tan importante para tu pequeño como estar bien apretadito contra ti. Mientras experimente mucho contacto físico, su desarrollo no se retrasará, aunque, por una u otra razón, no tengas demasiadas oportunidades de jugar con él.

- A los bebés pequeños les encanta estar recostados contra sus madres y que les lleven de un lado a otro. Al mismo tiempo, ésta constituye también una buena oportunidad de enseñarles a controlar su cuerpo. Sin embargo, si necesitas tener las manos libres, puedes llevarlo en un mantón portabebés. Existen modelos que pueden utilizarse casi enseguida después del nacimiento, pues permiten que el bebé vaya acostado.

- Dale un buen masaje relajante. Asegúrate de que la temperatura de la habitación sea agradable. Frótate un poco de aceite para bebés en las manos y masajea suavemente todo el cuerpo desnudo de tu hijo. Es un buen procedimiento de que se vaya acostumbrando a su cuerpo, y lo dejará muy relajado y soñoliento.

- A esa edad, el bebé está hecho para que lo cojan, lo mimen, lo acaricien, lo acunen, e incluso es posible que le guste que le den palmaditas en la espalda. A esa edad no se hartará nunca del contacto físico. No debe preocuparte si aciertas o no: pronto te hará saber lo que prefiere y lo que más le tranquiliza. Mientras tanto, está aprendiendo que tiene un puerto seguro en el que recalar cuando se sienta mal.

El primer encuentro con tu bebé

Todos los bebés son diferentes, y eso se nota no sólo al mirarlos, sino también al tocarlos. Intenta coger a otro bebé (si su madre te deja) y verás qué experiencia tan extraña. Tardarás uno o dos minutos en acostumbrarte al otro pequeño. Esto se debe a que te has habituado tanto al tuyo que casi has olvidado que todos los bebés son diferentes.

Las madres a quienes se ha dado el tiempo y la oportunidad de conocer al recién nacido desnudo, suelen seguir un determinado procedimiento: primero pasan sus dedos por su cabello. Es suave. Luego siguen con el dedo el contorno de la cabeza, y luego el rostro. Después les tocan las uñas, los dedos de las manos y de los pies. A continuación se mueven lentamente hacia su cintura, pasando por los brazos, las piernas y el cuello. Finalmente llegan a su tripita y a su pecho.

La *manera* en que las madres suelen tocar cada parte del cuerpo de sus bebés también suele ser muy parecida. Primero lo tocan sólo con la punta de los dedos, lo acarician y lo tratan con mucha delicadeza. Poco a poco, a medida que se sientan más a gusto, utilizarán toda la mano, y a veces puede que lo pellizquen suavemente. Por último, lo tocarán con la palma de la mano. Cuando por fin se atreven a abrazarlo, se muestran tan entusiasmadas que algunas llegan a exclamar que no podían imaginar que algo tan precioso fuera suyo. Es el final de su primer encuentro con su bebé. A partir de ese momento ya no tendrán miedo de levantarlo, de darle la vuelta o de acostarlo. Saben lo que sienten al tocar a su bebé. Este proceso tendría que tener lugar lo antes posible después del nacimiento.

Esas primeras horas tan importantes

- Una madre suele ser muy perceptiva hacia su bebé en las primeras horas después del nacimiento. Intenta que tu bebé permanezca a tu lado para que os vayáis acostumbrando el uno al otro.
- Los recién nacidos suelen estar bien despiertos durante este período. Son conscientes de su entorno, se vuelven hacia los sonidos suaves y miran fijamente el rostro que se inclina sobre ellos.
- A la mayoría de las madres les encanta que su pareja también esté presente, para poder compartir esta experiencia como una familia nueva.

Controla la situación cuanto antes

Cuanto antes aprendas a manejar a tu bebé, tanto más rápido lograrás conocer sus necesidades. Es esencial no poner al bebé, sin más, en los brazos de su madre, sino que conviene darle todo el tiempo que necesite para que sea ella misma quien coja al bebé en brazos. Esta especie de sintonía con el recién nacido se interrumpe fácilmente si quienes están presentes en el nacimiento no lo permiten, por lo que la madre puede tener la sensación de no controlar la situación. Puede sentirse impotente e incluso puede tener miedo a tocar a su bebé. Tienes que asumir el control de la situación y empezar a conocer a tu bebé en cuanto puedas. Incluso si el bebé está en una incubadora, dedícale todo el tiempo que puedas y ocúpate de cuantos aspectos de su cuidado te sea posible. Si no puedes tocarlo, utiliza tu voz para hacerle saber que estás ahí.

Manténte al mando

Habla con toda franqueza: si quieres que tu bebé esté cerca de ti, o si deseas estar un rato a solas con él, dilo. Tú eres quien decide cuántas veces lo sacarás de la cuna. El bebé es tuyo y de nadie más.

La mayoría de las madres a las que las normas del hospital u otras personas impidieron tener libremente contacto con sus bebés después del nacimiento lamentan más tarde no haber pasado más tiempo a solas con ellos durante este período. Muchas madres están resentidas por ello durante algún tiempo. El período posnatal no es lo que se habían imaginado. En lugar de disfrutar de un bien merecido descanso, se sienten acosadas. Habrían querido tener siempre a su bebé junto a ellas, sobre todo cuando lloraba. Si no les dejaban cogerlo, supuestamente porque «todavía no era la hora», les invadía una sensación de desengaño y disgusto. Se sentían como si las trataran como niñas inmaduras e indefensas, incapaces de decidir por sí mismas lo que es mejor para ellas y para sus bebés. Esto es algo que han experimentado también los padres cuando se han sentido abrumados por las normas del hospital y la intromisión de otras personas.

Tenía que hacer lo que me decían. No sólo me indicaban cómo sentarme mientras le daba el pecho, sino cuándo podía dárselo y durante cuánto tiempo. Además, tenía que dejarlo llorar cuando todavía «no era su hora». Me pasaba la mayor parte del tiempo enfadada, pero no quería ser grosera, así que lo amamantaba en secreto. Simplemente no soportaba oírle llorar y quería consolarlo. Cuando, encima, empecé a tener que ponerme y quitarme los sujetadores, y a ponerme y quitarme las bolsas de hielo, porque mis pechos no paraban de hincharse y deshincharse durante todo el día, ya no pude más. Estaba tan enfadada que me eché a llorar. Pero claro, ellos también tenían un nombre para eso: «depresión posparto». ¡Era el colmo! Quiero decir que lo único que yo quería era a mi bebé, y un poco de paz y tranquilidad.

Paul

Tuve un parto difícil, y por ello tuve que permanecer 10 días en el hospital. Sólo me permitían ver a mi bebé de día, a la hora de darle el pecho. Nada era como había imaginado. Había planeado darle el pecho, pero a veces le daban el biberón a escondidas, simplemente porque eso les facilitaba las cosas. Por la noche siempre le daban el biberón. Yo quería tenerla cerca de mí más a menudo, pero no me dejaban. Me sentía impotente y furiosa. Cuando a los 10 días me dejaron volver a casa, pensé que igual podían quedársela. Era como si fuera una extraña para mí, casi como si no fuera mía.

Juliette

Tuve un parto muy largo. Se llevaron enseguida al bebé y durante horas supusimos que era un niño. Cuando más tarde me lo devolvieron, resultó que era una niña. No es que no quisiéramos tener una niña, pero nos habíamos hecho a la idea de que era un varón. Es muy extraño darse cuenta de repente de que tienes una hija.

Jetteke

Cuando le doy el pecho, me gusta colocarla bien apretadita contra mí. Pero la enfermera no me dejaba. Hacía que me echara en los cojines, completamente recostada. Me parecía muy poco natural. Totalmente distante y frío.

Nina

Me sentía muy posesiva cada vez que iba pasando de unas manos a otras, pero lo disimulaba.

Laura

La enfermera de la maternidad era muy quisquillosa, estaba obsesionada con la limpieza. Cuando alguien venía a visitarme, se quedaba en la habitación y no paraba de hablar y de explicar a todo el mundo los casos que había presenciado en los que algo había salido mal. Por algún motivo, le preocupaba en exceso que mi hija pudiera llegar a ponerse amarilla. La controlaba cada hora, a veces cada 15 minutos, y me decía que le había parecido detectar los primeros signos de ictericia. Me ponía muy nerviosa. Cuando intentaba darle el pecho, no paraba de interrumpirme para llevarse al bebé para pesarlo. Esto me sacaba de quicio, y tampoco parecía gustarle demasiado a la pequeña víctima. Se removía tanto en la balanza que la enfermera tardaba más en ver si ya había tomado 40 o 45 gramos de leche. Mientras tanto, lloraba con tanta desesperación que yo me ponía aún más nerviosa, con lo cual al final decidí dejar de amamantarla. Cuando pienso en ello, me siento fatal. Creo que fue totalmente innecesario. ¡Me habría gustado tanto amamantar a mi pequeña!

Xara

Me sentía muy posesiva y me molestaba que otras personas lo cogieran durante demasiado tiempo. Para mis adentros sentía una gran satisfacción cuando se ponía a llorar cuando estaba en brazos de otros, y dejaba de llorar en cuanto me lo devolvían.

Rudolf

Cuando lloraba, me fastidiaba que las visitas intentaran darme consejos sobre las ventajas de una educación estricta y que no le haría ningún daño dejarlo llorar. Eso era lo último que yo quería.

Thijs

Esta vez nos habíamos propuesto hacerlo todo como queríamos. Cuando el bebé empezaba a llorar, yo le daba otro biberón. El mayor estuvo llorando y pasando hambre durante casi dos semanas, como luego se demostró. Si es la primera vez, tiendes a seguir los consejos de todo el mundo. Pero ahora, a la única que escuchaba era a mí misma.

Eefje

Cuando las madres tienen problemas con sus bebés, unos 10 días después del nacimiento, suelen decir que es porque no están del todo seguras de sí mismas. Tienen miedo de dejarlo caer o de apretarlo demasiado. No han aprendido a valorar las necesidades y las respuestas del bebé en ciertas situaciones. Sienten que han fracasado como madres.

Algunas madres piensan que esto tiene algo que ver con el hecho de que estuvieron muy poco con sus bebés durante el período inmediatamente posterior al nacimiento. Les hubiera gustado poder pasar más tiempo con el bebé, pero ahora han llegado a la fase en que sienten alivio cuando pueden dejarlo en la cuna. Temen la maternidad, y eso es algo que no sentían al principio.

> ## Recuerda
>
> Abraza, acuna, acaricia y dale masajes a tu bebé cuando esté de buen humor, pues es el mejor momento para descubrir lo que más le conviene y lo que más le relaja. Si conoces sus preferencias, más adelante podrás utilizar estos métodos para tranquilizarle cuando se sienta mal. Si lo abrazas, acunas, acaricias y le das masajes tan sólo cuando está de mal humor, acabará llorando todavía más y con más fuerza.

Aprende a conocer y a comprender a tu bebé

En cierto sentido ya conoces a tu bebé. A fin de cuentas, durante nueve meses ha estado contigo noche y día. Pero después del nacimiento es diferente; de hecho, es totalmente diferente. Ves a tu bebé por primera vez, y tu bebé se encuentra también en un entorno completamente nuevo. Antes de nacer te preguntabas qué clase de bebé tendrías, y si reconocerías algunos rasgos o características que pensabas que tenía mientras crecía en el útero.

Ver, oír, oler y sentir al bebé durante los primeros días tiene un impacto tremendo en toda la relación entre madre e hijo. La mayoría de las madres saben instintivamente lo importantes que son estos «momentos íntimos». Tienen una necesidad innata de observar todo lo que hace el bebé. El simple hecho de mirarlo les produce un enorme placer. Quieren ver, oír, sentir y oler cómo reacciona a su entorno. Quieren observarlo mientras duerme y escuchar su respiración. Quieren estar presentes cuando se despierta. Quieren acariciarlo, abrazarlo y olerlo siempre que les apetezca.

> Su respiración cambia si oye un ruido repentino, o si ve una luz. La primera vez que observé esta respiración irregular me preocupé mucho, pero luego me di cuenta de que simplemente reaccionaba al ruido o la luz. Ahora incluso me hace gracia que su respiración cambie, puesto que es algo que ya no me preocupa.
>
> *Bob*

Además, la mayoría de las madres buscan rasgos familiares en sus recién nacidos. ¿Es el bebé tranquilo que esperaban que fuera? ¿Da pataditas a determinadas horas, como hacía antes de nacer? ¿Tiene una afinidad especial con su papá? ¿Reconoce su voz?

La mayoría de las madres quieren «poner a prueba» las reacciones del bebé. Quieren descubrir qué le hace feliz. Agradecerán los consejos, pero no las reglas y normas. Quieren llegar a conocer a su bebé y ver cómo reacciona. Quieren descubrir por sí mismas qué es lo mejor para su hijo, y les encanta descubrir que estaban en lo cierto en cuanto a las preferencias del bebé, pues eso demuestra lo bien que lo conocen. Ello aumenta su confianza en sí mismas, y les da la sensación de que son totalmente capaces de seguir adelante solas después de abandonar el hospital con él.

Cómo hacer un mantón portabebés

Utiliza un trozo de tela resistente, de 90 cm por 2,1 m. Ponte la tela sobre el hombro izquierdo (si eres diestra; sobre el hombro derecho, si eres zurda) y anuda los extremos en la cadera opuesta. Coloca el nudo en la espalda. Controla que la longitud del paño sea la indicada. Si es así, estará listo para acoger al bebé.

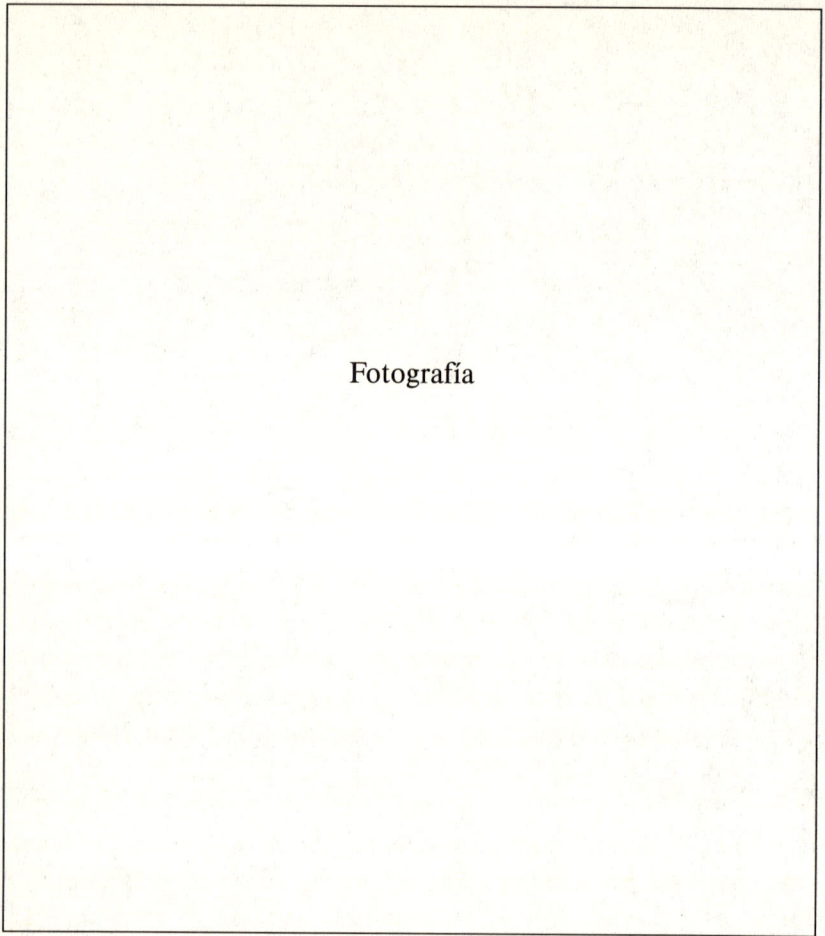

Fotografía

Edad: _____
Observaciones: _____
_____
_____
_____
_____
_____
_____
_____
_____
_____

3

5 semanas:
El mundo de las sensaciones

En las cuatro o cinco últimas semanas habrás observado que tu bebé crece rápidamente. Os habéis ido conociendo y tú has ido descubriendo su forma de ser. Su mundo resulta difícil de imaginar para los adultos: el bebé lo ve todo como envuelto por una neblina y en cierto modo no es muy diferente de su vida en el útero.

Ahora, antes de que se levante esa niebla que rodea su mundo y el bebé empiece a descifrar todas las impresiones que ha absorbido en las últimas semanas, tendrá que dar el primer gran salto en su desarrollo. En torno a las 5 semanas, y algunas veces incluso a las 4 semanas de vida, el bebé se preparará a dar el primer salto adelante.

A tu bebé le están sucediendo cosas nuevas y extrañas. Un verdadero alud de sensaciones nuevas, en su interior, pero también fuera, se abalanza sobre él, y eso le desconcierta. Algunas de estas cosas nuevas tienen que ver con el desarrollo de sus órganos internos y su metabolismo. Además, ahora está más «espabilado», lo cual significa que sus sentidos son más receptivos que justo después de nacer.

Al principio, este mundo que cambia tan rápido resulta muy inquietante. Su primera reacción será querer volver al mundo seguro, cálido y familiar que abandonó hace poco, un mundo en cuyo centro estaba mamá. De repente, el pequeño necesita más mimos y más atención. Antes, la comida, el sueño y los cuidados físicos que le dabas conseguían proporcionarle una sensación de bienestar, pero ahora, de pronto, parece necesitar que le des algo más. Aunque tu bebé haya permanecido muy cerca de ti desde su nacimiento, es posible que por primera vez notes que está enmadrado o exigente. Este período puede durar un solo día, pero en muchos casos llega a prolongarse toda una semana.

Una vez superada la crisis, observarás que en algunos sentidos ha madurado, aunque te resulte difícil definir de qué se trata exactamente. Parece más espabilado y consciente del mundo que le rodea.

Se acumulan los nubarrones: los signos de un gran cambio

Aunque sean tan pequeños, los bebés de 5 semanas ya son capaces de sentir los cambios que tienen lugar en sus pequeños cuerpos. Ahora que se había acostumbrado a vivir sin el cálido abrazo que le proporcionaba tu cuerpo, el mundo de tu bebé vuelve a cambiar por segunda vez. Aunque a ti todo te parezca igual, has de comprender que, para él, todo lo que ve, siente, oye, huele o gusta es de algún modo diferente. Algunos de los cambios pueden gustarle, pero otros no, porque no los comprende. Sigue siendo demasiado pequeño para pedirte ayuda, ni siquiera puede tenderte la mano, y por supuesto no puede preguntarte qué le está pasando.

No obstante, no está del todo indefenso. Puede gritar, llorar, sollozar y negarse a dormir hasta haber sacado de quicio a todo el mundo. Con un poco de suerte, su angustia hará que mamá corra a su lado, lo coja, lo apriete contra su pecho y lo deje abrazarse a ella. Es más, con un poco de suerte incluso le dejará mamar. Algunas veces no parará hasta estar lo más cerca posible de su mamá: «enchufado» al pezón. Este tipo de consuelo físico con el pecho o el biberón pueden ser el único modo de crear el mundo seguro que tanto necesita en estos momentos.

Las lloreras hacen que las madres se sientan inseguras

Todas las madres quieren averiguar por qué sus bebés están tan inquietos para así encontrar una manera de consolarles. Suelen empezar comprobando si el bebé tiene hambre. Luego buscan algo que pueda causarle molestias físicas: ¿quizá le apriete demasiado su ropita? ¿O es que tiene el pañal mojado o sucio? Intentan consolarle con todo el amor que son capaces de darle en estos momentos tan difíciles. Pero no es una tarea sencilla. Muy pronto descubrirán que, pese a todos sus cuidados y consuelos, no logran evitar que el pequeño reanude sus implacables lloros.

Es una experiencia desagradable para la mayoría de las madres que se enfrentan por primera vez a este cambio repentino en la conducta de sus bebés, pues les provoca inseguridad, y muchas madres llegan incluso a sentir verdadero miedo.

> Quería estar conmigo todo el tiempo. Yo lo apretaba contra mi pecho o lo ponía en mi regazo, incluso cuando teníamos visitas. Estaba muy preocupada. Una noche apenas pude dormir, me pasé horas y horas con él en brazos y acariciándolo. Entonces mi hermana vino a visitarme y se ofreció a quedarse una noche con el bebé. Yo me fui al otro dormitorio y dormí como un tronco toda la noche. Al despertarme al día siguiente me sentía como nueva.
>
> *Bob, 5ª semana*

> Normalmente es muy tranquila, pero de pronto empezó a llorar y no paró durante casi dos días. Al principio pensé que eran los famosos cólicos de los bebés. Pero observé que dejaba de llorar cada vez que la cogía en brazos o cuando la acostaba entre nosotros en la cama: se quedaba dormida enseguida. Entonces empecé a preguntarme si no estaría mimándola demasiado. Pero el período de llantos acabó tan repentinamente como había empezado, y ahora es tan tranquila como antes.
>
> *Eefje, 5ª semana*

Muchas veces las madres temen que al pequeño llorón le pase algo malo. Piensan que le duele algo o que tiene alguna anomalía o trastorno que no ha sido todavía detectado. Otras creen no tener suficiente leche, porque el bebé parece buscar constantemente el pecho y estar siempre hambriento. Algunas madres llevan al bebé al pediatra[1] para una revisión. Evidentemente, la mayoría de los be-

---

1. En caso de duda, consulta siempre con el médico de cabecera, el pediatra o el centro asistencial.

bés están perfectamente sanos y el médico envía a la madre de vuelta a casa con sus preocupaciones.

Lloraba tanto que me temía que le pasara realmente algo malo. Quería mamar constantemente. Así que fui a ver al pediatra, pero no le encontró nada anormal. Me dijo que necesitaba tiempo para acostumbrarse a mi leche y que muchos bebés atraviesan una fase de lloreras como ésta a las 5 semanas de vida. Me pareció raro, porque hasta entonces no había tenido problemas con mi leche. Su primo, que tenía la misma edad, tampoco paraba de llorar, pero a él le daban el biberón. Cuando se lo dije, el médico se hizo el sordo. No me atreví a insistir. Me bastaba con saber que no era nada grave.

Juliette, 5ª semana

Con mamá es más fácil crecer

Puesto que tu bebé nota que algo está cambiando, se siente inseguro y necesita estar muy cerca de ti, bien apretado contra tu barriga. Este abrazo es el tipo de contacto físico que más lo tranquiliza cuando se siente mal. Dale todos los mimos que necesite y que tú te veas capaz de ofrecerle en momentos como éste. Tu bebé necesita tiempo para adaptarse a estos nuevos cambios. Está acostumbrado al olor y al calor de tu cuerpo, a tu voz y al modo en que lo coges. Contigo se relajará un poco y volverá a estar contento. Tú le ofreces la seguridad que necesita en este período tan agotador.

Algunas veces mama durante media hora y se niega a separarse del pecho. «Quítaselo después de 20 minutos y verás qué pronto aprende», es el consejo que me dan. Pero yo pienso: «Que digan lo que quieran, soy yo quien decide lo que más le conviene».

Nina, 5ª semana

Manténlo cerca de ti

Es posible que notes que el contacto físico ayuda a calmar el llanto y que esa criaturita ruidosa reacciona mejor y más rápidamente cuando está contigo. Intenta llevarlo en un portabebés mientras estás haciendo tus cosas o túmbalo en tu regazo mientras lees o realizas otras actividades sedentarias. Un buen masaje o unas caricias también pueden ser útiles.

Cuando no paraba de llorar, parecía inconsolable. Para conseguir que se calmara tenía que darle masajes durante un buen rato. Pero después algo cambió. Ahora se tranquiliza antes. Y cuando llora, me siento más dispuesta a consolarla.

Nina, 4ª semana

Consejos para tranquilizarlo

Para consolar a un bebé pequeño es muy importante seguir un ritmo suave. Coge al bebé en brazos y manténlo erguido, sosteniéndole el culito con un brazo mientras con el otro mantienes su cabeza bien apoyada contra tu hombro. Esta posición le permite sentir los tranquilizantes latidos de tu corazón.

He aquí algunos métodos simples para tranquilizar a los pequeños llorones, tal como aconsejan las madres experimentadas. Recuerda que no todos funcionarán con tu bebé, así que, si al principio no tienes éxito, sigue intentándolo hasta encontrar lo que más le conviene.

- Acaríciale.

- Mécelo suavemente en tus brazos, o siéntate con él en una mecedora.
- Paséate lentamente llevándolo en brazos.
- Háblale o cántale una nana.
- Dale unas palmaditas suaves en el culete.
- *¡No olvides que el modo más eficaz de consolar a un bebé que llora es hacer las cosas que más le gustan cuando está de buen humor!*

Las madres que cogen en brazos a su bebé cada vez que está «fuera de sí», lo califican de muy «enmadrado». Estos bebés sólo quieren estar bien apretaditos contra su mamá para que los acaricie, los arrulle o los mime. Suelen quedarse dormidos en el regazo de su madre, pero empiezan a llorar en cuanto intentan meterlos en la cuna.

Las madres que siguen horarios estrictos al darles de comer y ponerlos a dormir suelen notar que los bebés se quedan dormidos mientras maman. Algunas se preguntan si no será porque los bebés están tan agotados de tanto llorar y no dormir que no tienen energía para mamar cuando les toca. Parece lógico, pero seguramente no es la única explicación. Ahora, el bebé ha logrado su propósito. Está con su mamá, se siente satisfecho y por consiguiente se queda dormido.

Cuando empezó a llorar tanto, durante dos días intenté seguir un horario estricto para meterlo en la cuna, pero fue un verdadero desastre. Los dos acabamos subiéndonos por las paredes. Ahora lo pongo en mi regazo todo el rato que quiera sin sentirme culpable. Me siento bien al respecto. Así estamos muy bien los dos, bien calentitos. Es evidente que le encanta. Ahora tampoco tenemos horarios fijos de comidas: de todas formas, no los seguía. Ahora me avisa cuando tiene hambre. A veces mama durante mucho rato, pero otras no. Ahora está más contento, y yo también.

Steven, 5.ª semana

Consejos para dormirlo

Los bebés con problemas de sueño suelen quedarse dormidos más rápidamente cuando están con sus madres. El calor del cuerpo, los movimientos y los sonidos suaves les ayudarán a tranquilizarse. He aquí algunos consejos para que se quede dormido:

- Dale un baño caliente, sécalo bien y túmbalo sobre una toalla caliente; luego dale un masaje con aceite para bebés.
- Dale el pecho o el biberón, pues el hecho de mamar lo relajará y tranquilizará.
- Paséate con él, llevándolo en un portabebés.
- Paséalo en el cochecito.
- A menudo, un paseo en automóvil hace milagros.
- Algunos padres lo consiguen acostando al bebé en su propia cama, entre los dos.

El gran cambio: un período de rápido crecimiento

Hay varios síntomas que indican que los bebés de unas 4 o 5 semanas atraviesan enormes cambios que repercuten en sus sentidos, su metabolismo y sus órganos internos. Están perdiendo algunas de las habilidades que tenían de recién nacidos. Ya no seguirán un rostro con los ojos, ni se volverán hacia un sonido, ni imitarán los movimientos de la boca de otra persona. Hay indicios de que estas habilidades estaban controladas por centros primitivos en las zonas inferiores del cerebro y que desaparecen para dar paso a un nuevo crecimiento en las zonas cerebrales superiores. Pronto aparecerán conductas similares, pero esta vez el bebé parecerá controlarlas mucho mejor.

A las 4 o 5 semanas de vida, el bebé atraviesa una serie de cambios que influyen en su manera de ver el mundo, de sentir y de digerir los alimentos. Algunos de estos cambios tienen consecuencias directas y visibles. Es posible que por primera vez notes que, al llorar, derrama lágrimas de verdad. Permanece despierto durante más rato y parece más interesado en el mundo que le rodea. Justo después de nacer, sólo podía enfocar los objetos que estaban a 20 centímetros de distancia, pero ahora puede enfocar hasta una distancia de aproximadamente 30 cm. Por ello no es de extrañar que el bebé tenga ganas de «marcha».

Los bebés de 5 a 6 semanas de edad incluso están dispuestos a «trabajar» con tal de distraerse. En un experimento de laboratorio, se colocó a unos bebés delante de una película en color de una madre que jugaba con su bebé. Se les mostró que podían enfocar la imagen chupando más fuerte del chupete. En cuanto el bebé dejaba de chupar, la imagen se volvía borrosa. A esa edad, a los bebés les cuesta chupar y mirar a la vez, así que sólo podían hacerlo durante unos segundos. Para controlar que eso era realmente lo que intentaban hacer, el experimento se hizo al revés, de forma que los bebés tenían que *dejar de chupar* para que se enfocara la película. ¡Y también lo consiguieron!

Cambios cerebrales

En torno a las 3 y 4 semanas, el perímetro craneal de los bebés experimenta un enorme incremento y el metabolismo de la glucosa cambia.

¿Cómo explora tu bebé su nuevo mundo?

Se interesa más por su entorno:
- Se queda más rato mirando las cosas y lo hace más a menudo.
- Escucha más a menudo y presta más atención a algo.
- Es más consciente de que le tocan.
- Es más consciente de los olores.
- Sonríe por primera vez, o más que antes.
- Hace gorgoritos de puro placer.
- Demuestra más a menudo que algo le gusta o le disgusta.
- Indica más a menudo que sabe lo que va a ocurrir.

- Permanece despierto por más tiempo, y está más alerta.
- Otros cambios que hayas observado _____

_____

Cambios físicos:
- Respira con mayor regularidad.
- Se sobresalta y tiembla menos que antes.
- Lagrimea por primera vez (o más a menudo que antes).
- Desaparecen los problemas digestivos:[2]
  se atraganta menos;
  vomita menos;
  eructa menos.
- Otros cambios que hayas observado _____

_____

Las preferencias de tu bebé: la clave de su personalidad

Los bebés desarrollan rápidamente sus sentidos en este período y todos manifiestan un mayor interés por su entorno. Y aunque al principio no resulte evidente, todos los bebés tienen sus preferencias. A algunos les encanta mirar y observar todo lo que hay a su alrededor. Otros escuchan la música y los sonidos que los rodean y sienten predilección por objetos que emiten sonidos o hacen música, como los sonajeros. A otro grupo de bebés les gusta que los toquen y los acaricien, y prefieren los juegos que implican contacto físico con otra persona. Algunos bebés quieren probar todas las actividades nuevas que atraen su atención, sin definirse todavía claramente por ninguna de ellas.

2. A esta edad es probable que el bebé tenga que superar algunos problemas relacionados con su aparato digestivo. Algunos trastornos se manifiestan de forma más aguda: Tal es el caso de un bebé que, desde su nacimiento, haya sufrido un excesivo estrechamiento del orificio inferior del estómago por el que éste se comunica con el intestino (la denominada «estenosis pilórica»). A esta edad, el orificio puede llegar a obstruirse por completo. Esto significa que el bebé devolverá con fuerza los alimentos. Afortunadamente, este trastorno puede curarse con una pequeña intervención quirúrgica.

Incluso a tan tierna edad, descubrirás que cada bebé es diferente.
Cuando repases las listas anteriores, señala las cosas que hace tu
bebé. Es posible que exhiba sólo algunas de las conductas enumeradas, mientras que otras pueden tardar semanas en aparecer. El hecho de que tu bebé se interese más que otros por determinadas experiencias sensoriales en su mundo demuestra que ya es una personita.

Todos los días, cuando voy al conservatorio a estudiar, me la
llevo conmigo. Durante las primeras semanas apenas reaccio-
naba ante los sonidos y, a decir verdad, eso me tenía muy preocupada. Ahora, de repente, cuando está despierta se interesa
por todo tipo de sonidos. Si se despierta de mal humor y le
canto, deja de llorar enseguida. Sin embargo, sigue llorando si
son otros los que cantan.

Odine, 6.ª semana

Tiempos difíciles para todos

El momento en que se está produciendo un gran cambio en el bebé suele ser estresante tanto para él como
para su madre; por ello es posible que en ocasiones la
tensión se haga insoportable para ambos. El agotamiento puede deberse a la falta de sueño o a las preocupaciones que te impiden dormir bien. Lo normal es que
ocurra lo siguiente:

• El bebé está confuso y llora.
• Los lloros constantes hacen que la madre se sienta
  insegura y a menudo asustada, y va acumulando
  tensión hasta que ya no puede más.
• El bebé detecta la tensión, se vuelve más exigente
  y llora más fuerte que antes.
• Cuando la tensión sea excesiva, recuerda que es
  normal sentirse así. Intenta buscar tiempo para
  relajarte. Tu bebé se beneficiará de ello tanto como tú.
**El apoyo y la comprensión ayudarán a la madre y al
bebé a combatir el estrés.**

- Para consolar a tu bebé, recurre al contacto físico y préstale atención. Gracias a ello le resultará más fácil adaptarse a los desafíos a su propio ritmo, y también le dará más confianza en sí mismo, pues sabe que hay alguien dispuesto a ocuparse de él siempre que lo necesite.
- La madre también necesita recibir el apoyo (y no las críticas) de la familia y los amigos. Las críticas no hacen más que minar su ya maltrecha confianza en sí misma, mientras que el apoyo le permitirá hacer frente a los períodos de crisis.

Cómo ayudar al bebé a jugar y aprender

Lo primordial para ayudar al bebé es cuidarlo y darle apoyo. A esta edad es imposible mimarlo demasiado, así que no te sientas culpable si lo consuelas cuando llora.

Ayuda a tu bebé en su viaje de descubrimiento cuando está dando su primer salto adelante. Por lo general, ahora estará más interesado por el mundo que le rodea. Es más perceptivo y está despierto durante más tiempo para disfrutarlo. Procura descubrir qué actividades prefiere. Una vez que conozcas los gustos del bebé, podrás enseñarle nuevas actividades, nuevos juegos y juguetes. Para averiguar sus preferencias, observa detenidamente sus reacciones. Aunque es muy pequeño, ya sabe comunicarte lo que le gusta o le desagrada.

¿Cómo saber lo que prefiere?

Tu bebé sonreirá cuando le des algo que le gusta mucho. Puede ser algo que vea, oiga, huela, pruebe o toque. Dado que sus sentidos se han desarrollado y que ahora puede percibir un poco más de este mundo, también sonreirá más a menudo. Es muy gratificante experimentar y descubrir qué actividades provocan estas maravillosas sonrisas.

Bailo con él, dando vueltas en redondo, y cuando me paro, sonríe.

Jan, 6.ª semana

Cuando acerco mi cara a la suya, y le sonrío y le hablo, ella me mira a los ojos y esboza una amplia sonrisa. Es delicioso.

Laura, 5.ª semana

Sonríe a sus muñecas y a sus ositos.

Jetteke, 6.ª semana

Ayúdale a explorar con la vista

Tu bebé observará durante más tiempo los objetos que le interesan. Cuanto más intensos sean los colores, más le gustarán. También le encantan las cosas que tienen rayas o ángulos. Y por supuesto, tu rostro.

Cuando pasees con él, descubrirás enseguida lo que prefiere mirar. Dale suficiente tiempo para observar bien las cosas, y no olvides que sólo puede enfocar a una distancia de 30 cm. Algunos bebés no se cansan de observar los mismos objetos una y otra vez, mientras que otros se aburren si no se les muestra algo distinto. Si notas que tu bebé se está aburriendo, muéstrale objetos parecidos a los que le gustan, pero ligeramente diferentes.

Es mucho más consciente de todo lo que ve. Le encantan los barrotes del parque, que contrastan con las paredes blancas, los libros en la estantería, el techo, que tiene largos listones de madera separados por una raya oscura, y un dibujo en blanco y negro que cuelga de la pared. Por las noches, lo que más le interesan son las luces.

Xara, 5.ª semana

Me mira fijamente y observa mi cara durante un rato. Le divierte verme comer: no aparta los ojos de mi boca y observa cómo mastico. Le encanta.

Rudolf, 6.ª semana

Cuando muevo lentamente una pelota verde y amarilla de izquierda a derecha, ella gira la cabeza y la sigue. Le gusta mucho, aunque la que más se divierte de las dos soy yo, su afortunada madre.

Ashley, 5ª semana

Ayúdale a explorar con el oído

Los sonidos suelen fascinar a los bebés. Zumbidos, crujidos, campanilleos, susurros o silbidos: todos son interesantes. Asimismo, los bebés suelen estar fascinados por las voces humanas. Las voces agudas son muy interesantes, pero no hay nada comparable a la voz de su mamá, aunque no sea precisamente una soprano.

Cuando el bebé haya cumplido 5 semanas ya podrás mantener agradables charlas con él. Busca un sitio cómodo para sentarte y acerca tu rostro al suyo. Háblale de los acontecimientos del día, o de cualquier cosa que se te ocurra. Guarda silencio de vez en cuando para darle oportunidad de «replicar».

Creo realmente que ahora me escucha. Es extraordinario.

Thijs, 5ª semana

Algunas veces, cuando le hablo, me contesta. Está más habladora que nunca, y a veces parece como si realmente intentara decirme algo. Es adorable. Ayer estuvo hablando con su conejito en la cama, y con su sonajero en el parque.

Odine, 5ª semana

Hazle saber que lo comprendes

Es posible que ahora tu bebé emita más grititos o gorgoritos que antes, y con más frecuencia. A lo mejor dispone de un sonido para cada ocasión. Los bebés suelen soltar unos tristes sollozos cuando se duermen. Cuando un bebé esté realmente enfadado, su madre lo notará enseguida por la forma en que llora, porque no tiene nada que ver con su llanto «de siempre». Te está diciendo que algo va mal. Los bebés también emiten otros sonidos, como gorgoritos para mostrar que están contentos, especialmente cuando están mirando o escuchando algo. Estos sonidos te ayudarán a comprenderlo mejor. Si comprendes lo que intenta decirte tu bebé, díselo. A los bebés les encanta la interacción.

> Por los sonidos que hace, sé exactamente cuándo está de buen humor o de mal humor. Algunas veces hace gorgoritos mientras mira el móvil que hay colgado encima de su cuna, y le encanta oírme imitar los sonidos que hace.
>
> *Odine, 6.ª semana*

Ayúdale a explorar su mundo con el tacto

A esta edad, todos los bebés son más conscientes cuando alguien los toca. Algunos bebés se hartan pronto de tanto manoseo por parte de las visitas, mientras que otros disfrutan de lo lindo. ¡No hay dos bebés iguales! A veces se oye reír abiertamente a un bebé por primera vez cuando le hacen cosquillas. Pero la mayoría de los bebés de esta edad no apreciarán mucho que les hagan cosquillas.

> Se rió a carcajadas cuando su hermano empezó a hacerle cosquillas. Todos nos quedamos mudos de sorpresa.
>
> *Xara, 5.ª semana*

Recuerda: no exageres

Guíate por las reacciones de tu bebé. No insistas si observas que es demasiado para él.

- Tu bebé es más sensible, así que podrías «pasarte». Recuérdalo cuando juegues con él, cuando lo mimes, le muestres cosas o le dejes escuchar cosas. Eres *tú* quien ha de adaptarse a *él*.

- El bebé todavía no sabe concentrarse por mucho tiempo, así que necesitará hacer pequeños descansos. A ti puede parecerte que está perdiendo interés, pero no es así. Ten paciencia. Normalmente tendrá ganas de empezar otra vez después de que le hayas dejado descansar un ratito.

Un respiro después del salto

En torno a las 6 semanas se inicia un período relativamente tranquilo. Los bebés son más alegres, más espabilados y están más ocupados mirando y escuchando. Muchas madres aseguran que sus ojos parecen más brillantes. A esta edad los bebés también son capaces de expresar sus preferencias. En resumidas cuentas, la vida parece menos complicada que antes.

Ahora nos comunicamos más que antes. De repente las horas que pasa despierto son más interesantes.

Dirk, 6.ª semana

Me siento más cercana a él, el vínculo es más estrecho.

Bob, 6.ª semana

Fotografía

Después del salto
Edad: _____
Observaciones: _____
_____
_____
_____
_____
_____
_____
_____
_____

4

8 semanas:
El mundo de las pautas

En torno a las 8 semanas de edad, el bebé empezará a ver el mundo de una forma diferente. Aunque al principio nos cueste comprenderlo, esto sucede con todos sus sentidos y no sólo con la vista. Empezará a reconocer pautas simples en el mundo que le rodea y en su propio cuerpo. Descubrirá sus manos y pies, y se pasará horas practicando su capacidad de controlar sus pequeñas extremidades. No se cansará de observar las sombras que la luz proyecta contra las paredes de su cuarto o el modo en que el sol se filtra a través de los árboles. Es posible que te lo encuentres estudiando absorto todos y cada uno de los detalles de las latas y envases en las estanterías del supermercado, los dibujos de colores de tu ropa o los de su propia ropita.

Cada una de estas cosas —y muchas más (véase página 53)— indica un gran cambio en el desarrollo mental del bebé. Este cambio le permitirá aprender una nueva serie de habilidades que habría sido incapaz de asimilar antes, por mucha ayuda y estímulo que le hubieras ofrecido. Pero, al igual que en el anterior salto en su desarrollo, estos cambios no van a resultar fáciles.

Al principio, el cambio en el modo en que percibe el mundo a su alrededor lo intrigará, confundirá y desconcertará, puesto que su mundo familiar está patas arriba. Ve, oye, huele, gusta y toca de un modo que le es totalmente nuevo, y necesitará tiempo para acostumbrarse. Necesita tiempo para adaptarse a la situación, y para ello precisa estar en un lugar seguro y familiar. Mientras no se sienta cómodo en este nuevo mundo, se mantendrá aferrado a su madre para que lo consuele. Esta vez, la «crisis» durará entre unos pocos días y dos semanas.

Sin embargo, una vez superada esta fase, te parecerá que este segundo salto es un verdadero hito en el desarrollo de tu hijo. Cuando empiece a aprender a controlar su cuerpo y a utilizar sus sentidos para explorar su mundo, empezará a expresar sus preferencias. Te darás cuenta de lo que le gusta y lo que no, notarás que escucha con más detenimiento determinados sonidos, y sabrás qué colores prefiere, qué tipo de juguetes o actividades le gustan y qué rostro le alegra más, aparte del tuyo, claro está. Éstos son los primeros signos de la nueva e incipiente personalidad de tu bebé.

Recuerda

Si notas que tu bebé está enmadrado, obsérvalo de cerca para ver si intenta dominar nuevas habilidades.

Se acumulan los nubarrones: los signos de un gran cambio

Entre las 7 y 9 semanas de vida, probablemente observes que tu bebé se muestra cada vez más exigente. Quizá llore más a menudo, pues ésta es su manera de expresar lo mal que le sientan estos cambios. A esta edad, llorar es el modo más eficaz de demostrar que se siente desorientado y necesita atención. Los bebés sensibles sollozarán, llorarán más de lo que ya lo hacían y llevarán a sus padres al borde de la desesperación. En algunos casos, por más que se haga todo lo posible por consolar a los pequeños llorones, ellos seguirán protestando.

Sin embargo, la mayoría de bebés se calman cuando experimentan contacto físico, y algunos bebés quieren un contacto lo más íntimo posible: si pudieran, se meterían otra vez en el vientre de su madre. Querrían estar totalmente arropados por sus brazos, sus piernas y su cuerpo. Incluso es posible que exijan su atención exclusiva y protesten en cuanto ésta disminuya.

Signos de que el bebé está creciendo de nuevo

Entre las 7 y 9 semanas es posible que observes que tu bebé manifiesta una de las siguientes conductas. Será un signo de que está listo para dar el siguiente salto, cuando el mundo de las pautas se abre ante él:

- Llora más a menudo.
- Quiere que lo distraigas.
- Pierde el apetito.
- Se muestra más tímido con los extraños.
- Está más enmadrado.
- Duerme mal.
- Se chupa el dedo (más a menudo).
- Otros cambios que hayas observado _____
  _____
  _____

¿Cómo saber que ha llegado el momento de crecer?

¿EXIGE QUE LE PRESTEN MÁS ATENCIÓN?

Muchos bebés quieren que les dediquen más tiempo. Algunos incluso exigen una atención exclusiva. Ya no quieren quedarse tumbados en el parque o sobre la mantita en el suelo, por mucho que les haya gustado hacerlo hasta ahora. Quizá no pongan objeciones a estar en una sillita, siempre y cuando su madre esté cerca. Pero la meta del bebé es estar con mamá. Quiere que lo mire, que le hable y que juegue con él.

> De pronto, ya no le gusta irse a la cama por las noches. Está intranquila y llora mucho. Pero nosotros queremos tranquilidad y silencio. Así que dejamos que se quede en el sofá o la cogemos en brazos para consolarla, y entonces no hay problema. Pensándolo bien, nunca ha causado problemas.
>
> *Eefje, 8.ª semana*

¿ESTÁ MÁS TÍMIDO CON LOS EXTRAÑOS?

Es posible que ya no sonría tan fácilmente a las personas que no conozca bien, o que necesite más tiempo para acostumbrarse a ellas. En ocasiones, algunos bebés se echan a llorar si otras personas intentan acercarse a ellos cuando están con sus mamás. Algunas madres lo lamentan: «Antes era siempre tan alegre». Otras madres se alegran para sus adentros: «A fin de cuentas, soy la única que está siempre dispuesta para atenderle día y noche».

Parece que me sonría más a mí que a otros. Ahora le cuesta un poco más acostumbrarse a la gente.

Ashley, 9.ª semana

¿HA PERDIDO EL APETITO?

Muchos bebés quieren estar todo el día «conectados» al pecho, y sin embargo apenas maman. Están contentos mientras tienen el pezón en la boca o cuando lo sienten cerca. Pero en cuanto se les aparta del pecho, empiezan a protestar de inmediato, hasta que vuelven a sentirlo cerca.

Esto suele ocurrir a los bebés que deciden por sí mismos los horarios de comida. Algunas madres empiezan a pensar que no tienen suficiente leche, mientras que otras se preguntan si la decisión de amamantarlos ha sido acertada. Sin embargo, en estos momentos el pecho no sirve para alimentar al bebé. Su finalidad es más bien tranquilizarlo. Ello explica por qué muchos bebés se chupan el dedo más a menudo durante este período.

A veces me siento un biberón con piernas que ha de estar de servicio las 24 horas del día. Me irrita mucho. Me pregunto si les pasará lo mismo a otras madres que dan el pecho.

Thijs, 9.ª semana

¿SE AGARRA MÁS FUERTEMENTE A TI?

Es posible que ahora se aferre a ti en cuanto presiente que vas a dejarlo en la cuna. No sólo se agarrará con los dedos de las manos, sino incluso con los de los pies. Esta muestra de devoción hace que a menudo a la madre le resulte más difícil soltarlo, en sentido literal y figurado. Le parece conmovedor y también le da pena, y por un momento hace que se sienta realmente deseada.

Cuando me inclino para dejarla en la cuna, me agarra el cabello o la ropa como si tuviera miedo de separarse de mí. Es muy dulce, aunque preferiría que no lo hiciera, porque hace que me sienta culpable cuando la dejo.

Laura, 9ª semana

¿DUERME MAL?

En épocas críticas como ésta, los bebés no suelen dormir tan bien como antes. Algunos empiezan a llorar en cuanto los llevan al dormitorio, lo cual explica que algunos padres piensen a veces que el bebé tiene miedo o frío. Los bebés pueden tener diversos problemas de sueño. A algunos les cuesta conciliar el sueño, mientras que otros se despiertan al más mínimo ruido y no duermen mucho rato seguido. Sea cual sea el problema de tu hijo, el resultado será el mismo: en casa nadie dormirá lo suficiente. Y por supuesto también significa que están despiertos más rato, lo cual les brinda nuevas oportunidades de llorar.

La vida ya no es un camino de rosas

MAMÁ ESTÁ PREOCUPADA

Cuando un bebé tiene lloreras inexplicables, la vida puede empezar a complicarse para todos los que están a su alrededor. Los bebés que lloran mucho más que antes pueden dejar rendida a la más segura de las madres. No creas que eres la única que se pregunta si realmente eres una buena madre. Las madres de bebés pequeños que no se angustian suelen tener niños muy tranquilos o silenciosos que no lloran mucho más que antes y que, por lo general, son fáciles de consolar. Pero éste no es el caso de la mayoría de los bebés. Los bebés suelen llorar mucho más de lo normal, y tardan más en tranquilizarse.

Los bebés temperamentales e irritables son los más difíciles. Parece que lloren diez veces más fuerte y más a menudo que antes, y se debaten como si estuvieran en un combate de boxeo. Muchas veces las madres temen que la familia se desintegre.

> Es una pesadilla, la niña no para ni un momento. Llora todo el día y apenas duerme. Esto está destrozando nuestro matrimonio. Por las noches, mi marido llega a casa con desgana por miedo a otra noche de tortura. Discutimos continuamente sobre cómo conseguir que deje de llorar.
>
> *Jetteke, 7ª semana*

> Cuando no para de llorar, siempre acabo yendo a su lado, aunque a estas alturas estoy de acuerdo con quienes afirman que «a los niños les va bien llorar de vez en cuando». A veces preferiría dejarlo llorar, porque ya no puedo más. Pero luego empiezo a pensar en lo delgadas que son las paredes de estos pisos y acabo yendo a su lado, para ver si consigo tranquilizarlo esta vez.
>
> *Steven, 9ª semana*

> A veces, cuando no cesa de llorar por mucho que me esmere, no puedo más y me desahogo riñendo con el pobrecito de mi marido. A menudo lloro yo también, y eso me alivia un poco.
>
> *Xara, 10ª semana*

Algunos días, cuando estoy decaída, me pregunto si estoy haciendo lo correcto, si le presto la atención que necesita, y cosas así. Especialmente cuando tengo que aguantar sus interminables lloreras, porque no siempre estoy segura de si le dejaré llorar o lo cogeré para tranquilizarlo. Y uno de esos días, voy y leo que los bebés sonríen a sus madres cuando tienen 6 semanas. El mío nunca lo hacía, sólo se sonreía a sí mismo, y eso me dejó destrozada. Entonces, de repente, esa misma noche me dedicó una enorme sonrisa. Los ojos se me llenaron de lágrimas, era realmente conmovedor. Sé que suena ridículo, pero por un instante me pareció que intentaba decirme que todo iba bien, que estaba de mi parte.

Bob, 9ª semana

Todas las madres angustiadas quieren averiguar por qué sus bebés lloran tanto. «¿Es que me estoy quedando sin leche? ¿Estará enfermo? ¿Estoy haciendo algo mal? ¿Tiene el pañal mojado? Cuando lo cojo en brazos, se calma; ¿significa esto que lo estoy mimando demasiado?» Éstas son las reacciones más corrientes.

Cuando han explorado todas las posibilidades, las madres acaban decidiendo que lo que molesta al bebé es un «cólico». A fin de cuentas, el pequeño llorón se retuerce mucho. Otro grupo de madres que no consiguen encontrar una razón válida del lloro incesante de sus pequeños siguen teniendo dudas sobre la probable causa. Muchas madres acaban llorando también. Es una época especialmente difícil para las madres primerizas, que suelen culparse de la situación. No es raro que la madre acuda al médico de cabecera o al pediatra.

Hagas lo que hagas, no te desesperes: ¡no es culpa tuya! Procura recordar que es el modo con que el bebé intenta decirte que ahora es capaz de aprender nuevas habilidades, lo cual significa que su pequeño cerebro se está desarrollando bien. A esta edad es normal que llore, ¡y no sólo pasajeramente!

Normalmente no llora nunca, es muy tranquilo: más tranquilo, imposible. Pero esta semana ha tenido muchos problemas con los cólicos.

Jan, 9ª semana

MAMÁ ESTÁ IRRITADA

Cuando te convences de que el bebé no tiene ninguna razón válida para llorar y querer aferrarse a ti, te exasperas. Piensas que es un ingrato y un consentido. Tú tienes muchos quehaceres y su llanto te está volviendo loca. Además, estás cansada, incluso exhausta. Pues bien, no eres la única. La mayoría de las madres se sienten igual. Asimismo, muchas madres se preocupan de que su marido, la familia, los amigos o los vecinos piensen que el «pequeñito de mamá» es un «verdadero engorro». Se pondrán a la defensiva cuando otras personas se inmiscuyan diciéndoles que han de ser más duras con el pequeño. Aunque la mayoría de las madres se pregunten a veces si están haciendo lo correcto, les cuesta reprimir su necesidad innata de consolar al bebé cada vez que se echa a llorar.

> ¿Para esto dejé mi trabajo, para oír 8 semanas su llanto? Ya no sé a qué santo encomendarme. Realmente no sé qué más puedo hacer.
>
> *Jetteke, 8.ª semana*

> Me exaspera que cuando por fin he logrado que se duerma, después de consolarla durante una hora, vuelva a empezar a «sollozar» en cuanto la meto en la cuna. Sólo está satisfecha si la cojo en brazos. Esto me irrita enormemente. No consigo hacer nada más.
>
> *Laura, 8.ª semana*

> Tenía que mantenerle ocupado todo el santo día. Nada parecía funcionar realmente: intenté pasearlo, acariciarlo, cantarle algo. Al principio me sentía completamente impotente y deprimida, y de repente sentí mucha agresividad. Me eché a llorar. Y así contacté con una guardería, para ver si podía dejarlo dos tardes por semana, sólo para tener unas horas para poder recargar pilas. De vez en cuando me quedo completamente agotada de oírlo llorar. Me siento tan cansada... Todo el rato intento averiguar cuánto podemos aguantar los dos.
>
> *Bob, 9.ª semana*

MAMÁ SE HARTA

En contadas ocasiones, una madre admite haber sido más brusca de lo necesario al soltar al bebé, porque le irritaba su llanto. Ésta es siempre una experiencia angustiosa, sobre todo porque en ese momento parecía una reacción instintiva.

Esta semana ha llorado incluso más que la semana pasada. Me volvía loca. Y eso con todo el trabajo que me aguardaba. La tenía en brazos y en un arranque la tiré sobre la colchoneta del vestidor. Después me asusté de lo que había hecho y al mismo tiempo me di cuenta de que, encima, con ello no había solucionado nada: lloraba todavía más fuerte. Después de lo sucedido comprendí por qué algunos padres maltratan a sus hijos durante estos berrinches, pero nunca pensé que esto pudiera pasarme a mí.

Juliette, 9ª semana

Los zarandeos pueden ser perjudiciales

Recuerda que no es peligroso sentir ira y frustración por los pequeños llorones, pero sí lo es dejarse llevar por estos sentimientos. Hagas lo que hagas, no te pongas nerviosa hasta el punto de poder hacerle daño al bebé. Sobre todo, NO ZARANDEES NUNCA a un bebé. La mayoría de la gente no se da cuenta de que zarandear a un bebé puede causarle una hemorragia interna en la columna vertebral, justo por debajo del cráneo, que puede provocarle lesiones cerebrales.

No hay nada como estar con mamá

En torno a las 8 semanas de vida es normal que el bebé manifieste su deseo de «volver a estar con mamá», porque esto es lo que necesitan la mayoría de los bebés de esta edad. Naturalmente, algunos bebés manifiestan más que otros esta necesidad. Las lloreras y la necesidad de aferrarse a la madre pueden convertirse en el pan nuestro de cada día. Es un signo de que el pequeño está haciendo buenos progresos, que reacciona a los cambios que tienen lugar en su interior y que está dando un salto adelante en su desarrollo.

Se siente mal simplemente porque todavía no ha tenido tiempo de adaptarse a estos cambios y aún está confuso. Es por ello que necesita tenerte cerca. Desea volver a casa, a su «puerto seguro», donde pueda sentirse a salvo en un entorno familiar. Contigo adquirirá suficiente confianza en sí mismo para explorar su nuevo mundo.

Todos sabemos lo que es sentirse angustiado y sin nadie cerca que nos consuele. La tensión se acumula y no sabes qué hacer. Necesitas de toda tu energía para superar la tensión y no te queda la suficiente para resolver tus problemas. El bebé está experimentando algo parecido ahora. Cada vez que se produce un gran cambio en su desarrollo mental, es como si se hubiera despertado en un «mundo totalmente nuevo». Se enfrenta a más impresiones nuevas de las que puede asimilar. Llora y seguirá llorando hasta que se solucione su problema. Si no se le consuela, agotará toda su energía llorando y desperdiciará unos recursos muy valiosos que podría haber invertido en descubrir su nuevo mundo.

Los mimos y las caricias: la mejor manera de consolar al bebé

A esta edad, los bebés están hechos para que los cojan, los acaricien y los mimen. Nunca se hartan de las carantoñas.

El bebé empieza a desarrollar nuevas habilidades

Dado que la madre se preocupa por lo enmadrado que está el bebé, lo vigilará más de cerca. Entonces le invadirán dudas como: «¿Qué le pasa? ¿Por qué da tanta guerra? ¿Qué puedo hacer? ¿Lo estoy malcriando, tendría que saber hacer más cosas a su edad? ¿Está aburrido? ¿Por qué es incapaz de divertirse solo?». Pronto te darás cuenta de lo que está sucediendo realmente. Tu pequeño intenta dominar nuevas habilidades.

En torno a las 8 semanas, observarás que tu hijo está entrando en un nuevo mundo: un mundo en el que observa y experimenta con pautas simples. Ahora está listo para adquirir varias habilidades relacionadas con el mundo de las pautas, pero —según su temperamento, sus inclinaciones y preferencias— decidirá por sí mismo qué descubrimientos desea hacer. La madre está ahí para ayudarle a hacer lo que está intentando.

Procura no forzarlo. Aunque pienses que le convendría practicar con el balón (para su futura carrera futbolística), quizás él prefiera empezar a hablar balbuceando con sus juguetes. Déjale que lo haga a su ritmo y respeta sus preferencias. Posiblemente te resulte muy duro que a tu bebé le chiflen los sonidos, si tú no tienes oído para la música. No te preocupes. Tampoco es cuestión de empezar ahora poniéndole sinfonías. Bastará con hablarle y canturrearle.

El gran cambio: el mundo de las pautas

En torno a esta edad, tu bebé ya comprende que su mundo y él mismo no son un único «universo». Empieza a reconocer formas, pautas y estructuras recurrentes en este universo. Por ejemplo, ahora puede descubrir que sus manos son suyas; en tal caso, las mirará con asombro, al tiempo que les da la vuelta. Una vez que se dé cuenta de que son suyas, es posible que intente utilizarlas, por ejemplo, cerrándolas alrededor de un juguete. No sólo empieza a ver pautas en el mundo que le rodea, sino que también empieza a distinguir pautas en los sonidos, los olores, los gustos y las texturas. Es decir, percibe pautas con todos sus sentidos. Esta nueva conciencia no se limita tan sólo a lo que sucede fuera de su cuerpo, sino que incluye también una mejor percepción de lo que sucede en su interior. Por ejemplo, es posible que se dé cuenta de que mantener un brazo en alto le produce una sensación diferente a dejarlo colgado. Al mismo tiempo puede adquirir mayor control desde dentro. Puede mantener determinadas posturas, no sólo con la cabeza, el cuerpo, los brazos y las piernas, sino también con las partes más pequeñas de su cuerpo. Puede empezar a hacer todo tipo de muecas, porque controla mejor los músculos faciales. O emitir sonidos explosivos, porque es capaz de mantener las cuerdas vocales en una determinada posición. O enfocar mejor un objeto, porque controla más los músculos oculares.

A esta edad empezarán a desaparecer muchas reacciones automáticas (reflejos) que el bebé tenía desde el nacimiento. Éstas serán reemplazadas por algo parecido a un movimiento voluntario. El bebé aprenderá a cerrar la mano alrededor de un juguete o un objeto. Es capaz de sujetar el pezón con un solo movimiento, en lugar de encontrárselo por lo que parece ser más bien pura coincidencia después de acariciar el pecho con su nariz durante un rato. Ya no depende por completo de sus reflejos. Los bebés sólo recurrirán a sus viejos hábitos si están hambrientos o sienten malestar.

Aun así, los primeros movimientos intencionados del bebé son muy diferentes a los de un adulto, porque siguen siendo torpes. Sus movimientos son bastantes espasmódicos, parecidos a los de una marioneta, y lo continuarán siendo hasta que se produzca el siguiente gran cambio.

Cambios cerebrales

En torno a las 7 u 8 semanas, el perímetro craneal de los bebés crece enormemente, y se han detectado cambios en las ondas cerebrales a las 6-8 semanas.

¿Cómo explora el bebé el nuevo mundo de las pautas?

A las 8 semanas de vida, un nuevo mundo de posibilidades se abre a los ojos del bebé. Este nuevo mundo ofrece tantas posibilidades que el bebé no podrá descubrirlas todas al mismo tiempo, aunque algunos intentan explorar un poco de todo. *Qué* hará y *cuándo* lo hará, depende por completo de sus preferencias y de las oportunidades que se le ofrezcan.

De ahora en adelante, en cada capítulo incluiremos una lista de cosas que puede hacer el bebé y que son un signo de que ha entrado en este nuevo mundo. (Estos apartados llevan por título: «¿Cómo explora el bebé el nuevo mundo de...?».) Es posible que comprendas mejor lo que le está sucediendo a tu hijo si utilizas estas listas para señalar las cosas que le has visto hacer. Para descubrir las preferencias del bebé tendrás que observarlo de cerca. Intenta determinar qué cosas le interesan, siendo lo más objetiva posible.

Cada lista se divide en zonas de actividad. En el transcurso del libro descubrirás un determinado patrón. Cada bebé tiene un perfil completamente diferente y has de saber que el tuyo no demostrará muchas de estas habilidades en este momento, sino que algunas aparecerán más tarde y otras no aparecerán en absoluto.

Control corporal
- Mantiene erguida la cabeza cuando presta mucha atención.
- Gira conscientemente la cabeza hacia algo interesante.
- Sabe rodar de un costado hasta estar tumbado de barriga.
- Sabe rodar de un costado hasta estar tumbado de espaldas.
- Da pataditas con las piernas y agita los brazos.
- Da pataditas a juguetes (con movimientos torpes).
- Deja que lo sienten.
- Deja que lo pongan de pie.
- Intenta alzar la cabeza y el cuerpo cuando está tumbado boca abajo.
- Tiene más ganas de «sentarse», y cuando está en tu regazo se inclina hacia adelante.

- Sabe mirar a la izquierda y a la derecha cuando está tumbado de barriga.
- «Juega» con su cara, haciendo mohínes.
- Otros cambios que hayas observado _____

_____

_____

Control de las manos
- Intenta agarrar —sin éxito— un objeto que está a su alcance.
- Golpea contra un juguete (indicio de que pronto intentará agarrar cosas).
- Cierra la mano alrededor de un objeto cuando lo tiene a su alcance.
- Sujeta juguetes u objetos (por ejemplo, un llavero); los mueve (con torpeza) de arriba abajo.
- Toca los objetos sin agarrarlos.
- Otros cambios que hayas observado _____

_____

_____

Ver y mirar
- Descubre sus manos.
- Descubre sus pies.
- Descubre sus rodillas.
- Observa a la gente que se mueve y trabaja.
- Se queda fascinado con los niños que juegan junto a él.
- Le divierten las imágenes rápidas de la televisión.
- Observa cómo anda, come o se mueve el gato o el perro.
- Descubre al pájaro que revolotea en su jaula.
- Le fascinan las cortinas que se agitan.
- Descubre objetos luminosos, como por ejemplo una vela que parpadea.
- Cuando está al aire libre, mira la copa de los árboles, sobre todo si sucede algo, como cuando crujen las hojas o la luz del sol se filtra a través de ellas.
- Mira los productos en las estanterías del supermercado.

- Observa formas y colores complejos, como las obras de arte abstracto, especialmente cuando se le acuna al mismo tiempo.
- Está fascinado por la ropa o las joyas brillantes.
- Le gusta mirar una boca que mastique chicle.
- Le gusta observar la boca de alguien y escuchar cómo habla.
- Estudia los gestos faciales.
- Otros cambios que hayas observado _____

_____

_____

Escuchar y charlar
- Le gusta escuchar voces, por ejemplo de gente que habla o canta, o sonidos agudos.
- Emite ruidos «explosivos»: *ah, uh, eh, mmm*, y se escucha a sí mismo.
- Hace una serie de ruidos, murmullos y gorgoritos como si contara una historia.
- Repite estos sonidos si le alientas.
- Te acompaña cantando si bailas y cantas con él.
- «Conversa» con sus juguetes y les sonríe.
- Llama tu atención emitiendo «conscientemente» sonidos como «eh».
- Interrumpe cuando hablan otros.
- Otros cambios que hayas observado _____

_____

_____

Las preferencias de tu bebé: la clave de su personalidad

¿Por qué cada bebé es único? Todos han experimentado los mismos cambios y han entrado en el mismo mundo, donde tienen que hacer muchos descubrimientos y aprender nuevas habilidades. Pero cada bebé decide por sí mismo lo que quiere aprender, y cuándo y cómo lo hará. Elegirá lo que considere más atractivo. Algunos bebés intentan aprender toda una serie de habilidades nuevas, utilizando uno o varios de sus sentidos. Algunos parecen especialmente interesados en explorar este nuevo mundo con los ojos. Otros prefieren poner a prueba sus habilidades orales y auditivas. Algunos intentan adquirir más agilidad con su cuerpo. Esto explica por qué el amiguito de tu bebé puede estar haciendo cosas que él no hace o que no le gustan, y viceversa. Las preferencias de un bebé vienen determinadas por su modo de ser: por su constitución, su peso, su temperamento, sus inclinaciones y sus intereses.

Los bebés son así

A los bebés les gusta todo lo nuevo y es importante que reacciones cuando adviertas nuevas habilidades o intereses. A tu hijo le encantará que compartas con él estos descubrimientos, y su aprendizaje progresará con mayor rapidez.

Cómo ayudar al bebé a aprender nuevas habilidades

Puedes ayudar y alentar a tu bebé a desarrollar las habilidades que él considere más interesantes. Cuando observes que está practicando una habilidad nueva:

- Demuéstrale tu entusiasmo por cada intento que hace de aprender algo nuevo. Si expresas tu admiración, harás que se sienta bien, y ello le alentará a seguir adelante.
- Procura ofrecerle suficientes retos, aunque sin ser demasiado exigente. Intenta descubrir lo que más le divierte.
- Desiste en cuanto notes que se ha hartado de un juego o un juguete.
- Es posible que tu bebé desee o necesite practicar por sí mismo algunos juegos o ciertas actividades. Basta con que demuestres entusiasmo para reafirmarle que lo está haciendo bien.

Cómo saber que se ha hartado

Practicar una nueva habilidad es divertido, pero también puede resultar agotador para un bebé. Normalmente, cuando haya tenido suficiente por un rato, te lo hará saber con signos corporales bien claros:

- Apartará la vista.
- Si es fuerte, alejará su cuerpo de ti.
- Detén el juego o la actividad en cuanto notes que se ha hartado. A veces, después de un pequeño descanso, estará dispuesto a proseguir un juego o una actividad con entusiasmo renovado, pero no le atosigues: necesita tiempo para asimilarlo todo.
- *¡Guíate siempre por las reacciones de tu bebé!*

¿Le gusta observar las «cosas de verdad»?

Los juguetes no son a veces tan interesantes para el bebé como las «cosas de verdad» que hay en su mundo. Tu casa está llena de cosas que pueden fascinar al bebé: libros, fotografías, animales domésticos, utensilios de cocina, incluso gafas. Si de repente tu bebé pierde interés por sus juguetes y le da por mirar «cosas de verdad», necesitará tu ayuda. Por sí solo, a esta edad no puede acercarse suficientemente a un objeto. Necesita que lo lleves hasta el objeto o que se lo acerques. Si notas que le gusta contemplar «cosas de verdad», ayúdale a hacerlo.

Le gusta mirarlo todo: los cuadros, los libros de la estantería, lo que hay en la despensa. Tengo que cargar con ella a todas partes. Incluso la llevo en brazos cuando salgo o cuando voy de compras.

Odine, 11ª semana

Si a tu bebé le gusta explorar su mundo con los ojos, puedes ayudarlo mostrándole objetos de vivos colores. Asegúrate de mover lentamente el objeto en su campo visual, pues así llamarás antes su atención y mantendrás por más tiempo su interés. Asimismo puedes mover el objeto lentamente delante y atrás, pero cerciórate de que puede verlo, pues de otro modo perderá el interés.

¿Le aburre su entorno? ¡Pues cámbialo!

Cuando el bebé está con ganas de jugar es posible que se aburra de ver, oír o sentir siempre las mismas cosas, los mismos juguetes, etc. en el entorno de siempre. Es muy normal que los bebés de esta edad muestren aburrimiento, pues el tener conciencia de las pautas significa también que se dan cuenta de que algunas cosas son repetitivas. Por primera vez en su vida, el bebé puede hartarse del mismo juguete, de la misma vista, del mismo sonido, de la misma textura de un objeto o una tela, y del mismo gusto. Desea variedad y aprenderá con la variedad. Si parece estar aburrido, procura que los paseos sean más interesantes. Llévalo en brazos o en su sillita o dale diversos objetos para que los mire.

¿Ha «descubierto» sus manos y sus pies?

A esta edad, el bebé puede darse cuenta de que unos objetos conocidos se agitan en su campo visual. Si investiga, descubrirá que se trata de sus manos y sus pies. Los mirará asombrado y empezará a estudiarlos a fondo. Cada bebé tiene su propia forma de investigar este nuevo fenómeno. Algunos bebés se toman su tiempo para completar sus investigaciones, mientras que otros las despachan rápido. La mayoría de los bebés sienten debilidad por sus manos. Quizás ello se deba a que sus pequeñas manos «pasan delante» con más frecuencia.

Estudia con todo detalle los movimientos de sus manos. Juega con mucha delicadeza con sus dedos. Cuando está tumbado, mantiene la mano en el aire y luego la abre. Algunas veces abre y cierra los dedos, uno por uno. O se coge las manos o se las toca. Es un continuo movimiento.

Bob, 9ª semana

Dale la oportunidad de estudiar sus manos todo el tiempo que quiera y siempre que lo desee. Un bebé ha de aprender para qué sirven sus manos antes de aprender a utilizarlas como es debido. Por consiguiente, es muy importante que lo sepa todo sobre estas «herramientas para asir».

¿Cierra su mano alrededor de un juguete?

Ahora tu bebé es capaz de ver toda una serie de objetos que quizá también quiera tocar. Por ejemplo, ¿has observado que tu bebé intenta asir un sonajero? Los primeros intentos de agarrar un objeto no suelen tener éxito. Muéstrale tu entusiasmo por sus esfuerzos y aliéntalo cada vez que lo intenta seriamente. Tu admiración le ayudará a seguir adelante.

> ¡Intenta agarrar cosas! Su manita busca a tientas el sonajero, o intenta golpearlo. Luego trata de agarrar el sonajero haciendo un verdadero ademán de asir. Pone mucho empeño. Cuando cree que ya lo tiene, cierra el puño, pero el sonajero está a unos centímetros de distancia. El pobrecito se da cuenta de que ha fallado, se enfada y empieza a llorar.
>
> *Paul, 11ª semana*

No olvides que tu bebé todavía no es capaz de alcanzar y tocar las cosas que quiere coger. Sólo puede cerrar las manos alrededor de un objeto. Por ello es preciso ponerle los juguetes al alcance de la mano. Asegúrate de colocarle siempre juguetes que resulten fáciles de agarrar cerca de la mano que se mueve. Entonces podrá tocar el objeto en cuestión y practicar cerrando y abriendo las manos siempre que quiera.

¿Experimenta con su voz?

La mayor pasión de un bebé son los nuevos sonidos que hace, y por esta razón debes intentar responder a cada nuevo sonido que haga tu bebé. Intenta imitar sus sonidos, para que pueda oír cómo suenan cuando los hace otra persona. Contéstale cuando emita sonidos para llamar tu atención. Estas «conversaciones» son esenciales para su proceso de aprendizaje, pues le enseñan a esperar su turno, a escuchar e imitar, es decir, aquello que constituye la base de la comunicación. Asimismo le enseñarán que su voz es importante, que se trata de una herramienta importante, al igual como lo son sus manos.

> Se pasa el día charlando para que le haga caso. También escucha mi voz. Es muy divertido.
>
> *Odine, 11ª semana*

Todas las madres intentan estimular a sus bebés para que «charlen». Algunas madres hablan a sus bebés mientras van de paseo, otras sólo lo hacen cuando están sentadas con él. El inconveniente de las «charlas programadas» es que el bebé puede no estar de humor para escuchar y contestar. A menudo, cuando se «planifica» una charla, el bebé no comprende lo que se espera de él y la madre acaba desanimándose fácilmente porque cree que su hijo aún no reacciona como debería.

¿Está listo para que lo levantes?

A la mayoría de los bebés les encanta que alguien tire de ellos para así sentarse bien erguidos o ponerse de pie. Los más fuertes incluso pueden participar activamente. Este juego enseña al bebé cómo son las diferentes posturas y cómo ha de mantenerlas. Si coopera, verás que pasa tambaleándose de una posición a la siguiente. Una vez que ha llegado a una determinada postura, querrá mantenerla. Aunque no sabe moverse con agilidad, le encanta mantener durante un rato la misma postura. Incluso es posible que se enfade bastante cuando decidas que ha llegado el momento de dejar este juego.

Últimamente no para de tambalearse cuando lo pongo de pie. También se mueve mucho cuando lo cambio y está tumbado desnudo. No sé si es normal. Me preocupa un poco.

Rudolf, 11ª semana

Si pudiera, se estaría todo el día de pie escuchando cómo la elogio. Y si no le hago un cumplido, se queja enseguida.

Ashley, 10ª semana

Para que te consueles: un bebé exigente puede ser un superdotado

Algunos bebés comprenden rápidamente los juegos y los juguetes nuevos, y pronto se aburren de hacer lo mismo, día tras día. Buscan nuevos desafíos y siempre están dispuestos para la acción. Quieren juegos cada vez más complicados y mucha variación. Esto puede resultar extremadamente agotador para las madres de estos bebés tan acelerados, porque al final se les acaba la imaginación y, si no les muestran continuamente cosas nuevas, los niños empiezan a llorar.

Es un hecho probado que los niños superdotados solían ser bebés exigentes e insatisfechos. Normalmente sólo se sienten bien cuando les ofrecen retos nuevos y emocionantes.

Una nueva conciencia o un mundo nuevo les ofrece oportunidades para aprender habilidades adicionales. Algunos bebés exploran su mundo y hacen descubrimientos con gran entusiasmo, pero para ello exigen atención y ayuda constantes. Tienen un hambre insaciable de conocimientos. Por desgracia, descubren su nuevo mundo con una rapidez enorme. Van probando y adquieren casi todas las habilidades que les ofrece el nuevo mundo, que luego practican un poco antes de volver a aburrirse. Las madres de estos bebés no pueden hacer mucho más que esperar a que se produzca el siguiente gran cambio.

Algunas cosas que conviene recordar

- Tu bebé tendrá más ganas de aprender cuando descubra el nuevo mundo. Aprenderá con más rapidez y facilidad, y se divertirá más si le das cosas que se adapten a su personalidad.
- Los bebés muy exigentes logran automáticamente más atención, pues sus madres se esfuerzan por mantenerlos contentos y satisfechos.
- Los bebés muy exigentes pueden convertirse en los mejores estudiantes del futuro, si reciben la ayuda y el estímulo adecuados en sus primeros años de vida.
- Es fácil «olvidarse» de los bebés tranquilos, puesto que no exigen tanta atención de sus madres. Por lo tanto, procura darle un poco más de estímulo y aliento para sacar lo mejor que hay en él.

¿Cómo se distrae solo?

La mayoría de las madres piensan que ahora sus bebés tendrían que ser un poco más independientes, porque observan lo mucho que les divierte su entorno, sus juguetes, sus propias manos y pies, y porque les gusta estar tumbados de espaldas sobre el suelo. Muchas madres empiezan a utilizar el parque por primera vez en esta fase. Es un buen lugar para colgar juguetes al alcance de sus manos, pues esto le permite golpearlos y observar cómo van girando. Las madres también intentan que sus bebés se diviertan solos el mayor

tiempo posible. En cuanto creen que empiezan a aburrirse, les ofrecen nuevos juguetes. Con la «ayuda de mamá», la mayoría de los
bebés de esta edad saben distraerse solos unos 15 minutos.

Después de cada comida, lo dejo un rato en el parque. Unas
veces lo coloco debajo del móvil musical, pues le gusta observarlo, y otras, debajo de un trapecio con juguetes, que sacude
de vez en cuando. A decir verdad, ya lo hace bastante bien.

Dirk, 11ª semana

Los mejores juegos para el mundo de las pautas

A continuación ofrecemos una selección de juegos y actividades que pueden utilizarse cuando el bebé entra en
el mundo de las pautas. Antes de pasar a la siguiente
lista, es conveniente que consultes el apartado «¿Cómo
explora el bebé el nuevo mundo de las pautas?» (página
62) para ver qué prefiere hacer tu bebé. Y recuerda que
los juegos que ahora no le interesan pueden gustarle
más adelante, cuando el bebé esté listo.

Las manos o los pies, uno de sus juguetes favoritos
Dale oportunidad y espacio para observar sus manos y
pies. Necesitará libertad de movimientos para observarlos con todo detalle. Lo mejor es colocarlo sobre una
toalla grande o sobre una mantita. Si hace suficiente ca-

lor, deja que juegue sin ropa, pues realmente gozará de la libertad que le ofrece su cuerpo desnudo. Si quieres que preste atención a una mano o un pie, puedes atar alrededor de su mano o pie un lazo de color al que habrás sujetado una campanita para llamar su atención. Sin embargo, al hacerlo asegúrate de que está bien atada y no lo pierdas de vista, pues podría correr peligro de ahogarse en caso de que se soltara la cinta o la campanilla.

Charlas íntimas
Cuando tu bebé esté de humor para conversar, siéntate y ponte cómoda. Asegúrate de tener la espalda bien apoyada, dobla las rodillas y pon al bebé de espaldas contra tus muslos. Esta posición le permite verte bien y tú podrás seguir sus reacciones. Háblale de los sucesos del día, de tus planes o de quién vendrá a visitaros: cualquier cosa que se te ocurra. Lo principal es el ritmo de tu voz y tus expresiones faciales. Dale suficiente tiempo para contestar; eso sí: has de tener paciencia, esperar, sonreír y asentir con la cabeza para que se dé cuenta de que para conversar hacen falta dos personas. Observa sus reacciones para descubrir qué cosas le interesan. Recuerda que una boca que habla, junto con un rostro que cambia continuamente de expresión, suele ser un verdadero éxito. Deténte en cuanto notes que el bebé se ha hartado.

El gran juego en casa: mirar cosas juntos
A esta edad, un bebé curioso todavía no puede coger las cosas que ve para examinarlas de cerca. Hasta que no pueda hacerlo por sí solo, tendrá que confiar en ti para que le muestres los objetos interesantes. Recuerda que hay toda una serie de cosas interesantes en casa que pueden despertar su curiosidad. Explícale lo que ve. Disfrutará oyendo la entonación de tu voz. Deja que toque y sienta todo lo que le guste. Se lo pasará en grande, y además aprenderá muchas cosas. Pero recuerda: guíate por las reacciones de tu bebé.

Levantarse

Este juego sólo puede practicarse si el bebé es capaz de mantener erguida la cabeza sin ayuda. Siéntate y ponte cómoda. Asegúrate de tener la espalda bien apoyada. Dobla las rodillas y coloca al bebé sobre tus piernas y tu vientre, de forma que esté reclinado. Así se sentirá más cómodo. Luego cógelo por los brazos e incorpóralo lentamente, hasta que esté sentado bien erguido. Al mismo tiempo háblale para alentarlo, dile por ejemplo que es un bebé muy listo, que lo hace muy bien, etc. Observa de cerca sus reacciones y prosigue sólo si estás segura de que coopera y se divierte.

Juntos en el baño

El agua es un juguete maravilloso. A esta edad, los bebés disfrutarán mucho observando los movimientos del agua. Coloca al bebé sobre tu estómago y muéstrale las gotas y las pequeñas corrientes de agua que caen de tu cuerpo sobre el suyo. A los bebés también les gusta que las olas choquen contra su cuerpo. Túmbalo de espaldas sobre tu estómago y cántale una canción, como por ejemplo «Aserrín aserrán»[1]. Muévete lentamente hacia delante y hacia atrás al ritmo de la canción, y forma pequeñas olas. Le encantará la sensación que producen las olas sobre su piel. Después de la libertad del baño, seguramente le encantará que lo envuelvas en una toalla caliente, y que lo acaricies.

---

1. *Nota del traductor:* Para este juego puede utilizarse cualquier canción que pueda acompañarse por un movimiento que imite el de las olas. La letra de la canción propuesta es la siguiente:

Aserrín, aserrán,
aserrín, aserrán,
los maderos de San Juan,
unos vienen y otros van,
los de alante corren mucho
y los de atrás se quedarán,
aserrín, aserrán.

Recuerda: a esta edad, a los bebés les gusta observar, oír y tocar cualquier cosa que se mueva, y les gusta que los muevan lentamente.

Los mejores juguetes para el mundo de las pautas

He aquí algunos juguetes y objetos que los bebés prefieren a esta edad:
- Juguetes que se balancean sobre su cabeza.
- Un móvil (musical).
- Una caja de música con figuras que se mueven.
- Juguetes que puedan sacudir, golpear o tocar.
- Un muñeco de peluche con el que hablar y al que sonreír.
- *No lo olvides: ¡mamá sigue siendo su juguete preferido!*

Un respiro después del salto

En torno a las 10 semanas se inicia otro período de relativa tranquilidad. La mayoría de las madres olvidan pronto las preocupaciones de las últimas semanas. Elogian a sus bebés y hablan de ellos como si siempre hubieran sido unos niños buenos y alegres.

¿Qué cambios observas en tu bebé? En torno a las 10 semanas el bebé ya no necesita tanta atención como antes. Es más independiente. Se interesa por todo lo que le rodea: por las personas, los animales y los objetos. Es como si de repente comprendiera y reconociera claramente toda una serie de cosas nuevas. Asimismo, quizá ya no necesite estar siempre contigo. Si lo levantas, es posible que se retuerza y proteste, e intente incorporarse en tus brazos. La única vez que puede parecer necesitarte es cuando estás dispuesta a mostrarle cosas que le interesan. Tu bebé puede estar tan alegre y distraerse tan bien solo, que a ti la vida te parecerá más fácil. De pronto te sentirás llena de energía. Muchas madres ponen a sus bebés en el parque a esta edad, pues presienten que ya son suficientemente mayorcitos para jugar en él.

De repente parece mucho más «lista». Ha perdido la dependencia del recién nacido. No soy la única que lo ha observado. Ahora todo el mundo le habla como a una niña mayor, en lugar de hacer ruiditos raros.

Xara, 10.ª semana

Parece más «sabia». Es más amable, más feliz e incluso se ríe a carcajadas de vez en cuando. ¡Gracias a Dios, ha dejado de llorar todo el tiempo! La vida ha cambiado muchísimo, y en lugar de preguntarme «¿cómo soportaré sus llantos?», estoy disfrutando de ella. Incluso a su padre le hace ilusión verla por las noches. Antes solía volver a casa de mala gana, temiendo la tormenta de llantos que le esperaba. Ahora le encanta estar con ella. Le da el biberón y la baña todas las noches.

Jetteke, 10.ª semana

Ya no parece tan vulnerable. He notado un cambio claro en él. Ha pasado de estar siempre sentado en mi regazo a jugar solo.

Steven, 10.ª semana

Pienso que realmente se está convirtiendo en una personita con vida propia. Al principio no hacía más que comer y dormir. Ahora se despereza cuando la saco de la cama, igual que hacen los adultos.

Nina, 10.ª semana

No sé si tendrá algo que ver, pero esta última semana he notado que tengo más energía, y esto coincide con la nueva independencia de mi pequeño. Además, me encanta observar los progresos que hace. Es fascinante cómo se ríe, se divierte y juega. Parece que ahora nos comuniquemos mejor que antes. Soy capaz de dejar volar mi imaginación con sus muñecos de peluche, o le canto canciones e intento jugar. Ahora que reacciona, se está convirtiendo en mi pequeño camarada. Esta edad me parece mucho más agradable que cuando se limitaba a comer, llorar y dormir.

Bob, 10.ª semana

Fotografía

Después del salto
Edad: _____
Observaciones: _____
_____
_____
_____
_____
_____
_____
_____
_____

5

12 semanas:
El mundo de las transiciones suaves

En torno a las 11 o 12 semanas de vida el bebé entrará en un mundo nuevo, pues da el tercer gran salto en su desarrollo desde su nacimiento. Quizá recuerdes que uno de los principales desarrollos físicos que se produjo a las 8 semanas era la capacidad de tu bebé de utilizar sus brazos y piernas para golpear los objetos o darles patadas. A menudo estos primeros movimientos recuerdan los de una marioneta. A las 12 semanas está a punto de producirse un cambio en estos movimientos torpes. Al igual que Pinocho, tu bebé está listo para convertirse en un niño de verdad.

Evidentemente, esta transformación no se producirá de la noche a la mañana, y además no se limitará tan sólo al movimiento físico, aunque por lo general es lo que suelen notar los padres. También afectará a la capacidad del bebé para percibir con los demás sentidos el modo en que las cosas cambian a su alrededor: una voz que pasa de un registro a otro, el gato que se arrastra por el suelo, cómo varía la luz en el cuarto cuando el sol se oculta detrás de las nubes. Este mundo se convierte en un lugar más organizado a medida que el bebé descubre los cambios que tienen lugar a su alrededor.

Al darse cuenta de estas sutilezas, el bebé aprenderá nuevas formas de gozar de la vida. Pero no es fácil entrar en un mundo que cambia tan de repente. Su mundo ha vuelto a cambiar de la noche a la mañana. Y todo se tambalea.

En este mundo cambiante sólo hay una cosa estable: mamá. Ella es el barco sobre las olas del mar. ¿Es extraño que quiera aferrarse a ella cuando está a punto de dar el siguiente salto en su vida? Afortunadamente, este período de crisis no será tan largo como el anterior. Algunos bebés volverán a la normalidad después de un día, aunque otros pueden necesitar una semana completa para volver a sentirse bien.

Recuerda

Si notas que tu bebé está enmadrado, obsérvalo con atención para ver si intenta ejercitar nuevas habilidades.

Se acumulan los nubarrones: los signos de un gran cambio

Cuando se produce un cambio, todos los bebés lloran más de lo normal y durante períodos más largos, y algunos lloran más que otros. Los hay que se muestran inconsolables, mientras que otros pueden aparecer inquietos, gruñones, malhumorados o apáticos. Hay bebés que son especialmente molestos por la noche, mientras otros suelen tener problemas de día. Todos los bebés llorarán menos si se les lleva en brazos, si se baila con ellos en la habitación o si se les presta un poco más de atención o se les mima más. Pero incluso en estas circunstancias, todo aquel que conozca bien al bebé notará que llora o está inquieto a la menor oportunidad.

Signos de que el bebé está creciendo de nuevo

Entre las 11 y 12 semanas es posible que notes que tu bebé muestra una de las conductas enumeradas a continuación. Éste es probablemente un signo de que está listo para dar el siguiente salto en el mundo de las transiciones suaves.
• Llora más a menudo.
• Quiere que lo distraigas.
• Pierde el apetito.
• Se muestra más tímido con los extraños.

- Está más enmadrado.
- Duerme mal.
- Se chupa el dedo (más a menudo).
- Está más callado.
- Otros cambios que hayas observado _____

  _____

  _____

¿Cómo saber que ha llegado el momento de crecer?

¿EXIGE MÁS ATENCIÓN?

Precisamente cuando creías que había aprendido a distraerse solo, parece que ya no lo hace tan bien. Puede querer que juegues más con él, que lo mantengas ocupado todo el rato. No le bastará que te sientes con él: querrá que lo mires y que hables con él todo el tiempo. Este cambio de conducta será más evidente si, después del último salto, ya te demostró que podía ser independiente. Es posible que tengas la sensación de que ha experimentado un «retroceso». Probablemente pienses que si bien antes dio tres pasos adelante, ahora ha dado dos atrás.

> Depende tanto de mí... Sólo está contento si lo cojo en brazos y lo aprieto contra mi hombro. Si de él dependiera, encima estaríamos todo el día bailando.
>
> *Bob, 12ª semana*

¿ESTÁ MÁS TÍMIDO CON LOS EXTRAÑOS?

Algunos bebés son ariscos con todo el mundo, excepto con mamá. Si tu bebé es tímido, notarás que se aferra a ti cada vez que tienes compañía. Algunas veces bastará con que un «extraño» le hable o tan sólo le mire para que se eche a llorar. También es posible que tu bebé se niegue en redondo a sentarse en un regazo que no sea el tuyo. Si está bien seguro en tus brazos, tal vez esboce una tímida sonrisa a un extraño, pero si es muy tímido se apresurará a esconder la cabeza en tu hombro.

¿SE AGARRA MÁS FUERTEMENTE A TI?

Los bebés pueden aferrarse tanto a la madre cuando los lleva en brazos, que parece que tengan miedo de que los dejen caer. Y a veces llegan incluso a pellizcar muy fuerte a su madre.

¿HA PERDIDO EL APETITO?

Es posible que alargue todas las comidas. Los bebés que deciden por sí mismos cuándo quieren mamar, se comportan como si quisieran comer todo el día. Los bebés que toman el biberón tardan más en acabárselo, si es que se lo acaban. Estos pequeños rebeldes se pasan el tiempo masticando y mordisqueando el pezón o la tetina sin tomar leche. Lo hacen para consolarse y no lo sueltan por nada del mundo, temerosos de que se les escape. Normalmente acabarán durmiéndose con el pezón o la tetina en la boca.

Cabe también que tu bebé intente agarrarse a ti o cogerte el pezón mientras le das el pecho, aunque le estés dando el biberón, pues tiene miedo de soltar su única fuente de consuelo.

> Cuando le doy el biberón, me mete la manita en la blusa. Lo llamamos «mamosear».
>
> *Xara, 12ª semana*

¿DUERME MAL?

Es probable que ahora tu bebé duerma mal. Muchos bebés se despiertan varias veces a lo largo de la noche, exigiendo comida, o se despiertan muy temprano por la mañana. Algunos se niegan a dormir de día. Para muchos bebés, la rutina de cada día se ha convertido en un absoluto caos, porque sus horarios de comida y sueño han cambiado drásticamente.

¿SE CHUPA EL DEDO MÁS A MENUDO?

Es posible que tu bebé se chupe el dedo durante más rato y con más regularidad que antes, o puede descubrir su pulgar por primera vez. Al igual que cuando mama, es su manera de consolarse, y ello puede evitarte otra sesión de llanto. Algunas madres les dan un chupete para que se calmen.

¿ESTÁ MÁS «CALLADO»?

Es posible que tu bebé esté más tranquilo o parezca menos alegre de lo normal. Asimismo puede quedarse tumbado durante un rato, mirando a su alrededor o simplemente con la mirada perdida. Es sólo una actitud temporal. Los sonidos y movimientos que hacía antes pronto serán reemplazados por otros nuevos.

> Hay sólo una cosa que le gusta hacer todo el día, y es agarrarse a mí cuando la llevo en la mochila. Está muy tranquila y no causa ningún problema, aunque lo único que parece poder hacer es quedarse dormida. Para ser sincera, preferiría que estuviera ocupada haciendo algo.
>
> *Nina, 12ª semana*

Preocupaciones e irritaciones

MAMÁ ESTÁ PREOCUPADA

Es normal que te preocupes cuando tu bebé, otrora tan alegre, está enmadrado, llora más a menudo, duerme mal o no come bien. Te preguntarás si tu bebé no ha retrocedido en su evolución, pues hace menos sonidos o movimientos que antes y parece haber perdido la independencia que hace poco había adquirido. Por lo general, las madres esperan ver progresos y se preocupan si no los detectan, aunque sea por poco tiempo. Se sienten inseguras y se preguntan qué está sucediendo. «¿Le pasa algo a mi bebé? ¿Estará enfermo? ¿Resultará que es anormal?», son las preguntas más corrientes. En la mayoría de los casos no sucede nada de esto.[1] Al contrario, si hay algo que el bebé pone de manifiesto, son signos de progreso. Está a punto de descubrir un nuevo mundo, pero antes de adentrarse en este mundo tendrá que hacer frente a los cataclismos que ello acarrea. No es fácil para el bebé, y necesitará tu apoyo. Puedes ofrecérselo demostrándole que comprendes que está atravesando una época difícil.

Cuando llora sin cesar y quiere que la lleve en brazos todo el tiempo, me siento acosada y soy incapaz de hacer las cosas más simples. Hace que me sienta insegura y consume toda mi energía.

Juliette, 12.ª semana

Estoy intentando descubrir por qué llora tanto. Quiero saber qué la contraría, para quedarme tranquila.

Laura, 12.ª semana

Estoy notando que no soporto esos llantos. Ya no puedo más. Prefiero levantarme cuatro veces por la noche para cuidar a un bebé que no llora, que levantarme dos veces por la noche para tranquilizar a un pequeño llorón.

Paul, 11.ª semana

MAMÁ ESTÁ IRRITADA

Durante este período, muchas madres se exasperan por las irregularidades que presentan los horarios de comidas y sueño de sus bebés. Descubren que es imposible programar nada de antemano. Sus horarios están totalmente trastornados. Además, a menudo se sienten presionadas por otros miembros de la familia o por amigos. Su instinto les dice que concentren toda su atención en el pobre bebé, pero otras personas suelen ser contrarias a todo exceso de mimos. La madre puede sentirse atrapada entre dos fuegos.

1. En caso de duda, consulta siempre con el médico de cabecera, el pediatra o el centro asistencial.

Me exaspero cada vez que empieza a lloriquear, porque no consigue distraerse solo ni un solo momento. Quiere que lo mantenga ocupado todo el santo día. Y claro, todos vienen a darme consejos sobre cómo tratarlo.

Rudolf, 12ª semana

Parece que logro enfrentarme mejor al caos si no hago ningún tipo de planes de antemano. Antes me irritaba mucho que echara por tierra todos mis planes. Así que he cambiado de actitud. Y ahora a veces incluso consigo tener unas horas libres.

Laura, 12ª semana

MAMÁ SE HARTA

A veces las madres no pueden, o no quieren, reprimir su enfado por más tiempo, de modo que le hacen saber a la criatura que están hartas.

Estaba tan inquieto, que no hacía más que preocuparme por los vecinos. El domingo por la tarde estaba con el agua al cuello; lo había intentado todo para tranquilizarle, pero sin éxito. Primero me sentí impotente, pero luego me puse furiosa porque ya no podía más, así que lo dejé solo en su cuarto. Estuve llorando un rato y eso me calmó un poco.

Bob, 12ª semana

Teníamos visitas, estaba muy pesado y todo el mundo se empeñaba en darme consejos. Y eso me pone siempre muy nerviosa. Cuando subí para meterlo en la cuna perdí el control, lo agarré y lo zarandeé.

Thijs, 11ª semana

Los zarandeos pueden ser perjudiciales

Recuerda que aunque es normal que a veces sientas frustración y cólera hacia tu bebé, NO HAY QUE ZARANDEAR NUNCA a un bebé, ya que ello puede causarle una hemorragia interna en la columna vertebral, justo por debajo del cráneo, que puede provocarle lesiones cerebrales o incluso la muerte.

TAMBIÉN MAMÁ ESTÁ BAJO PRESIÓN

Evidentemente, tu bebé no será el único que se vea afectado por los cambios que se producen en su interior. Toda la familia sufre con él, sobre todo la madre.

> Cada vez que dejaba de llorar, me sentía como si me hubieran quitado un peso de encima. No había notado lo tensa que estaba hasta ese momento.
>
> *Xara, 11ª semana*

Si una madre se preocupa demasiado por su pequeño y no recibe suficiente apoyo por parte de la familia y los amigos, puede quedarse exhausta. Y si encima no duerme lo suficiente, puede perder fácilmente el control de la situación, tanto mental como físicamente.

Si además de sentir pánico y agotamiento la madre recibe consejos inoportunos, se sentirá aún más irritada y harta, y a menudo su pareja se convertirá en el blanco de sus iras. Sin embargo, a veces el bebé será quien cargue con las frustraciones acumuladas por su madre, que en algunas ocasiones puede llegar a tratarlo con excesiva dureza. Cuando una madre admite haber pegado a su bebé, casi siempre habrá ocurrido en estos períodos de crisis. Obviamente no es porque odie al pobrecito bebé, sino simplemente porque desea verle feliz y se siente amenazada por las críticas de otras personas. Piensa que no tiene a nadie a quien acudir en busca de consuelo para sus problemas; se siente sola.

Desde que los compañeros de trabajo de mi marido le dijeron que él y su hijo se parecen como dos gotas de agua, ha dejado de criticar que preste tanta atención a «su vivo retrato» cuando llora. De hecho, ahora está muy satisfecho de la situación, y eso que antes me decía que exageraba y que «malcriaba» al niño. Ahora las cosas van mucho mejor y no estoy tan tensa como antes cuando el bebé está intranquilo, y parece que él se dé cuenta. Todo marcha mucho mejor.

Thijs, 12ª semana

Cuando ya no puedas más, recuerda: las cosas sólo pueden mejorar. En esta fase, algunas madres tienen la terrible sensación de que esos llantos no acabarán nunca. Es lógico, porque hasta ahora los períodos de crisis se sucedían rápidamente con un intervalo de tan sólo dos o tres semanas entre ellos. A la madre apenas le quedaba tiempo para tomarse un respiro. Pero no desesperes: a partir de ahora los intervalos entre estos períodos serán más largos. Además, también parecerán menos intensos.

El bebé empieza a desarrollar nuevas habilidades

Cuando el bebé no está fino, la madre suele vigilarlo de cerca para saber qué le pasa. Al hacerlo, es posible que de pronto note que el bebé domina o intenta dominar nuevas habilidades. De hecho, descubrirá que el bebé está dando su siguiente gran salto en el mundo de las transiciones suaves.

En torno a las 12 semanas, tu bebé se dará cuenta de que las cosas a su alrededor cambian sutilmente, no de una forma brusca, sino suave y gradualmente. Estará listo para experimentar con sus propias transiciones suaves.

Hay mucho que descubrir en este nuevo mundo. El bebé seleccionará las cosas que más se ajusten a su personalidad y que estén a su alcance, tanto física como mentalmente. Como siempre, procura no forzarlo, sino simplemente ayudarle a hacer lo que prefiera hacer y lo que esté dentro de sus posibilidades. Sin embargo, en muchos aspectos sigue dependiendo de tu ayuda. Te necesitará para que le muestres las cosas de este mundo, para que pongas los juguetes allí donde él pueda verlos y tocarlos, y para que respondas a sus crecientes intentos de comunicación.

El gran cambio: el mundo de las transiciones suaves

Cuando entre en el mundo de las transiciones suaves, el bebé reconocerá por primera vez los cambios continuos en las imágenes, los sonidos, las sensaciones y los olores. Ahora podrá reconocer cómo una voz muda de un tono a otro, o cómo un cuerpo cambia de posición. No sólo sabe registrar estas transiciones suaves en el mundo exterior, sino que además puede aprender a hacerlas él solo. Esto le permitirá utilizar algunas habilidades importantes.

Notarás que sus movimientos son mucho más suaves, más fluidos y más parecidos a los de un adulto. Este nuevo control afecta a todo su cuerpo, así como a las partes que puede mover conscientemente: las manos, los pies, la cabeza, los ojos, e incluso las cuerdas vocales. Probablemente notarás que cuando se estira hacia un juguete, el movimiento es más suave que hasta ahora. Cuando dobla las rodillas para sentarse o levantarse, todo el ejercicio parece más deliberado y maduro.

Los movimientos de su cabeza también son más suaves y sabe controlar la velocidad con que los realiza. Puede mirar por el cuarto, tal como hacen los niños mayores, y puede seguir un movimiento continuo. Ahora es capaz de enfocar mejor lo que mira con los ojos, y su visión es casi tan buena como la de un adulto.

Justo después de nacer, el bebé está equipado con un reflejo que le hace volver la vista en la dirección de un sonido. Este reflejo desaparece entre las 5 y 8 semanas después del nacimiento, pero ahora puede hacerlo conscientemente y la respuesta es más rápida. Podrá seguir algo o a alguien con los ojos de una manera controlada y coordinada. Incluso puede empezar a hacerlo sin girar la cabeza. Podrá seguir a las personas o los objetos que se acerquen o se alejen. De hecho conseguirá inspeccionar mejor toda la habitación. Por primera vez es posible que sientas que forma realmente parte de la familia, pues se da cuenta de las entradas y salidas de todo el mundo.

Esta nueva capacidad de reaccionar se ve reforzada por nuevas posibilidades vocales, pues empieza a reconocer los cambios de tono y volumen de los ruidos y a experimentar con ellos emitiendo todo tipo de sonidos. Su mejor coordinación le ayudará a tragar con más suavidad.

Aunque en la mente y el cuerpo del bebé se han producido desarrollos notables, lo que no puede hacer es enfrentarse a cambios rápidos y seguidos. No esperes que pueda seguir un objeto que se mueve de arriba abajo y además de izquierda a derecha, o que cambia rápidamente de dirección o de movimiento. Y cuando mueve la mano, necesita descansar por un momento antes de cambiar de dirección, casi como un pequeño director de orquesta que agita su batuta.

Cambios cerebrales

En torno a las 10-12 semanas, el perímetro craneal de los bebés crece enormemente.

¿Cómo explora el bebé el nuevo mundo de las transiciones suaves?

Este nuevo mundo de las transiciones suaves se abre ante tu bebé cuando ha cumplido 12 semanas de vida. *Qué* hará y *cuándo* lo hará, depende por completo de sus preferencias y de las oportunidades que se le ofrezcan. Algunos ejercitarán su control corporal, mientras que otros estarán más interesados en observar lo que hay a su alrededor. Notarás cómo se desarrollan las preferencias de tu bebé cuando observes las cosas que hace. Ten en cuenta que es posible que no adquiera muchas de estas habilidades hasta bastante más tarde.

Control corporal
- Apenas necesita apoyo para mantener la cabeza erguida.
- Gira la cabeza con un movimiento fluido para ver u oír algo.
- Mueve los ojos de manera fluida cuando sigue un objeto en movimiento.

- Por lo general es más activo, enérgico y espabilado.
- Cuando se le cambia el pañal levanta el culito (juguetón).
- Se vuelve de barriga cuando está tumbado de espaldas o viceversa, mientras lo aguantas con dos dedos.
- Se mete los dedos de los pies en la boca y gira sobre su eje.
- Cuando se apoya contra ti, se sienta bien erguido.
- Si le tiendes dos dedos, consigue incorporarse.
- Es capaz de ponerse de pie cuando está sentado en tu regazo, sujetando dos de tus dedos.
- Empuja con ambos pies cuando está sentado en su sillita o tumbado en el parque.
- Otros cambios que hayas observado _____

_____

Control de la mano
- Agarra objetos con ambas manos.
- Sacude el sonajero una o dos veces.
- Estudia tus manos y juega con ellas.
- Estudia tu cara, tus ojos, tu boca y tus cabellos, y los toca.
- Estudia tu ropa y juega con ella.
- Se lo lleva todo a la boca.
- Se acaricia la cabeza, desde el cuello hasta los ojos.
- Se acaricia la cabeza o las mejillas con un juguete.
- Otros cambios que hayas observado _____

_____

Escuchar y hablar
- Descubre que puede chillar y hacer gorgoritos; puede pasar fácilmente de tonos fuertes a suaves que parecen vocales del habla real: *i, uuu, eh, oh, aah.*
- Utiliza estos sonidos para «charlar».
- Es capaz de hacer burbujas con la saliva; a menudo esto le divierte mucho.

• Otros cambios que hayas observado _____
_____
_____

Ver y mirar
• Gira las manos, las estudia por ambos lados.
• Estudia cómo se mueve su pie.
• Estudia la ropa de alguien.
• Otros cambios que hayas observado _____
_____
_____

Otras habilidades
• Demuestra claramente que algo le gusta,
  escuchando, mirando, cogiendo o «hablando»,
  y a continuación esperando tu respuesta.
• Utiliza claramente una conducta diferente con
  distintas personas.
• Expresa claramente que se aburre si ve, oye, prueba,
  toca o hace las mismas cosas con mucha frecuencia;
  de pronto, la variedad es muy importante.
• Otros cambios que hayas observado _____
_____
_____

Las preferencias de tu bebé: la clave de su personalidad

Si observas de cerca a tu bebé podrás determinar qué le interesa. Cuando señales las cosas que ha demostrado saber hacer en este mundo, recuerda que tu hijo es único.

Algunos bebés son muy conscientes del mundo que les rodea y prefieren mirar, escuchar y experimentar sensaciones a iniciar ellos una actividad física. La mayor parte del tiempo, los médicos y también los amigos de la familia evalúan el desarrollo del bebé observando sus cambios físicos, como agarrar, darse la vuelta, gatear, sentarse, levantarse y andar. Esto puede dar una visión muy parcial del progreso, pues hace que el bebé que «mira, escucha y toca» parezca más lento. Estos bebés suelen necesitar más tiempo para empezar a coger objetos, pero una vez que se lanzan, los examinarán a fondo. Si se les da un objeto, le darán la vuelta, lo mirarán, lo escucharán, se lo pasarán por la mejilla e incluso lo olerán. En realidad, estos bebés están haciendo algo muy complicado, que les ofrecerá una amplia base para posteriores habilidades de aprendizaje.

Por el contrario, los bebés que son físicamente más activos suelen estar absortos en la acción de coger; una vez que han tomado posesión del objeto en cuestión pierden rápidamente interés y lo sueltan para ir en busca de otro desafío.

Los bebés son así

A los bebés les complacen las cosas nuevas, y es importante que reacciones cuando adviertas nuevas habilidades o intereses. Al bebé le encantará que compartas con él estos nuevos descubrimientos y su aprendizaje progresará con mayor rapidez.

Cómo ayudar al bebé a aprender nuevas habilidades

Cuanto más juegue o experimente el bebé con una nueva habilidad, más hábil será. La práctica ayuda a perfeccionarse, y eso también es cierto en el caso de los bebés. El bebé adquirirá una nueva habilidad repitiéndola hasta la saciedad. Aunque juegue y practique solo, tu participación y aliento son vitales. Además de elogiarlo cuando las cosas le salen bien, ayúdale también cuando tenga problemas o quiera darse por vencido. Entonces puedes facilitarle la tarea: normalmente reorganizando un poco el mundo, para que todo sea un poco más sencillo, por ejemplo, dando la vuelta a un juguete para que le resulte más fácil cogerlo, o levantando al bebé para que pueda ver al gato por la ventana, o quizás imitando los sonidos que intenta hacer.

Asimismo puedes ayudarlo haciendo que una actividad sea más compleja o variándola un poco para que se entretenga un rato más con ella. Pero procura averiguar cuándo tiene ya suficiente. Recuerda que irá a su propio ritmo.

Del mismo modo que todos los bebés son diferentes, también las madres lo son. Algunas madres tienen más imaginación que otras en determinados aspectos. La cosa puede ser muy dura si a ti te gusta hablar, cantar y contarle historias a tu bebé, pero él prefiere la actividad física. Busca nueva ideas en libros, en tus amigos o en otros miembros de la familia. El padre y los hermanos del bebé pueden echarte una mano: la mayoría de los niños tienen mucho aguante y son capaces de seguir un buen rato después de que la madre se haya quedado exhausta de tanta repetición. Sin embargo, sea cual sea el tipo de bebé que tengas, y sea cual sea el tipo de madre que seas, tu hijo siempre se beneficiará de un poco de ayuda por tu parte.

¿Sabías que...?

- Durante los primeros meses parece ser que los varones absorben más tiempo de sus madres que las niñas. Ello probablemente se deba a que los niños lloran más y no duermen tan bien como las niñas.
- Las madres de niñas reaccionan con más rapidez a los sonidos producidos por sus hijas que las madres de niños. Por otra parte, las madres también suelen «charlar» más con su bebé si es una niña.

Aliéntale a usar su voz

Si tu bebé tiene predilección por los sonidos, es posible que ahora empiece a pegar chillidos, a hacer gorgoritos o emitir sonidos parecidos a vocales. Éstos pueden ser muy agudos o muy graves, y suaves o fuertes. Y si también empieza a hacer burbujas con saliva, no lo desalientes. Al hacer estas cosas está ejercitando los músculos de las cuerdas vocales, los labios y el paladar. A veces los bebés practican cuando están solos, y parece como si estuvieran manteniendo una amena conversación. Ello se debe a que la escala de notas, con todos los sonidos altos y bajos de vocales entre los que se intercalan pequeños gritos, suenan como si hablaran. A veces los bebés se ríen de sus propios sonidos.

Mantén una conversación con él

A la mayoría de los bebés les encanta tener una conversación íntima con mamá. Por supuesto, el bebé tiene que estar de humor para ello. El momento idóneo para «charlar» es cuando llama tu atención con su voz. Probablemente notarás que hablas con voz más aguda de lo normal, y esto es precisamente lo más adecuado para el oído del bebé. Es muy importante que procures seguir las reglas de una conversación real: tu bebé dice algo y tú le contestas. Asegúrate de que le dejas acabar, porque si no le das tiempo para responder, no tendrá la sensación de que le escuchas y no aprenderá el ritmo de la conversación. Si no le das suficiente tiempo para «responder», sonreirá o se quedará callado, y el hecho de que no le escuches puede deprimirle o confundirle. Los temas de conversación no importan demasiado a esta edad, pero seguramente sea preferible mantenerse en el ámbito familiar y las experiencias compartidas. De vez en cuando, intenta imitar los sonidos que está haciendo. A algunos bebés les gusta tanto que se echan a reír. Es una base muy importante para las posteriores habilidades de lenguaje.

> Siempre que emite sonidos, le contesto. Luego espera un poco, se da cuenta de que es su turno y me contesta con una sonrisa o meneándose. Si está de buen humor, me responde con un gorgorito. Si le vuelvo a contestar una vez más, se excita tanto que agita fuertemente los brazos y las piernas, y a veces también se echa a reír a carcajadas. Cuando ya tiene suficiente, se da la vuelta y se pone a mirar otra cosa.
>
> *Jan, 13ª semana*

Es muy importante hablar a menudo con el bebé. Las voces de la radio o la televisión, o la gente que habla en la misma habitación, no pueden sustituir las conversaciones del pequeño con otra persona. El hecho de que alguien le escuche y le conteste incita al bebé a «hablar». Tu entusiasmo desempeñará un papel importante en este sentido.

Contéstale cuando te «cuente» cómo se siente

Seguramente el bebé utilizará uno de sus últimos sonidos cuando quiera algo. A menudo se trata de un gritito especial de «atención». Si lo hace, procura contestarle siempre. Es importante, dado que eso le indicará que comprendes que está intentando comunicarse, aunque en esos momentos no tengas tiempo de jugar con él. Empezará a utilizar su voz para atraer tu atención, y éste es un paso importante hacia el lenguaje; poco importa en qué momento lo haga tu bebé.

Cuando esté feliz, a menudo lanzará este «grito de alegría». Lo utilizará cuando se dé cuenta de que algo le divierte. Es natural responder a estos «gritos de alegría» con un beso o una caricia o con unas palabras de aliento. Cuanto más lo hagas, mejor. Así muestras a tu bebé que compartes su placer y que lo comprendes.

Cuando vio que iba a darle de mamar, se puso a gritar de alegría y me agarró el pecho, sin darme tiempo a desabrocharme la blusa.

Thijs, 13ª semana

Cuando tu bebé se ríe, se siente de maravilla

Cuando consigues hacer reír a tu bebé es que has dado en el clavo. Le has estimulado justo como debías. Pero no exageres, pues podría asustarse. Por otra parte, si no muestras suficiente entusiasmo, puede aburrirse.

Ayuda a tu bebé a agarrar

Mantén un juguete al alcance de su mano y obsérvalo para ver si intenta cogerlo. Mantén el objeto justo delante de él y no olvides que a esta edad tan sólo puede mover el brazo de forma controlada en una sola dirección a la vez. Ahora presta atención a lo que hace. Si sólo empieza a dominar esta habilidad, es probable que su reacción se parezca a la de este bebé:

> Ahora empieza realmente a coger cosas. Intentó agarrar con ambas manos un juguete que se balanceaba frente a él. Acercó la mano derecha a un lado del juguete y la izquierda al otro lado. Cuando tuvo ambas manos justo frente al juguete, las cerró. ¡Y falló! Se había esforzado mucho para lograrlo y por eso no es de extrañar que se enfadara tanto cuando se vio con las manos vacías.
>
> *Paul, 12.ª semana*

Alienta a tu pequeño a intentarlo de nuevo si le sucede esto, o haz que el juego le resulte un poco más sencillo, para que se acostumbre al sabor del éxito. No conseguirá aprenderlo bien hasta que tenga de 23 a 26 semanas de edad.

A medida que tu bebé adquiera habilidad para coger objetos, querrá practicar más a menudo este juego. Dado que puede girar la cabeza con fluidez y mirar a su alrededor, puede elegir con mayor facilidad lo que quiere coger. Tiene ante sí todo un mundo para coger, sentir y tocar. Después del anterior salto en el desarrollo, la mayoría de los bebés dedican una tercera parte de su vigilia a jugar y experimentar con sus manos. Sin embargo, a las 12 semanas ya dedican dos terceras partes de su tiempo a esta actividad.

Aliéntale a tocar

Si observas que tu bebé disfruta acariciando cosas con sus manos, estimula todo lo que puedas esta actividad. Llévalo en brazos por la casa y el jardín, y deja que toque todo tipo de objetos y note su textura: dura, suave, áspera, pegajosa, firme, flexible, espinosa, fría, húmeda, caliente. Explícale lo que es y qué sensación produce. Para que te entienda, utiliza tu tono de voz para expresar la sensación que produce un objeto o una superficie. Tu bebé comprenderá más de lo que es capaz de decirte.

Le lavé las manos bajo el chorro de agua, y le hizo tanta gracia que no quería parar.

Jetteke, 15 semana

Dale oportunidad de explorar a mamá

A muchos bebés les gusta examinar el rostro de su madre. Cuando pasan las manos por su rostro se detienen un poco más en los ojos, la nariz y la boca. Algunos le tirarán del pelo o de la nariz, simplemente porque es algo fácil de agarrar. La ropa también es interesante. A los bebés les encanta tocar la tela. ¡Pero cuidado con los pendientes!

Algunos bebés muestran interés por las manos de sus madres. Las estudian, las tocan y las acarician. Si a tu bebé le gusta jugar con tus manos, ayúdale a hacerlo. Gira lentamente tus manos y muéstrale la palma y el dorso. Facilítale la oportunidad de mirarte cuando mueves las manos o cuando coges un juguete. Recuerda que tus movimientos no han de ser demasiado rápidos ni has de cambiar demasiado deprisa de dirección, pues de lo contrario perderás su atención. Por ahora sólo puede seguir los movimientos simples. No podrá enfrentarse a movimientos más complicados hasta el siguiente gran cambio en su sistema nervioso, que origina el siguiente salto en su desarrollo.

Deja que juegue desnudo

A esta edad, los bebés ya son bastante inquietos. A algunos les basta con mirar y escuchar todo lo que pueden. Otros quieren tocar y coger todo lo que ven. Agitan sus brazos para intentar acercarse al objeto de su deseo. Algunos bebés se meten los dedos de los pies en la boca y consiguen girar sobre su eje o realizan todo tipo de acrobacias. Evidentemente, algunos bebés son más inquietos y fuertes que otros. Los hay que no se interesan por la gimnasia, mientras que otros se sentirán frustrados si su fuerza física no está a la altura que exige la tarea.

> Menea el cuerpo, los brazos y las piernas como un loco, gimiendo y suspirando que da gusto. Es evidente que intenta hacer algo, pero sea lo que sea, no lo logra, y al final suele acabar en un berrinche.
>
> *Dirk, 14.ª semana*

Independientemente del temperamento del bebé, le vendrá bien pasar momentos sin su ropa en un entorno cálido. Quizás hayas notado ya que está más inquieto cuando lo cambias, y es que aprovecha la oportunidad de moverse libremente sin el estorbo de la ropa y el pañal. Cuando está desnudo le resulta más fácil doblar sus pequeños miembros, agitarse, patalear y darse la vuelta, y así aprenderá a conocer y a controlar mejor su cuerpo.

¿Intenta darse la vuelta?

Algunos bebés de esta edad intentan darse la vuelta, pero casi todos necesitan un poco de ayuda para conseguirlo. Si tienes un pequeño contorsionista que intenta hacerlo, deja que se sujete a uno de tus dedos cuando practique. Un bebé muy perseverante y físicamente fuerte puede lograr darse la vuelta cuando esté tumbado de espaldas y ponerse boca abajo. Sin embargo, por tenaz que sea el bebé, no lo conseguirá si no ha alcanzado aún el desarrollo físico pertinente. Por lo tanto, échale una mano, pero prepárate también a ayudarle a superar la frustración si no tiene éxito en algo que quería hacer.

¿Le gusta que lo sienten y lo levanten?

A muchos bebés les encanta apoyarse sobre sus piernas. Si éste es el caso de tu bebé, verás que practica en el parque, en el saltador o sobre el cambiador (¡ten cuidado, puede caerse!), o cuando está sentado en tu regazo. Ni que decir tiene que es preciso sujetar bien a los pequeños contorsionistas. Si tu bebé consigue apoyarse sobre sus piernas sin ayuda, dale tiempo y espacio para practicar. No intentes nunca forzarle a hacerlo.

Si tu bebé es fuerte, es posible que intente sentarse solo cuando está en tu rezago. Si le gusta hacerlo, puedes ayudarle convirtiéndolo en un juego.

Ahora es menos importante romper con los viejos hábitos

Los padres suelen preocuparse menos si sus bebés manifiestan cierta reticencia a distraerse solos en esta fase. Están demasiado orgullosos de los distintos progresos y esfuerzos de sus bebés. Quedan aún muchos descubrimientos por hacer y muchas cosas nuevas por aprender y practicar, y por el momento eso es lo más importante.

Los mejores juegos para el mundo de las transiciones suaves

Hay algunos juegos y actividades idóneos para los bebés en esta etapa de su desarrollo. A esta edad, el bebé disfrutará sobre todo de los juegos en los que su mamá le mueve todo el cuerpo. Intenta hacerlo suavemente, con movimientos lentos y uniformes, recordando que son el único tipo de movimientos que logra comprender el bebé. Es preferible ir variando los juegos en vez de prolongar demasiado tiempo el mismo juego.

El «avión»

Levanta lentamente al bebé en el aire, al tiempo que haces un sonido que se incrementa de volumen o pasa de un tono grave a otro agudo. Automáticamente se estirará cuando lo alces por encima de tu cabeza. Luego empieza a descender, imitando el ruido de un avión. Cuando esté a la altura de tu rostro, recíbelo ocultando tu cara en su cuello y dale un beso muy fuerte. Pronto observarás que tu bebé espera que lo hagas, y abrirá la boca, como para morder, cada vez que quiera repetir este juego.

El «tobogán»

Siéntate en el suelo o en el sofá, reclínate hacia atrás y endereza cuanto te sea posible la parte superior de tu cuerpo. Coloca al bebé lo más alto posible sobre tu pecho y deja que se deslice lentamente hasta el suelo, al tiempo que haces ruidos apropiados. A algunos bebés también les encanta hacerlo en la bañera con mamá, lo cual les permite deslizarse sobre tu pecho y tu vientre en el agua.

El «péndulo»

Coloca al bebé sobre tus rodillas y de cara a ti; a continuación balancéalo lentamente de izquierda a derecha. Intenta hacer todo tipo de sonidos de reloj, como un «tictac» rápido y agudo, o un «bang bang» lento o grave, o imita el sonido de las campanas («ding dong»). Intenta hacer sonidos que vayan de agudo a grave, de rápido a lento, o bien cualquier sonido de reloj que notes que le gusta al bebé. Asegúrate de que lo sujetas bien, y de que los músculos de su cabeza y cuello son ya lo suficientemente fuertes para moverse al ritmo.

El «caballito»

Coloca al bebé en tus rodillas de forma que te mire. Ve moviendo una pierna y luego la otra, para que tu bebé suba y baje como si estuviera sentado en un caballo. También puedes acompañar los movimientos con sonidos de cascos a cada paso que des. Observa qué es lo que más le gusta a tu bebé. Asimismo puedes dejar que el «caballo» atraviese un «campo enfangado», imitando el chapoteo que producen los cascos. A esta edad, la mayoría de los bebés disfrutan de verdad con estos sonidos «fangosos».

El «juego de los bocados»

Siéntate frente al bebé y asegúrate de que te está mirando. Acerca lentamente la cara hacia su barriga o su nariz. Mientras tanto, haz un sonido lento que aumente de volumen o que cambie de tono, por ejemplo «¡ñaaam!» o «¡buuuum!» u otros sonidos parecidos a los que hace tu bebé. Cuando llegues a su barriguita o su nariz, dale un beso y abrázalo.

Tocar telas

Cuando guardes la colada, hazlo cerca del bebé, para que pueda tocar los diferentes tipos de tela, como la lana, el algodón, la felpa o el nailon. Pásale la mano por las telas para que pueda sentir diferentes texturas. A los bebés les gusta tocar materiales con los dedos y la boca. Inténtalo con algo poco corriente, como un trozo de gamuza o de fieltro.

«Escalar la montaña»

Deja que tu bebé trepe por tu cuerpo mientras estás sentada y reclinada hacia atrás. No olvides sujetarlo bien cuando practiquéis este juego

Saltar en el regazo de mamá

A los bebés físicamente activos les encanta repetir los mismos movimientos fluidos una y otra vez cuando están sentados en el regazo de su madre. Deja que se le-

vante y se siente a su propio ritmo. Querrá repetir hasta
la saciedad este juego de levantarse y sentarse. Seguramente le hará reír, pero, de nuevo, no olvides sujetarlo
fuertemente.

Los mejores juguetes para el mundo de las transiciones suaves

He aquí algunos juguetes preferidos por los bebés de
esta edad:
- Juguetes que se bambolean cuando el bebé los golpea.
- Mirar cómo se mueve el badajo dentro de la campana.
- Una mecedora.
- Juguetes que incorporan campanillas o que emiten
  un pitido lento u otros sonidos simples.
- Sonajeros.
- Muñecas con rostros realistas.

Un respiro después del salto

Entre las 12 y 13 semanas se inicia otro período de relativa tranquilidad. Los padres, la familia y los amigos notarán que el bebé se ha
convertido en una personita alegre y admirarán los enormes progresos que ha hecho. Posiblemente notarás que tu bebé está más
espabilado. Cuando lo llevas en brazos o cuando está sentado en tu
regazo, se comporta como una persona en miniatura. Gira la cabeza de inmediato en la dirección de algo que desea oír o ver, sonríe a todo el mundo y contesta cuando le hablan, se incorpora para
poder ver mejor las cosas y controla todo lo que sucede a su alrededor. Es un niño alegre y activo. De repente, otros miembros de la
familia muestran más interés por el bebé. Se ha ganado un lugar en
la familia. ¡Es uno de los vuestros!

Empieza a interesarse por un montón de cosas. Se nota enseguida, porque habla o chilla a los objetos, y cuando la observamos más de cerca pensamos: «Caray, ¿ya sabes hacer esto?» o «Qué nena tan lista, no se te escapa nada».

Jetteke, 13.ª semana

No cabe duda de que es más «sabia». Es todo ojos. Todo le atrae y va girando su cabecita de un lado a otro. De repente se ha ganado un lugar en la familia.

Odine, 14.ª semana

Da gusto verla disfrutar tanto cuando está sentada o tumbada, charlando con sus juguetes y con la gente.

Juliette, 14.ª semana

Ahora tengo mucho más contacto con ella porque reacciona a todo. Después de jugar un rato con ella, sé que espera que vuelva a repetir el juego. Además, me «contesta» mucho más.

Ashley, 13.ª semana

Solía ser un bebé tranquilo, de esos que no causan problemas: todo le gustaba. Ahora se ha convertido en una pequeña «cotorra». Se ríe mucho más que antes y hace ruiditos de placer. Ahora disfruto sacándola de la cuna para ver lo que se le ocurrirá esta vez.

Eefje, 14.ª semana

Ahora es más interesante observarlo, porque los progresos que ha realizado son muy evidentes. Responde enseguida con una sonrisa o con un gorgorito y sabe girar la cabeza en la dirección correcta. ¡Y está tan mofletudo que me lo comería a besos!

Dirk, 14.ª semana

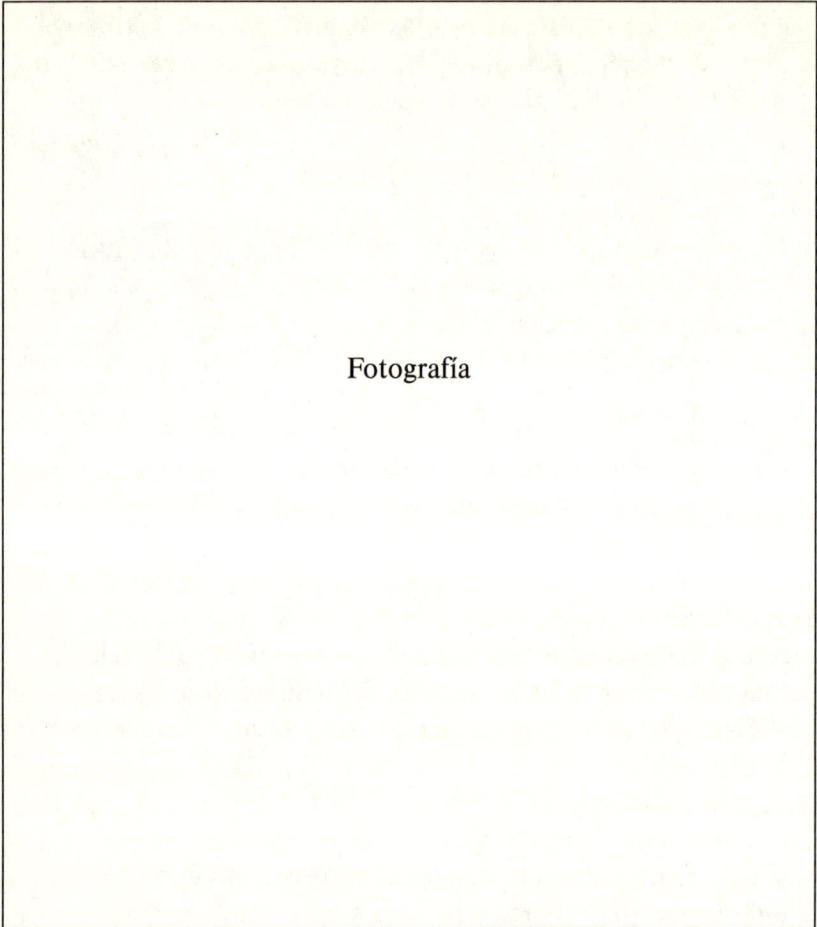

Fotografía

Después del salto

Edad: _____

Observaciones: _____

_____

_____

_____

_____

_____

_____

_____

6

19 semanas:
El mundo de los sucesos

Los adultos damos por sentado que nuestra experiencia de la vida se descompone en sucesos que nos son familiares. Si vemos que alguien deja caer una pelota de goma, sabemos que rebotará y que probablemente lo seguirá haciendo varias veces. Si alguien empieza a saltar en el aire, sabemos que volverá a tocar el suelo. Reconocemos los movimientos iniciales de un golpe de golf y de un saque de tenis, y sabemos lo que viene a continuación. Pero para los bebés todo es nuevo y nada es previsible.

Al dar el último salto, el bebé aprendió a percibir las transiciones suaves en los sonidos, los movimientos, la luz y las texturas. Pero todas estas transiciones tenían que ser simples. En cuanto se volvían más complicadas, ya no podía seguirlas.

En torno a las 19 semanas (o entre las 18 y 20 semanas), la capacidad del bebé de comprender el mundo que le rodea se desarrolla mucho más y comienza a parecerse a la nuestra. Empieza a experimentar con los «sucesos». Un «suceso» tiene un significado especial en este contexto, y no tiene nada que ver con una noticia en un periódico. De hecho, aquí significa una sucesión breve y conocida de transiciones suaves de una pauta a la siguiente. ¿Suena complicado? Veamos qué significa.

Mientras que a las 12 semanas el bebé puede necesitar toda su concentración para agarrar con ambas manos un objeto que mantienes delante de él, ahora empezará a comprender que puede alargar el brazo para coger un juguete, asirlo con una mano, sacudirlo, darle la vuelta para inspeccionarlo y, cómo no, metérselo en la boca. Este tipo de actividad física, el ejemplo más simple, es mucho más complicado de lo que parece, pues implica algo más que el dominio físico de brazos y manos. En realidad depende de un alto grado de desarrollo neurológico que se refleja en todos los demás sentidos. Estos cambios permiten al bebé desarrollar toda una serie de habilidades.

Aunque es probable que al principio no te des cuenta de las sutilezas de estas habilidades, poco a poco serán más evidentes. Aunque a ti te parezca que emite los sonidos de siempre, en realidad son más complicados, y sin duda te darás cuenta de ello cuando empiece a unir consonantes y vocales para formar sonidos como «mamá» o «papá». Asimismo notarás que intenta darse la vuelta y gatear. En todas estas actividades, lo que está aprendiendo ahora es que las pautas y las transiciones simples están ensartadas como las cuentas de un collar y que forman lo que los adultos llamamos «sucesos».

Este proceso también es vital para que tu bebé comprenda algo que todos los adultos damos por sentado: que el mundo está compuesto por objetos que siguen existiendo, ¡aunque no los veamos en ese momento! Ya ves lo mucho que se esfuerza tu bebé por darle sentido a su mundo.

La conciencia que tiene el bebé de los nuevos cambios que acompañan este salto en su desarrollo empieza en realidad en torno a las 15 semanas (o entre 14 y 17 semanas). Estos cambios afectan al modo en que ve, oye, huele, gusta y toca. Necesita tiempo para asumir todas estas nuevas impresiones, y preferiblemente en un lugar donde se sienta seguro. Y una vez más necesitará estar con su mamá, aferrarse a ella para buscar consuelo y para poder adentrarse en este nuevo mundo a su propio ritmo. A partir de esta edad, los períodos de crisis durarán más que antes; en muchos casos éste durará cinco semanas, aunque puede variar entre una y seis semanas.

Recuerda

Si notas que tu bebé está enmadrado, obsérvalo con atención para ver si intenta dominar nuevas habilidades.

Se acumulan los nubarrones: los signos de un gran cambio

El bebé llorará ahora más que antes, porque le desconcierta lo que sucede a su alrededor. Los bebés muy exigentes llorarán y se quejarán mucho más que antes y con más intensidad de lo que ya hacían, y dejarán bien claro que desean estar con su mamá.

Por lo general, llorarán menos cuando estén con sus madres, aunque es posible que les exijan toda su atención. Algunos no se contentan con que los lleven en brazos, sino que además esperan que los distraigan cuando están despiertos. Si no los mantienen ocupados, protestarán aunque estén en brazos de su madre.

Signos de que el bebé está creciendo de nuevo

Entre las 14 y 17 semanas es posible que notes que tu bebé muestra alguna de las conductas enumeradas a continuación. Probablemente son un signo de que está listo para dar el siguiente salto en el mundo de los sucesos.

- Llora más a menudo; está de mal humor, está más gruñón o inquieto.
- Quiere que lo distraigas.
- Necesita más apoyo para la cabeza.
- Quiere más contacto físico.
- Duerme mal.
- Pierde el apetito.
- Se muestra más tímido con los extraños.
- Está más callado.
- Está menos animado.
- Tiene fuertes cambios de humor.
- Quiere más contacto físico mientras mama.
- Se chupa el dedo (más a menudo).
- Otros cambios que hayas observado _____

_____

_____

¿Cómo saber que ha llegado el momento de crecer?

¿DUERME MAL?

A muchos bebés les cuesta más calmarse. Tardan más en quedarse dormidos y no duermen bien por la noche. A algunos incluso les da por comer en plena noche o varias veces a lo largo de la noche. Y otros, encima, se despiertan antes por la mañana.

¿ESTÁ MÁS TÍMIDO CON LOS EXTRAÑOS?

Algunos bebés se niegan a sentarse con alguien que no sea su madre o se sobresaltan en cuanto un extraño osa mirarlos o hablarles. Incluso llegan a asustarse de su papá si no lo ven mucho de día. Por lo general, la timidez será más aparente con individuos de aspecto muy diferente a la persona con la que más quiere estar.

Cuando mi hermana la mira, se altera mucho, empieza a chillar a pleno pulmón y esconde la cara entre mi ropa, como si tuviera miedo de mirarla. Mi hermana tiene ojos oscuros y se los pinta, lo cual le da un aire muy duro. Yo soy rubia y apenas me maquillo. Quizá tenga algo que ver con eso.

Nina, 16ª semana

Ya no quiere sonreír a la gente con gafas. Se los queda mirando severamente y se niega a sonreír mientras no se quiten las gafas.

Jan, 16.ª semana

¿EXIGE MÁS ATENCIÓN?

Es posible que tu bebé quiera que lo entretengas haciendo cosas juntos, o como mínimo que lo estés mirando todo el tiempo. Incluso puede echarse a llorar en cuanto te vayas.

He de estar más pendiente de él entre las comidas. Antes lo dejaba tumbado tranquilamente. Ahora quiere que lo distraiga.

Jan, 17.ª semana

¿HAS DE AGUANTARLE LA CABEZA MÁS A MENUDO?

Cuando lleves en brazos a un bebé enmadrado es posible que observes que tienes que aguantarle la cabeza y el cuerpo más que antes. Se deja colgar flojo, sobre todo durante las lloreras. Algunas madres notan que se parece más al recién nacido que fue. Cuando están tan angustiados, los bebés quieren estar bien apretaditos contra su mamá y sentir sus brazos a su alrededor.

¿QUIERE ESTAR SIEMPRE CONTIGO?

Es posible que tu bebé se niegue a que lo dejes en la cuna o en el parque, aunque puede estar dispuesto a sentarse en el saltador siempre y cuando te quedes cerca de él y lo toques con frecuencia.

Quiere estar más cerca de mí, algo muy raro en ella. Si la dejo un momentito, empieza a llorar, pero se calma enseguida que la cogemos mi marido o yo.

Eefje, 17.ª semana

¿HA PERDIDO EL APETITO?

Tanto los bebés que toman el pecho como los que toman el biberón pueden perder el apetito durante una temporada. No te preocupes si tu pequeño se distrae más fácilmente por las cosas que ve u oye a su alrededor, o si empieza a jugar con el pezón o la tetina. De vez en cuando, los bebés se niegan en redondo a seguir comiendo. Algunos bebés quisquillosos rechazan la leche, pero comen la papilla de fruta. Casi todas las madres que dan el pecho interpretan este rechazo como una señal de que han de pasar a otros tipos de alimentación. Algunas madres se sienten rechazadas por el bebé. Pero no se trata de esto. Lo único que le pasa es que se siente mal. No hace falta dejar de darle el pecho ahora; al contrario, no es el momento más oportuno para destetar al bebé.

> En torno a las 15 semanas, de repente empezó a mamar menos. Después de cinco minutos quería empezar a jugar con mi pezón. Al cabo de dos semanas decidí empezar a darle también el biberón, pero tampoco lo quería. Esta fase duró cuatro semanas en total. Luego volvió a mamar como siempre. Durante estas cuatro semanas me preocupó que pudiera padecer algún tipo de deficiencia alimentaria, sobre todo cuando me di cuenta de que empezaba a tener menos leche. Pero ahora ella vuelve a comer como antes, y yo tengo tanta leche como antes. De hecho, parece que tengo más.
>
> *Odine, 19.ª semana*

¿TIENE FUERTES CAMBIOS DE HUMOR?

Algunos bebés cambian claramente de humor. Un día son todo sonrisas, y al día siguiente no hay quien los consuele. Estos cambios de humor pueden producirse también de un momento a otro. Tan pronto ríen como lloran. Algunas madres opinan que tanto la risa como el llanto son exagerados, poco naturales.

¿ESTÁ MÁS CALLADO?

Algunos bebés dejan de emitir los sonidos de siempre durante un período o se quedan tumbados sin moverse, mirando fijamente el

aire o jugueteando con sus orejas. Es algo muy corriente en los bebés de esta edad. Parecen apáticos y preocupados. Muchas madres
consideran que sus bebés se comportan de forma extraña y eso les
preocupa. En realidad, esta apatía no es más que la calma que pre-
cede a la tormenta. Este intermedio es una señal de que el bebé
está a punto de hacer numerosos descubrimientos en un mundo
nuevo en el que aprenderá muchas habilidades.

Preocupaciones e irritaciones

MAMÁ ESTÁ AGOTADA

En los períodos de crisis, la mayoría de las madres se quejan de un
creciente cansancio, dolores de cabeza, náuseas, dolor de espalda o
problemas emocionales. Algunas madres sufren varios de estos
problemas al mismo tiempo. Lo achacan a la falta de sueño, o a que
llevan siempre al bebé a cuestas, a veces cuatro horas seguidas. O al
hecho de preocuparse por él. La verdadera causa de estos síntomas
es tener que enfrentarse siempre a un bebé protestón. Algunas madres acuden al médico de cabecera, que les receta un complemento
de hierro, o acuden al fisioterapeuta por los problemas de espalda,
pero el problema real es que están al límite de sus fuerzas. Procura
reservar tiempo para ti misma y, si puedes, permítete de vez en
cuando algún lujo. Pero recuerda que, al final, tu bebé acudirá en
tu ayuda aprendiendo las habilidades que necesita para enfrentarse
al nuevo mundo, y entonces el sol volverá a brillar.

> Si no logra dormir durante unas cuantas noches seguidas, y
> sólo quiere que la paseen de un lado a otro, acabo teniendo
> dolor de espalda. En estos momentos quisiera estar una noche
> sin ella. Estoy hecha polvo.
>
> *Xara, 17ª semana*

MAMÁ ESTÁ IRRITADA

Hacia el final del período de crisis, las madres se sienten a veces tan «atrapadas» por las exigencias de sus bebés que creen encontrarse en una especie de cárcel. Se sienten manipuladas por el bebé, y ese «egoísmo» las irrita. Por ello, no es de extrañar que a veces las madres quisieran que el bebé desapareciera durante un tiempo, e incluso llegan a soñar despiertas acerca de lo bueno que sería si pudieran olvidarse de él aunque fuera sólo por una noche.

> Estoy atravesando un período de rechazo, más inconsciente que conscientemente. Me cuesta aceptar que soy una madre y que tengo un hijo. Esta semana ha habido momentos en los que hubiera querido olvidar que tenía un hijo. ¡Qué raros somos los humanos! A veces me siento tan enclaustrada que tengo que salir un rato.
>
> *Bob, 18ª semana*

> Cuando voy con él en autobús, se despierta y empieza a llorar, todo el mundo me mira y a mí me entra un calor y un sofoco. A veces pienso: «¡Cállate de una vez!».
>
> *Steven, 18ª semana*

MAMÁ SE HARTA

Después de vivir unas cuantas semanas con un bebé «en crisis», es posible que te horrorices al ver que empiezas a estar resentida con esa criatura tan exigente que altera tanto tu vida. No es culpa tuya. Se trata de una reacción comprensible y muy corriente. Muchas madres se irritan cada vez más al final de un período de crisis. Están convencidas de que sus bebés no tienen ningún motivo para armar tanto jaleo y suelen dejarles llorar más rato de lo normal. Algunas empiezan a preguntarse qué significa la palabra «mimado», y si no le estarán consintiendo demasiados caprichos. También empiezan a preguntarse si no deberían enseñarle a su pequeño que las madres también tienen sentimientos. De vez en cuando, una madre siente un arranque de agresividad hacia el pequeño llorón, sobre todo cuando no deja de llorar y ella está a punto de volverse loca. Ten presente que experimentar estos sentimientos no es algo anormal ni peligroso, aunque sí lo es dejarse llevar por ellos. Intenta encontrar ayuda mucho antes de perder el control.

Los zarandeos pueden ser perjudiciales

Recuerda que aunque es normal que a veces sientas frustración y cólera por tu bebé, NO HAY QUE ZARANDEAR NUNCA a un bebé. Zarandear a un bebé puede causarle una hemorragia interna en la columna vertebral justo por debajo del cráneo, que puede provocarle lesiones cerebrales o incluso la muerte.

Se negaba a comer y le dio un berrinche increíble, y mientras tanto yo seguía intentando que tomara algo de leche. Cuando volvió a suceder lo mismo con el siguiente biberón, sentí una enorme agresividad porque ninguno de mis trucos para distraerlo parecía funcionar y siempre acababa en la misma situación que antes. Así que lo dejé en el suelo donde no pudiera hacerse daño y lo dejé llorar a grito pelado. Cuando por fin se calló, volví al cuarto y le di el resto del biberón.

Bob, 19.ª semana

Me empecé a hartar de que se echara a llorar cada vez que la dejaba sola un momentito. Así que dejé que siguiera llorando sin inmutarme.

Ashley, 17.ª semana

Las últimas cuatro noches, empezó a llorar a las 8 en punto. Después de consolarlo durante dos noches, me harté. Lo dejé llorar hasta las diez y media. Una cosa es segura: ¡tiene mucho aguante!

Rudolf, 16.ª semana

Ahora tarda más en adquirir las nuevas habilidades

Dado que esta fase es más larga que las anteriores, la mayoría de las madres notan que este período es de alguna manera diferente. Se preocupan por los progresos aparentemente más lentos del bebé y por el hecho de que demuestra una aversión repentina hacia las cosas que antes le gustaban.

> Me parece que avanza muy lentamente. Antes de las 15 semanas se desarrollaba más rápido. Es casi como si durante estas últimas semanas se hubiera quedado estancado. A veces me inquieta mucho.
>
> *Thijs, 17ª semana*

> Es casi como si estuviera a punto de hacer nuevos descubrimientos, pero algo parece impedírselo. Cuando juego con él, noto que le falta algo, pero no sé qué es. Así que yo también espero.
>
> *Steven, 17ª semana*

Los primeros intentos de dominar las nuevas habilidades

> Esta semana ha intentado hacer un montón de cosas nuevas. De repente caí en la cuenta de lo mucho que sabe hacer con sólo 4 meses, y a decir verdad, estoy muy orgullosa de ella.
>
> *Jetteke, 18ª semana*

En torno a las 19 semanas, notarás que tu bebé vuelve a intentar aprender una o más habilidades nuevas, porque ésta es la edad en que los bebés suelen empezar a explorar el «mundo de los sucesos». Este mundo ofrece un enorme repertorio de habilidades nuevas. Tu bebé elegirá las habilidades que más le convengan: aquellas que desee explorar. Es preferible que le ayudes a hacer lo que está dispuesto a hacer en lugar de empujarlo en esta o aquella dirección.

El gran cambio: el mundo de los sucesos

Después del anterior salto adelante, el bebé era capaz de ver, oír, oler, gustar y tocar las transiciones suaves y continuas. Pero todas estas transiciones tenían que ser relativamente simples, como, por ejemplo, un juguete que se mueve lentamente delante de él. Si eran más complicadas, el bebé ya no podía seguirlas. En el nuevo mundo que los bebés empiezan a explorar en torno a las 19 semanas, la mayoría empezarán a percibir y experimentar con sucesiones breves y conocidas. Esta nueva habilidad repercutirá en toda la conducta del bebé.

En cuanto sea capaz de hacer algunos movimientos fluidos y seguidos, podrá explorar los objetos situados a su alcance. Por ejemplo, será capaz de repetir el mismo movimiento fluido varias veces seguidas. Notarás que intenta agitar los juguetes de un lado a otro, o de arriba abajo. Asimismo es posible que intente presionar, empujar y golpear un juguete repetidas veces. Aparte de repetir el mismo movimiento, ahora puede aprender a realizar una serie breve de diferentes movimientos. Por ejemplo, puede coger un objeto con una mano e intentar pasarlo a la otra. O bien puede coger un juguete y de inmediato intentar ponérselo en la boca. Ahora incluso puede aprender a usar un teléfono de juguete, metiendo un dedo en un agujero y girando el disco. Es capaz de darle vueltas a un juguete y mirarlo desde todos los ángulos posibles. A partir de ahora podrá realizar un examen completo de cualquier objeto que esté a su alcance.

Además, el bebé aprenderá cómo adaptar los movimientos de su cuerpo, sus brazos, manos y dedos para llegar al lugar exacto en que se encuentra el juguete, y aprenderá a corregir estos movimientos poco a poco. Por ejemplo, si un juguete está más a la izquierda, su brazo se moverá a la izquierda con un movimiento fluido. Si está más a la derecha, su brazo se moverá inmediatamente hacia el lugar correcto. Lo hará tanto si el objeto está al alcance de la mano, como si está más lejos o cuelga más alto o más bajo. Lo verá, alargará el brazo para cogerlo, lo agarrará, lo atraerá hacia sí, todo en un movimiento suave. Siempre que un objeto esté al alcance de su mano, el bebé lo podrá alcanzar, coger y agarrar si lo desea.

El bebé aprenderá a hacer pequeñas series de movimientos fluidos con su cuerpo, que corregirá si es necesario. Cuando esté jugando con estos movimientos, quizás observes que realiza todo tipo de piruetas. Ahora puede aprender a darse la vuelta o girar alrededor de su eje. Asimismo puede intentar gatear por primera vez, pues ya es capaz de doblar las rodillas, empujar y estirarse.

Ahora puede aprender a producir breves series de sonidos. Si lo hace, irá perfeccionando este parloteo, iniciado ya en el anterior salto, para incluir sonidos de vocales y consonantes. Gradualmente utilizará estos sonidos para formar «frases». Este «aba baba tata» es lo que los adultos llaman «balbucear». Podría decirse que ahora es tan flexible con su voz como lo es con el resto de su cuerpo.

En todo el mundo, los bebés empiezan a hacer estas pequeñas «frases» cuando llegan a esta edad. Los bebés rusos, chinos e ingleses balbucean el mismo «lenguaje» al principio. Al final, los bebés rusos acabarán transformando estos sonidos en palabras rusas y «olvidarán» los sonidos chinos e ingleses. Por su parte, los bebés chinos e ingleses transformarán sus balbuceos en palabras y frases correctas en sus respectivos idiomas. Cada bebé será más hábil imitando el lenguaje que oye hablar a su alrededor, porque obtendrá más respuesta y elogios cuando produzca algo «del país».

Por lo visto, nuestros antepasados debían de sentirse aludidos cuando oían a sus hijos decir «baba» o «mumum», porque en muchos idiomas las palabras papá y mamá son muy parecidas. Sin embargo, el pequeño está realizando una serie de experimentos técnicos con sucesiones breves y familiares del mismo elemento de sonido: «pa» o «mum». En español, *baba* se convierte en «papá» y *mumum* en «mamá».

Ahora el bebé puede empezar a reconocer pequeñas series de sonidos. Puede que se quede fascinado por una serie de notas que recorren suavemente la escala musical de arriba abajo. Responde a todas las voces que expresan aprobación, y se asusta por las voces que parecen prohibir algo. Poco importa qué lenguaje se utiliza para expresar estos sentimientos, pues sabe percibir las diferencias de entonación o de tono de voz. A las 19 semanas, los bebés incluso son capaces de oír si las interrupciones de una pieza musical son propias o no de dicha pieza, aunque la oigan por primera vez. En un experimento poco corriente se descubrió que al hacer escuchar parte de un minueto de Mozart a los bebés, éstos reaccionaban claramente si se interrumpía la música con pausas poco naturales. Los bebés también pueden reconocer palabras por primera vez.

Además, ahora son capaces de seleccionar una voz determinada en un ambiente ruidoso.

Tu bebé puede aprender ahora a ver breves sucesiones familiares de imágenes. Por ejemplo, puede quedarse fascinado por el movimiento de una pelota que rebota. Se pueden contar innumerables ejemplos, todos disfrazados de actividades o sucesos diarios normales, como alguien que agita el biberón, que remueve la salsa en una olla, que clava un clavo, una puerta que se abre y se cierra, la valla que se mueve en el viento, alguien que corta el pan, que se lima las uñas, que se peina, el perro que se rasca, alguien que va y viene por la habitación y toda una serie de sucesos y actividades.

Cambios cerebrales

La grabaciones de las ondas cerebrales de los bebés demuestran que en torno a los 4 meses se producen cambios enormes. El perímetro craneal de los bebés experimenta un crecimiento repentino entre las 15 y 18 semanas.

Todavía hemos de mencionar otras dos características básicas del mundo de los sucesos. En primer lugar, los adultos solemos experimentar un suceso como un todo inseparable. No vemos una «pelota-que-baja-y-sube-y-baja», sino una pelota que rebota. Aunque este movimiento haya acabado de empezar, ya sabemos que se trata de una pelota que rebota. Por mucho que continúe, seguirá siendo el mismo suceso: un suceso para el cual tenemos un nombre. En segundo lugar, la mayoría de los sucesos son definidos de forma natural por el observador. Por ejemplo, cuando hablamos no separamos claramente las palabras, sino que pasamos a la siguiente sin pararnos. El que escucha lo comprende porque sabe (su cerebro está «programado» para saber) dónde están las separaciones entre las palabras. Es precisamente este poder de percepción lo que empieza a estar a disposición del bebé entre las 14 y 17 semanas.

¿Cómo explora el bebé el nuevo mundo de los sucesos?

El gran cambio que le permite a tu bebé comprender el mundo de los sucesos se inicia en torno a las 15 semanas de vida. El salto en este mundo es grande y las habilidades que conlleva sólo empiezan a manifestarse en torno a las 19 semanas, aunque tú tardes un poco en detectar las habilidades enumeradas aquí. *Qué* hará y *cuándo* lo hará depende por completo de sus preferencias y de las oportunidades que se le presenten. Tu bebé no puede descubrir de una vez todo lo que le ofrece este mundo. Es muy posible que no adquiera muchas de estas habilidades hasta transcurridos varios meses.

Control corporal

- En cuanto lo dejas en el suelo, empieza a mover todo el cuerpo.
- Se pone de barriga cuando está tumbado de espaldas.
- Se pone de espaldas cuando está tumbado de barriga.
- Es capaz de estirar totalmente los brazos cuando está tumbado boca abajo.
- Alza el culito al aire e intenta tomar impulso, sin conseguirlo.
- Cuando está tumbado boca abajo se apoya en las manos y los pies e intenta avanzar, sin conseguirlo.
- Intenta gatear, y consigue deslizarse hacia delante y hacia atrás.
- Se apoya en los antebrazos y eleva la parte superior del cuerpo.
- Se sienta muy erguido cuando está apoyado contra ti.
- Intenta sentarse derecho y lo consigue brevemente apoyándose en los antebrazos y llevando la cabeza hacia adelante.
- Permanece sentado derecho en la silla con cojines que le sostienen.
- Le divierte mover la boca, hace toda clase de mohínes, saca la lengua.

- Otros cambios que hayas observado _____

_____

_____

Coger, tocar y palpar
- Consigue coger objetos.
- Es capaz de coger cosas con una mano, ya sea la derecha o la izquierda.
- Es capaz de coger un objeto con una de las dos manos si esa mano toca el objeto, incluso sin mirarlo.
- Es capaz de coger un objeto con la mano derecha y pasarlo a la izquierda, y viceversa.
- Se mete la mano de su madre en la boca.
- Toca la boca de su madre cuando ésta habla, o le mete los dedos en la boca.
- Se introduce juguetes u otros objetos en la boca y los chupa.
- Se introduce juguetes u otros objetos en la boca y los muerde.
- Es capaz de quitarse un trapo colocado sobre su cara, al principio lentamente.
- Reconoce un juguete u otro objeto conocido, incluso si está parcialmente cubierto por algo; aunque pronto se dará por vencido si no consigue destaparlo.
- Intenta agitar un juguete.
- Intenta golpear un juguete contra la mesa.
- Tira deliberadamente un juguete al suelo.
- Intenta coger cosas que están fuera de su alcance.
- Intenta jugar con el «centro de actividades».
- Comprende la finalidad de un determinado juguete, por ejemplo, «marcar un número» con su teléfono de juguete.
- Estudia objetos de cerca; se interesa sobre todo por los detalles diminutos de los juguetes, tales como las manos y las bocas.
- Otros cambios que hayas observado _____

_____

_____

Observar

- Se queda mirando fascinado las actividades repetitivas, como un niño que salta, alguien que golpea con un martillo, corta el pan, se cepilla el pelo, remueve el café o un pájaro columpiándose en su jaula.
- Mira fascinado los movimientos de los labios y la lengua de su madre cuando habla.
- Busca a su madre y es capaz de volver la cabeza para encontrarla.
- Busca un juguete que está parcialmente escondido.
- Reacciona cuando ve su reflejo en el espejo: se asusta o ríe.
- Coge un libro desplegable en sus manos y mira fascinado las ilustraciones.
- Otros cambios que hayas observado _____

_____

Escuchar

- Escucha atentamente los sonidos que salen de la boca de su madre.
- Contesta cuando alguien le llama por su nombre.
- Es capaz de distinguir un determinado sonido entre diferentes sonidos, y reacciona si alguien dice su nombre aunque haya ruido de fondo.
- Comprende realmente algunas palabras, y así, mira a su osito si se le pregunta «¿dónde está el osito?» (sin embargo, no logrará encontrarlo si el osito no está en su lugar habitual).
- Responderá de forma adecuada cuando oiga una voz que demuestre aprobación o prohibición.
- Reconoce los primeros compases de una canción.
- Otros cambios que hayas observado _____

_____

Hablar
- Emite sonidos nuevos, utilizando sus labios y su lengua: *ffft-ffft-ffft, vvv-vvv, zzz, sss, brrr, arrr, rrr, grrr, prrr*. Este «rrr» se denomina erre labial, y a los bebés les encanta hacerlo, eso sí, ¡con la boca llena de espinacas!
- Utiliza consonantes: d, l, m.
- Balbucea; forma sus primeras «palabras»: *mummum, baba, abba, hada-hada, dada, tata*.
- Hace sonidos al bostezar, y es consciente de hacerlos.
- Otros cambios que hayas observado _____
_____
_____

Lenguaje corporal
- Estira los brazos para que lo cojan.
- Hace ruido con los labios cuando tiene hambre; también mueve los brazos y las piernas.
- Abre la boca y mueve la cara hacia la comida o la bebida que le ofrecen.
- «Escupe» cuando ha comido suficiente.
- Aparta el biberón o el pecho cuando ha tenido suficiente.
- Se aparta del biberón o del pecho cuando ha tenido suficiente.
- Otros cambios que hayas observado _____
_____
_____

Otras habilidades
- Empieza a «hacer el cuento», por ejemplo, si su madre reacciona al verle toser, vuelve a toser y luego se ríe.
- Refunfuña cuando se impacienta.
- Llora si no consigue lo que intentaba hacer.
- Tiene una mascota favorita, como una mantita, una zapatilla, un juguete, etc.
- Otros cambios que hayas observado _____
_____
_____

Las preferencias de tu bebé: la clave de su personalidad

El mundo de los sucesos ofrece toda una serie de habilidades nuevas al bebé. Partiendo de las oportunidades que están a su disposición, el pequeño elegirá las que más le convengan según sus inclinaciones, intereses y características físicas. Algunos bebés prefieren concentrarse en habilidades que tienen que ver con el tacto, otros con la vista y otros se especializan en las actividades físicas. Evidentemente, hay bebés que prefieren aprender diferentes habilidades a la vez sin especializarse en ninguna de ellas. Cada bebé hace su propia elección, porque cada bebé es único.

Observa de cerca a tu bebé para determinar qué es lo que más le interesa. En el apartado «¿Cómo explora el bebé el nuevo mundo de los sucesos?» (página 118) podrás indicar las opciones personales de tu bebé durante el período inicial y hasta que se inicie el siguiente período tormentoso. Si respetas sus elecciones, irás descubriendo un patrón especial que hace que tu bebé sea único.

Los bebés son así

A los bebés les encantan las cosas nuevas, por ello es importante que reacciones cada vez que observes que tu hijo muestra habilidades o intereses nuevos. Disfrutará compartiendo sus descubrimientos contigo, y ello le permitirá aprender más rápido.

Cómo ayudar al bebé a aprender nuevas habilidades

El bebé comprenderá mejor los sucesos y adquirirá más habilidad cuanto más esté en contacto con ellos y más juegue con ellos. No importa qué tipo de descubrimientos haya elegido hacer en este nuevo mundo. Algunos bebés prestan atención a la música, los sonidos y las palabras. Otros prefieren mirar y observar, o realizar actividades físicas. Más tarde le será más fácil traducir los conocimientos y la experiencia que ha obtenido aprendiendo una habilidad para aplicarla cuando aprenda otras.

Aparte de desear experimentar con los descubrimientos que hace en este mundo de los sucesos, el bebé también se interesará enormemente por todo lo que sucede a su alrededor. Es posible que ello lo tenga ocupado gran parte del día, porque querrá mirar y escuchar todo lo posible. Cogerá todo lo que tenga al alcance de la mano, no sólo sus juguetes, sino también —y muy a tu pesar— cualquier artículo doméstico, utensilio de jardín o de cocina. Mamá ya no es su único juguete. Puede intentar acercarse al mundo que hay a su alrededor, empujándose con las manos y los pies hacia algo nuevo y alejándose de mamá. Ahora quizá tenga menos tiempo para sus viejos juegos y tú no tardarás en darte cuenta del cambio. Algunas madres se sienten rechazadas.

Aun así, sigue necesitando tu ayuda tanto como antes. La fascinación que siente el bebé por el mundo que le rodea es característica de esta edad. La mayoría de las madres empiezan a notar estas necesidades nuevas y su principal contribución consiste en ofrecer al bebé suficientes juguetes y esperar a ver qué hace. Sólo le echarán una mano si notan que les cuesta de verdad comprender cómo funciona un juguete. Las madres también empiezan a notar que el bebé utiliza sus manos, pies, miembros y todo su cuerpo adecuadamente para alcanzar objetos; si una madre nota que su pequeño tiene un determinado problema, le ayudará a practicar actividades como darse la vuelta, girar y a veces incluso gatear, sentarse o levantarse.

Ayúdale a darse la vuelta: conviértelo en un juego

Intenta darse la vuelta. Todavía no lo consigue, y eso la saca de quicio. Se exaspera de verdad.

Ashley, 20.ª semana

Practica como un loco para aprender a darse la vuelta. Pero cuando está boca abajo, estira los brazos y las piernas al mismo tiempo, gimiendo por el esfuerzo, pero no lo logra.

Jan, 21.ª semana

Sólo consigue darse la vuelta cuando está muy enfadada, y se queda bastante sorprendida.

Laura, 20.ª semana

Si quieres ayudar a tu bebé a practicar a darse la vuelta, has de tumbarlo de espaldas y mantener un juguete de colores cerca de él. Para cogerlo, tendrá que estirar el cuerpo y girar, con lo cual acabará rodando. No hay que decir que has de alentarlo y elogiarlo cada vez que se esfuerza.

También puedes ayudarle a rodar al revés: ponerle boca abajo cuando está boca arriba. Una manera de hacerlo es colocar al bebé de barriga y mantener un juguete de vivos colores detrás de él, a su izquierda o a su derecha. Cuando se gire para cogerlo, aparta un poco más el juguete hacia su espalda. En un momento dado acabará rodando, simplemente por girar demasiado al intentar coger el juguete. Su pesada cabeza le ayudará automáticamente a hacerlo.

¿Intenta gatear?

Creo que quiere gatear, pero me da la sensación de que todavía no sabe cómo hacerlo. Se menea mucho, pero no consigue avanzar ni un centímetro. Eso le fastidia un montón.

Dirk, 20.ª semana

El problema de gatear es avanzar. A la mayoría de los bebés les encantaría avanzar, y lo intentan. Algunos logran colocarse en la posición correcta —doblan las rodillas debajo del cuerpo, elevan el trasero y empujan—, pero no logran avanzar. Otros bebés se ponen en posición de gatear, pero se limitan a rebotar sin lograr avanzar. También los hay que se deslizan hacia atrás, porque empujan con las manos. Otros empujan con un pie, y lo único que consiguen es dar vueltas en círculo. Algunos afortunados logran avanzar casi por accidente después de unos cuantos movimientos torpes. Pero a esta edad se trata de una excepción más que de una regla.

Muchas madres intentan ayudar a su bebé a gatear. Empujan con cuidado el culito del bebé o colocan todo tipo de objetos atractivos fuera del alcance del bebé para animarlo a avanzar. Algunas veces estas maniobras funcionan y el bebé logra avanzar un poquito. Algunos lo hacen tomando impulso. Otros se apoyan sobre el vientre y empujan con las piernas, mientras utilizan los brazos para guiarse en la dirección correcta.

La mayoría de los bebés se divierten de lo lindo cuando sus madres imitan sus torpes movimientos. También les encanta que les muestren cómo se gatea de verdad. Casi todos los bebés que tengan problemas para gatear se quedarán fascinados al ver a alguien gatear. ¡Inténtalo y verás!

Deja que practique desnudo

Tu bebé tiene que practicar si quiere aprender a rodar, girar y gatear correctamente. Se divertirá más y le resultará más fácil si no lleva ropa ni pañal. Si realiza mucho ejercicio físico, tendrá la oportunidad de conocer su cuerpo y podrá aumentar su control corporal.

¿Utiliza sus manos y dedos?

Muchos bebés quieren examinar todo lo que tienen en sus manos. Deja que tu bebé explore cuantos objetos desee. Esto es lo que puede hacer con un objeto: darle la vuelta, agitarlo, golpearlo, deslizarlo de arriba abajo y meterse una parte interesante en la boca para chuparla y probarla. Si esto te parece extraño o sucio, recuerda que tú haces exactamente las mismas cosas a tu manera. Un centro de actividades ofrece una variedad de ejercicios de este tipo en un solo lugar. Normalmente hay un disco giratorio, parecido al del teléfono, que hace el consabido sonido cuando el bebé «marca» un número. También hay un botón que hace ruido cuando se presiona sobre él. Asimismo hay animalitos que se deslizan de arriba abajo, y cilindros y pelotas que giran, y cosas por el estilo. Cada elemento emite un sonido diferente y atractivo cuando el bebé lo toca. A muchos bebés les encantan estos centros de actividades. Pero no esperes que tu pequeño comprenda y utilice enseguida todas las posibilidades. ¡No es más que un principiante!

Durante semanas tuvimos un centro de actividades colgado en el parque para que se entretuviera mirándolo. Lo miraba de vez en cuando, pero no lo tocaba nunca, hasta que esta semana de repente empezó a tocarlo. Ahora le encanta tocar, mover y girar todo lo que se mueva. Se nota que lo explora todo. Sin embargo, se cansa pronto, porque tiene que aguantar todo su peso sobre una de sus manos.

Paul, 18.ª semana

Cuando veas que tu bebé está intentando hacer algo sin mucho éxito, ayúdale sujetándole la mano para enseñarle cómo hacerlo correctamente. O si tu bebé tiene preferencia por observar cómo se hacen las cosas, deja que mire cómo lo hacen tus manos. Sea como fuere, estimula sus ganas de jugar y su habilidad manual.

Deja que descubra el mundo a su alrededor

Ahora tu bebé puede ir adquiriendo experiencia e interés por examinar juguetes y otros objetos. Sea cual sea el juguete que tiene entre sus manos, es probable que le dé la vuelta, lo agite y golpee y lo chupe por todos lados. También puede adquirir habilidad en reconocer diferentes sonidos. Aprendiendo todas estas habilidades nuevas adquirirá mayor comprensión de sí mismo y del mundo que le rodea. Alienta a tu hijo para que utilice sus conocimientos recién adquiridos.

Deja que explore los juguetes y otros objetos de diferentes materiales, como de madera y de plástico duro y blando. Dale trozos de tela con texturas diferentes o papel suave o áspero para que juegue. A muchos bebés les encanta el celofán, porque cuando está arrugado cambia lentamente de forma y además hace un ruido divertido.

Dale a tu bebé objetos de diferentes formas para jugar, como cosas redondas y cuadradas, u objetos con bordes ligeramente serrados o con dientes, etc. La mayoría de los bebés sienten una debilidad por las formas raras. La forma de una llave de plástico, por ejemplo, les intrigará tanto que querrán inspeccionarla a fondo. Muchos bebés sienten especial interés por los bordes dentados y quieren tocarlos, mirarlos y, claro está, degustarlos.

¿Sabe apreciar los detalles?

Algunos bebés se interesan por los más pequeños detalles. Si tu hijo es un pequeño investigador, probablemente mirará un objeto por todos lados y lo examinará a fondo. Se tomará su tiempo y llevará a cabo una inspección profunda del objeto. Observará y manoseará las más pequeñas protuberancias. Pasará una eternidad antes de que haya acabado de acariciar, tocar y frotar las texturas y examinar las formas y colores. No se le escapa nada. Si decide examinar a su mamá, lo hará con igual meticulosidad. Si estudia tu mano, empezará por un dedo, acariciará la uña y luego observará cómo se mueve, antes de pasar al siguiente dedo. Si examina tu boca, inspeccionará un diente tras otro. Estimula su interés por los detalles dándole juguetes y objetos que le interesen.

No hay duda: esta niña va a ser dentista. Casi me ahogo cada vez que inspecciona mi boca. Prácticamente me mete todo el puño en ella. Cuando intento cerrar la boca para darle un beso en la mano, demuestra muy claramente que no le gusta que la interrumpan mientras trabaja.

Xara, 21ª semana

¿Es amante de la música?

Algunos bebés cogen juguetes y objetos para ver si hacen algún tipo de ruido. Mueven todos los objetos que hacen ruido, no para inspeccionarlos, sino para ver si el sonido cambia cuando los giran lenta o rápidamente. Aprietan un juguete de diferentes maneras para ver si produce distintos sonidos. Si a tu bebé le gusta la música o si notas que le gustan todo tipo de sonidos, vale la pena estimular y alentar su interés. Dale objetos y cosas que hagan ruido con los que pueda jugar y ayúdale a utilizarlos correctamente.

¿Es un observador agudo?

La rutina diaria en cada hogar está llena de acontecimientos que merecen la pena ser observados. A muchos bebés les encanta observar cómo su madre prepara la comida, pone la mesa, se viste o trabaja en el jardín. Ahora son capaces de comprender las diferentes acciones implicadas en diversas actividades, como montar la nata, poner los platos en la mesa, cortar el pan, hacer bocadillos, cepillarse el pelo, limarse las uñas y cortar el césped. Si tu bebé es un observador, deja que contemple tus actividades cotidianas. Todo lo que has de hacer es asegurarte de que está en una posición perfecta para observarte. A ti te costará poco, pero para su joven mente será una agradable forma de aprender.

Hace ruido con los labios, patalea con las piernas y extiende los brazos en cuanto ve que estoy preparando bocadillos. Es evidente que es consciente de lo que hago y me pide que le dé de comer.

Odine, 20ª semana

¿Quiere que compartas tu comida con él?

La mayoría de los bebés quieren probar todo lo que comen o beben sus madres. Por tanto, no bebas té o café muy caliente cuando tengas al bebé en tu regazo, porque de repente, en un momento de descuido, puede decidir agarrar tu taza.

La mayoría de los bebés no son quisquillosos con lo que comen: les gusta todo lo que cogen de tu boca.

Intenta cogerme el bocadillo, con la boca abierta listo para comer. En cuanto coge algo, se lo traga enseguida. Lo gracioso es que todo parece gustarle.

Rudolf, 19ª semana

Prepara tu casa para el bebé

Ahora que el bebé tiene más movilidad, asegúrate de que no puede hacerse daño.
- No dejes nunca objetos pequeños, como botones, imperdibles o monedas, cerca del bebé.
- Cuando esté comiendo en tu regazo, asegúrate de que no puede agarrar de repente una taza o vaso con una bebida caliente.
- No dejes nunca bebidas sobre la mesa al alcance del bebé. ni dejes nunca bebidas calientes sobre una mesa alta. Si el bebé intentara alcanzarla tirando del

pie de la mesa —o incluso peor: tirando del mantel—, la bebida podría volcarse sobre él.

- Coloca una pantalla alrededor de la estufa o la chimenea.
- Mantén las sustancias tóxicas, como el aguarrás, la lejía o los medicamentos, fuera de su alcance, y siempre que sea posible en recipientes a prueba de niños.
- Asegúrate de que los enchufes eléctricos están protegidos con tapas y de que los cables están bien sujetos.

Deja que examine los juguetes mientras está en tu regazo

Coloca al bebé en tu regazo y examina con él un juguete. Gíralo, presiónalo, tócalo y háblale de él. Déjale jugar a él también. Le encantará poder jugar mientras está cómodamente sentado. Cuando está tumbado, tiene que utilizar un brazo para apoyarse, y esto le supone un enorme esfuerzo. Además, cuando está sentado puede mirar los juguetes desde un ángulo completamente distinto. Fíjate si hace cosas diferentes con los juguetes cuando está en tu regazo o si intenta emprender nuevas actividades.

Lo coloqué en su sillita por primera vez y lo senté en un cojín. De inmediato descubrió que podía hacer ciertas cosas con juguetes que no podía hacer en el suelo. Cuando le di su llavero de plástico, empezó golpeándolo contra la mesa y luego lo tiró una y otra vez al suelo. Lo hizo 20 veces seguidas. Estaba encantado y no paraba de reír.

Paul, 19ª semana

Juega con él a buscar objetos

A esta edad puedes empezar a jugar al escondite y al cucú. En cuanto tu bebé se familiarice con el mundo de los sucesos, puede reconocer su juguete, aunque sólo vea parte de él. Si notas que está mirando intrigado un juguete que está medio oculto, o si ves que quiere recuperar un juguete y quieres jugar al escondite, mueve el objeto un poco para que le sea más fácil reconocerlo. A esta edad los bebés se dan por vencidos rápidamente. Todavía no acaban de comprender que un objeto sigue existiendo todo el tiempo, esté donde esté.

¿Hace sus primeras frases «balbucientes»?

Quizás observes que tu bebé es más hábil con su voz. Algunas veces suena como si realmente estuviera contando una historia. Esto se debe a que empieza a repetir todas las sílabas que ya conoce, como «baba» y «dada», y las une para formar «frases». También puede empezar a pronunciar estas frases, al tiempo que experimenta con la entonación y el volumen. Cuando oiga que hace un nuevo sonido, se parará un momento y quizá suelte una risita antes de volver a reanudar la conversación.

Es importante que hables con él siempre que puedas. Intenta contestarle a todo lo que te diga, imita sus sonidos y contéstale cuando te «pregunta» o te «cuenta» algo. Estas reacciones le alientan a practicar usando su voz.

¿Comprende una frase corta?

Quizá notes que tu hijo comprende realmente una palabra o una frase corta, aunque él no pueda decir la palabra o las palabras. Cuando estés con él en un entorno familiar, pregúntale: «¿Dónde está tu osito?». Es posible que mire a su osito de peluche. A esta edad los bebés son capaces de comprender una breve serie de sonidos familiares, como «¿dónde está tu osito?». Sin embargo, esto no significa que ya comprendan una frase del mismo modo que lo hace un niño mayor o un adulto. El bebé oye un patrón de sílabas que le resulta familiar, unidas a la entonación de tu voz como un solo suceso. Éste es precisamente el tipo de series de patrones y de cambios que crean un suceso para él en su «nuevo mundo».

Que sea capaz de reconocer el «suceso de la frase del osito» no significa que tu bebé pueda reconocer esta frase en todas las circunstancias. Si miras por la ventana de una juguetería con tu bebé y ves un osito idéntico al suyo, probablemente no tendrás ningún éxito al preguntarle «¿dónde está tu osito?», puesto que todavía no es capaz de comprender el significado de la frase en un contexto tan alejado de su entorno familiar.

Dado que las madres repiten con mucha naturalidad las mismas frases o frases parecidas una y otra vez mientras realizan la rutina diaria, el bebé empieza a reconocerlas poco a poco. Éste es el único modo de empezar a aprender el lenguaje, y todos los bebés comprenden palabras y frases mucho antes de poder pronunciarlas.

En el salón hay un cuadro de flores colgado de una pared, y en otra hay una foto suya con su osito. Cuando le pregunto «¿Dónde están las flores?» o «¿Dónde está Paul con su osito?», siempre mira al lado correcto. No son imaginaciones mías, porque los cuadros están en lados opuestos del salón.

Paul, 23.ª semana

Las madres suelen entusiasmarse cuando descubren que su bebé comprende su primera frase corta, y obviamente están muy orgullosas. Al principio no acaban de creerse que haya sucedido de verdad, así que repiten la frase hasta estar plenamente convencidas de que no ha sido una simple coincidencia. A continuación algunas crean una situación nueva a fin de poder practicar la frase que el bebé conoce. Por ejemplo, colocan el osito en los lugares más inusitados y luego le preguntan al bebé si sabe dónde está. Incluso le muestran fotos de su osito, o le muestran ilustraciones de otros ositos. También empiezan a practicar nuevas palabras con el bebé. A esta edad, muchas madres cambian el modo en que hablan con sus bebés. Hablan más lentamente, y a menudo utilizan palabras sueltas en lugar de frases completas.

El primer libro del bebé

Algunos bebés de esta edad se divierten mucho mirando libros con imágenes. Si a tu bebé le gusta, es posible que a menudo quiera sujetar él solo un libro, utilizando ambas manos, y mirar las ilustraciones asombrado. Puede que se esfuerce realmente por sostener el libro y concentrarse en las imágenes, pero al cabo de un rato acabará metiéndose el libro en la boca.

Los mejores juegos para el mundo de los sucesos

He aquí algunos de los juegos y actividades favoritos de los bebés de esta edad. Recuerda que todos los bebés son diferentes. Comprueba qué es lo que más le gusta al tuyo.

La charla amena

Habla siempre que puedas con tu bebé sobre las cosas que ves, oyes, gustas o tocas. Háblale de las cosas que hace y de las cosas que experimenta. Procura decir frases cortas y simples. Recalca las palabras importantes. Por ejemplo: «toca esto: es hierba», «papá viene», «escucha: el timbre» o «abre la boca».

¿Qué pasará ahora?

Tú le dices: «voy a... (PAUSA) pellizcarte la nariz», y luego le pellizcas suavemente la nariz. Puedes hacer lo mismo con sus orejas, sus manos y sus pies. Averigua qué es lo que más le gusta. Si practicas este juego con regularidad, sabrá exactamente lo que vas a hacer después. Entonces mirará tus manos con más y más emoción y se echará a reír cuando le pellizques la nariz. A medida que juegues con él se irá familiarizando con su cuerpo y los nombres de sus distintas partes.

Mirar imágenes juntos

Muéstrale una ilustración de vivos colores en un libro.

A veces querrá mirar varias imágenes. Asegúrate de que las imágenes son claras y representan cosas que reconoce. Háblale de la imagen e indícale dónde está el objeto real en la habitación.

Canciones y nanas

A muchos bebés les encantan las canciones, sobre todo cuando van acompañadas de movimientos, como por ejemplo: «Palmas, palmitas», «Cinco lobitos» o «Aserrín, aserrán». Pero también les gusta que les acunen al ritmo de una nana. El bebé reconoce las canciones por su melodía, su ritmo y su entonación.

El juego de las cosquillas

Ve recorriendo con dos dedos el brazo del bebé al tiempo que le cantas: «Si vas a la carnicería, que no te corten por aquí, ni por aquí, ni por aquí, ni por aquí... (Al llegar al sobaco, empiezas a hacerle cosquillas y dices:) ¡Por aquí, sí!».

Cucú

Cubre el rostro del bebé con un trapo o una toalla y pregunta: «¿Dónde está...?». Espera un poco para ver si sabe quitarse el trapo de delante del rostro. Si todavía no puede hacerlo, ayúdale cogiéndole la mano y tirando juntos lentamente del trapo. Cada vez que vuelva a verte dile: «¡Cucú!»; esto le ayudará a marcar el suceso. A esta edad es preferible mantener el juego lo más sencillo posible, puesto que de lo contrario el bebé no lo comprendería.

Juegos frente al espejo

Mirad juntos al espejo. Normalmente el bebé preferirá empezar mirando y sonriendo a su reflejo. Pero luego mirará tu reflejo, y a continuación te mirará a ti. Normalmente esto le extraña, y suele mirar una y otra vez a una mamá y a la otra, pues no consigue decidir cuál de las dos es la verdadera. Si empiezas a hablar con él, se quedará todavía más asombrado, porque el sonido procede sólo de la verdadera. Al darse cuenta de que está con la persona auténtica, se quedará tranquilo y se echará a reír antes de abrazarse a ti.

Los mejores juguetes para el mundo de los sucesos

He aquí algunos juguetes y otros objetos que suelen gustar a la mayoría de los bebés de esta edad. Casi todos los utensilios de la casa interesan a los bebés. Intenta descubrir cuál prefiere el tuyo:

- Juguetes para el baño: tu bebé disfrutará llevándose al baño toda una serie de objetos domésticos como vasos graduados, embudos de plástico, regaderas, platos para la sopa, frascos y botellas de champú de plástico, etcétera.
- Centro de actividades.
- Pelota con protuberancias o muescas para agarrarla, preferiblemente con una campana dentro.
- Sonajero de plástico o hinchable.
- Un recipiente de plástico con tapón de rosca que contenga algo de arroz.
- Papel de celofán.
- Un espejo (en esta fase es preferible tener un espejo «a prueba de niños», fabricado con papel reflector, en vez de un espejo de cristal).
- Fotografías o imágenes de bebés.
- Fotografías o imágenes de objetos o animales que conoce por el nombre.
- Casete o disco compacto con canciones infantiles.
- Ruedas que giren de verdad, por ejemplo de un coche de juguete.

Romper los viejos hábitos y establecer nuevas reglas

Por extraño que pueda parecer, cuando tu bebé aprende nuevas habilidades, a ti puede llegar a irritarte. Algunas cosas que hacía antes ya no son aceptables ahora que es un poco mayor. Tanto tú como él tenéis que adaptaros a este progreso y «renegociar» las nuevas reglas para restaurar la paz y la armonía.

Recuerda

Romper viejos hábitos y establecer nuevas reglas forma parte del desarrollo de una nueva habilidad. Podrás exigirle a tu bebé aquello que comprenda, ni más ni menos.

UN BEBÉ CON GENIO: GRACIOSO PERO MOLESTO

Está desarrollando su propia personalidad, una personalidad que hay que tener muy en cuenta. Sabe dejar bien claro lo que quiere y lo que no quiere.

Dirk, 21ª semana

A muchos bebés les gusta tomar sus propias decisiones, y lo dejan bien claro. Quieren estar sentados erguidos, tocarlo todo, participar en todo hasta que se cansan. Lo mismo sucede con la comida y el sueño. Deciden cuándo quieren que los pongan en la cuna y cuándo quieren que los levanten. Hacen saber cuándo quieren comer, cuáles son sus platos favoritos y cuándo tienen bastante. Pero lo que sobre todo irrita a muchas madres es su obsesión por coger todo lo que ven, y que por lo visto prefieran hacer eso en lugar de jugar con ella. Algunas lo consideran antisocial y a veces un poco egoísta por parte de los pequeños. Otras creen que el bebé es aún demasiado pequeño para ir tocando todo lo que ve. La mayoría de las madres intentan frenar estas ansias de independencia, deteniendo al bebé siempre que intenta alejarse de ella y acercarse a las cosas que ahora le gustan. Algunas madres intentan distraer al bebé mimándole o apretándolo fuertemente mientras él se retuerce para conseguir algo. Pero ambos métodos suelen tener el efecto opuesto. Se retorcerá aún más intentando liberarse de su abnegada madre.

Si te suena de algo esta conducta, ten por cierto que has tenido el primer conflicto por la independencia con tu hijo. Recuerda que a partir de ahora el bebé ya no dependerá del todo de ti para divertirse, pues ya está en contacto con el mundo que le rodea. Ahora puede hacer y comprender mucho más que antes y, por supuesto, cree que lo sabe todo. Posiblemente te parezca que es un pesado. Pues bien, él piensa lo mismo de ti.

EL EMPEÑO POR COGERLO TODO PUEDE SER MOLESTO

A casi todas las madres les molesta que el bebé quiera coger todo lo que está a su alcance o lo que ve al pasar. Y es que lo quieren todo —plantas, tazas de café, libros, el equipo de alta fidelidad, las gafas—, nada está a salvo de sus manitas exploradoras. Las madres se irritan cada vez más por esta conducta. Intentan refrenar esta manía de cogerlo todo diciendo firmemente «no», y a veces hasta funciona.

Cada vez que está sentada conmigo, intenta coger los flecos de la lámpara, y como no me gusta que lo haga, la aparto y le digo «no».

Jetteke, 20ª semana

LA IMPACIENCIA ES UN ENGORRO

La mayoría de las madres consideran que, a esta edad, el bebé debería aprender a tener un poco de paciencia. Por ello no siempre reaccionan con la misma rapidez que antes. Ahora, cuando el bebé quiere algo o desea hacer algo, esperan un poco. A casi todas las madres les irrita mucho que el bebé hurgue impacientemente en busca de comida. Algunas lo interrumpen de inmediato.

Se puso como una fiera en cuanto vio su plato de comida. Empezó a zampársela a toda prisa. Eso me molestó tanto que le enseñé que debía esperar a que todos nos hubiéramos sentado a la mesa. Ahora ya no es impaciente, sino que espera y observa cómo nos servimos.

Nina, 22ª semana

HACER DAÑO NO TIENE GRACIA

Ahora que el bebé es más fuerte y comprende más cosas, también puede causar verdadero dolor físico. Puede morder, arañar y tirar de la cara, los brazos, las orejas y el cabello de su madre. También puede pellizcarla. A veces lo hará con tanta fuerza que le hará daño. La mayoría de las madres creen conveniente enseñar al bebé algo de consideración y respeto por los demás. No les hace ninguna gracia que las muerdan, que las pellizquen o que tiren de ellas.

Algunas madres reprenden al bebé en cuanto se «entusiasma» demasiado, le dicen que ha ido demasiado lejos. Normalmente lo hacen verbalmente, gritando «¡ay!» con toda seriedad. Si notan que el bebé está preparándose para un nuevo ataque, le avisan diciendo «¡cuidadito!». A esta edad los bebés son perfectamente capaces de comprender una voz de advertencia. De vez en cuando hay madres que pierden la paciencia.

Cuando me muerde muy fuerte el pezón, tengo que reprimirme. Me entran siempre unas ganas locas de darle un bofetón. Antes de tenerlo no podía comprender que hubiera gente que pegaba a sus hijos. Ahora sí.

Thijs, 20ª semana

No pierdas el control

De vez en cuando es posible que sientas un arranque de agresividad hacia el pequeño gamberro. Pero recuerda que tener este tipo de sentimientos no es anormal ni peligroso, aunque sí lo es dejarse llevar por ellos. Procura buscar ayuda mucho antes de perder los estribos.

Un respiro después del salto

Entre las 20 y 22 semanas se inicia un período de relativa tranquilidad. Muchas madres elogian la alegría y la iniciativa del bebé. Ahora parece ser todo energía.

Mamá ya no es su único juguete. Explora su entorno con gran determinación, y no hay duda de que se divierte al hacerlo. Se impacienta cada vez más si sólo puede jugar con su madre. Quiere acción. A la más mínima, si ve algo que le interesa, intentará separarse del regazo de su madre. Ahora es mucho más independiente.

Hoy he guardado su ropita de recién nacido y se me hizo un nudo en la garganta. ¡Cómo pasa el tiempo! A veces me cuesta aceptarlo. Es una experiencia dolorosa. De pronto está tan grande... Ahora tengo otro tipo de relación con él. Es más como una personita de verdad. Es difícil de explicar.

Bob, 23ª semana

Cuando toma el biberón se pone de espaldas a mí, se sienta bien erguida y no quiere perderse nada de lo que sucede a su alrededor. Incluso quiere aguantar el biberón ella solita.

Laura, 22ª semana

Cuando está tumbado en mi regazo, echa la cabeza hacia atrás para no perderse nada de lo que sucede detrás de él.

Dirk, 23ª semana

Ahora ya casi nunca lo dejo en el parque, porque me da la impresión de que no tiene suficiente espacio.

Bob, 22ª semana

Empezó a protestar cuando lo poníamos en el portabebés. Puesto que es tan activo, al principio pensé que quería más espacio, pero luego lo puse al revés y ahora está feliz porque puede verlo todo.

Steven, 21ª semana

Si el bebé es físicamente activo, ya no hará falta proporcionarle los objetos que desea coger, porque él mismo conseguirá arrastrarse hasta ellos.

> Se da la vuelta hasta quedarse tumbada de espaldas y se las apaña para alcanzar un juguete a rastras o a gatas. No para en todo el día. Ni siquiera le queda tiempo para llorar. Ahora está más alegre que nunca, y nosotros también.
>
> *Jetteke, 21ª semana*

> Gatea y rueda en cualquier dirección. No puedo pararla. Intenta salir del saltador, quiere subirse al sofá, y el otro día nos la encontramos metiéndose en la cesta del perro. En la bañera tampoco para. Cuando acaba de patalear, apenas queda agua en la bañera.
>
> *Xara, 22ª semana*

La mayoría de los bebés están alegres:

> Ahora está mucho más alegre. Se ríe y «cuenta historias». Es muy divertido mirarla.
>
> *Juliette, 23ª semana*

> Ahora vuelvo a disfrutar de cada minuto que paso con ella. Es un encanto, es un bebé muy tranquilo.
>
> *Ashley, 22ª semana*

> De repente está más tranquilo. Ha vuelto a la rutina de siempre y duerme mejor.
>
> *Dirk, 23ª semana*

También muchos de los bebés difíciles son más alegres ahora. Quizá se deba a que ahora pueden hacer más cosas y por consiguiente se aburren menos.

> Es sorprendente lo dulce y alegre que está. Se va a la cama sin protestar, lo cual es un verdadero milagro. Ahora hace unas siestas mucho más largas que en las últimas semanas. Es tan diferente de hace unos meses, cuando no paraba de llorar en

todo el día... Aparte de algunos altibajos, las cosas mejoran progresivamente.

Paul, 22ª semana

Fotografía

Después del salto
Edad: _____
Observaciones: _____
_____
_____
_____
_____
_____
_____
_____
_____

7

26 semanas:
El mundo de las relaciones

En torno a las 26 semanas, el bebé empezará a manifestar signos de que ha vuelto a dar un salto importante en su desarrollo. Si lo observas con atención, verás que hace o intenta hacer muchas cosas nuevas. Aunque todavía no sepa gatear, se moverá mucho más que antes, pues habrá aprendido a coordinar el movimiento de sus brazos y piernas con el resto del cuerpo. Gracias a sus conocimientos sobre los sucesos, ahora podrá empezar a comprender los muchos tipos de relaciones que existen entre las cosas que componen su mundo.

Una de las relaciones más importantes que el bebé puede percibir ahora es la distancia entre una cosa y otra. Es algo que los adultos damos por sentado, pero para el bebé se trata de un descubrimiento alarmante, que comporta un cambio radical de su mundo. De repente, el mundo es un lugar muy grande en el que él no es más que un diminuto granito de arena, aunque muy chillón. Se da cuenta de que si quiere algo que se encuentra en una repisa muy alta o fuera de su cunita, no tiene forma de alcanzarlo. Su mamá puede irse, y aunque sólo sea al cuarto de al lado, a él puede parecerle que se ha ido al otro lado del mundo, ya sea porque no puede salir de la cuna o porque todavía no sabe gatear. Incluso si intenta gatear, se da cuenta de que su mamá se mueve mucho más deprisa que él y que puede alejarse.

Este descubrimiento resulta aterrador para un bebé, y hará que estas semanas sean muy duras para sus progenitores. Pero si comprendes el origen de su miedo y su malestar, puedes hacer muchas cosas para ayudarle. Por supuesto, una vez que aprenda a recorrer el espacio a su alrededor y a controlar la distancia que le separa de las cosas que desea, será capaz de hacer muchas más cosas por sí solo. Pero antes atravesará un período en el que necesitará mucho apoyo.

Entrar en el mundo de las relaciones afectará a todo lo que percibe y hace. En torno a las 23 semanas, es decir, antes de dar el salto, el bebé empieza a notar que se producen estos cambios, y es entonces cuando se inician los trastornos. Atrapado como está en un laberinto de impresiones nuevas, necesita llegar a puerto, volver a mamá y aferrarse a ella para que lo consuele. La sensación de seguridad y calor que le proporciona su madre le ayudará a relajarse, a asimilar las novedades y a acostumbrarse al nuevo mundo a su propio ritmo. Este período de crisis suele durar unas cuatro semanas, aunque puede variar entre una y cinco semanas. Dado que una de las habilidades importantes que ha de aprender durante este salto es qué hacer con la distancia que le separa de su madre, es posible que a las 29 semanas vuelva a estar enmadrado, aunque ya haya aprendido las nuevas habilidades.

Recuerda

Si notas que tu bebé está enmadrado, obsérvalo con atención para ver si intenta dominar nuevas habilidades.

Se acumulan los nubarrones: los signos de un gran cambio

Normalmente, cuando los bebés adquieren conciencia de que su mundo está cambiando, lloran con más frecuencia. Muchas madres califican a sus bebés de gruñones, malhumorados, lloricas o descontentos. Si tu bebé ya tiene de por sí mucho genio, es posible que ahora se muestre más intranquilo, impaciente o difícil. Casi todos los bebés llorarán menos cuando los cojan en brazos y los mezan, cuando sus mamás los aprieten contra sí, o por lo menos les hagan compañía mientras juegan.

Cada vez tiene más genio. Me exige por las malas que vaya a su lado o que me quede con ella, para ayudarla a coger sus juguetes.

Odine, 25ª semana

Signos de que el bebé está creciendo de nuevo

Entre las 22 y 26 semanas notarás que tu bebé empieza a manifestar los siguientes tipos de conducta. Seguramente se trata de un signo de que está a punto de dar el siguiente salto en el mundo de las relaciones.

- Llora más; se muestra más gruñón, malhumorado o lloroso que de costumbre.
- Quiere que lo mantengas ocupado.
- Quiere más contacto físico que de costumbre.
- Duerme mal.
- Pierde el apetito.
- No quiere que le cambies el pañal.
- Se muestra más tímido con los extraños.
- Está más callado, «habla» menos.
- Está menos alegre.
- Se chupa el dedo (más a menudo).
- Coge (más a menudo) su juguete favorito.
- Otros cambios que hayas observado _____

_____

_____

¿Cómo saber que ha llegado el momento de crecer?

¿DUERME MAL?

Es posible que tu bebé duerma menos de lo que está acostumbrado. A la mayoría de los bebés les cuesta conciliar el sueño o se despiertan antes. Algunos no quieren hacer la siesta, otros no quieren irse a la cama por la noche. Y los hay que se niegan a hacer ambas cosas.

La hora de irse a la cama, de día o de noche, va siempre acompañada de terribles berrinches. Se pone hecho una fiera. Grita hasta quedarse casi sin aliento. No lo soporto. Nunca lo veo tumbado tranquilo en su cuna. Espero que esto no sea permanente.

Bob, 26.ª semana

Su ritmo está totalmente desbaratado porque se despierta cada vez más temprano. Pero, por lo demás, duerme bien.

Dirk, 25.ª semana

¿TIENE «PESADILLAS»?

Algunos bebés tienen un sueño más intranquilo. A veces gritan, se agitan y se debaten tanto mientras duermen que parece que tuvieran pesadillas.

Tiene un sueño muy intranquilo. Algunas veces grita con los ojos cerrados, como si tuviera una pesadilla. Así que la saco un rato de la cuna para que se tranquilice. Ahora, por las noches, suelo dejar que juegue en la bañera. Espero que esto la tranquilice y le dé sueño.

Xara, 23.ª semana

¿SE MUESTRA MÁS TÍMIDO CON LOS EXTRAÑOS?

Muchos bebés no quieren que otras personas los miren, les hablen o los toquen, y se niegan en redondo a que los cojan en brazos. A partir de esta edad, la mayoría de los bebés prefieren no perder de vista a su mamá, aunque no haya extraños a su alrededor. Casi todas las madres se dan cuenta de ello. A esta edad, la timidez es muy evidente, por una buena razón: el bebé comprende por primera vez que su mamá puede irse y dejarlo solo.

Cada día está más tímido. Siempre tengo que ponerme donde pueda verme y tenerme cerca. Si me voy, me sigue a gatas.

Thijs, 26.ª semana

Incluso cuando estoy sentada, apenas puedo moverme sin que se eche a llorar de miedo.

Ashley, 23ª semana

¿EXIGE MÁS ATENCIÓN?

Muchos bebés quieren quedarse más tiempo con su mamá, jugar más con ella o simplemente mirarla a ella y solamente ella.

Ahora se queja a la más mínima, y hay que tenerla siempre ocupada. Por ejemplo, cuando se despierta en la cuna quiere ver a alguien de inmediato. Y no se anda con chiquitas: no se limita a llorar, sino que se enfurece. Tiene mucho genio.

Odine, 26ª semana

Lo único que quiere es salir del parque. Tengo que sentarme con él y distraerlo o sacarlo a pasear.

Dirk, 27ª semana

Está todo el día de mal humor; cuando quiere que le hagamos caso empieza a gruñir y a lloriquear. Sólo se contenta si juego con ella o si doy con el modo de tenerla ocupada todo el día.

Jetteke, 25ª semana

¿QUIERE ESTAR TODO EL TIEMPO CONTIGO?

Muchos bebés insisten en que los lleven siempre en brazos y no quieren que los pongan en la cuna o en el parque. Pero algunos tampoco se quedan satisfechos cuando por fin, después de tanto llorar, descansan en el regazo. En cuanto han logrado su objetivo, empiezan a empujar para tocar cosas interesantes del mundo que les rodea.

> Quiere estar siempre en mi regazo. Pero en cuanto lo ha logrado, apenas puedo controlarlo. No se está quieto ni un momento e intenta coger todo lo que ve a su alrededor como un diablillo. A mí no me hace ninguna gracia. Intento jugar con él, pero es una pérdida de tiempo. Si no quiere jugar conmigo, vale, pero que no se ponga tan pesado. A decir verdad, me siento rechazada cuando se niega a jugar conmigo, así que lo pongo en el parque. Pero enseguida empieza a lloriquear para que lo coja.
>
> *Thijs, 27ª semana*

¿Te suena de algo?

- Por lo general, las niñas que quieren contacto físico están dispuestas a jugar con mamá.
- Los niños que quieren contacto físico se empeñan en explorar al mismo tiempo el mundo que les rodea.

¿HA PERDIDO EL APETITO?

Tanto los bebés alimentados al pecho como los que toman el biberón beben menos o se niegan a beber. Algunos incluso rechazan otros alimentos. A menudo los bebés también tardan más en acabarse la comida. De alguna manera parece que prefieran chupar o jugar con el pezón o la tetina, en lugar de saciarse con el contenido del biberón o del pecho.

> Por la mañana y por la noche siempre se niega a tomar el pecho, lo aparta de sí. Eso me duele mucho. Y luego, cuando está

en la cama y no consigue dormirse, quiere comer. Entonces le
doy el pecho y se queda dormido otra vez.

Thijs, 26.ª semana

¿ESTÁ MÁS CALLADO?

Algunos bebés dejan de producir los sonidos que hacían antes. O
se quedan tumbados sin moverse, mirando fijamente a su alrededor o al frente. Las madres siempre consideran que esta conducta
es extraña y alarmante.

> A veces, de repente, se queda mirando absorta y callada.
> Cuando lo hace más que de costumbre, me preocupo mucho.
> Empiezo a preguntarme si no le estará pasando algo. No estoy
> acostumbrada a verla así, tan apática. Como si estuviera en-
> ferma o le pasara algo malo.
>
> *Juliette, 24.ª semana*

¿SE NIEGA A QUE LE CAMBIEN EL PAÑAL?

Algunos bebés lloran, patalean y se menean mucho cuando los
tumban para cambiarles el pañal o vestirlos. Simplemente, no quieren que sus madres manoseen su ropa.

> Se echa a llorar cada vez que la tumbo de espaldas, por ejem-
> plo, para cambiarle el pañal. Normalmente no dura mucho,
> pero siempre es el mismo cuento. A veces me pregunto si no
> tendrá algún problema en la espalda.
>
> *Juliette, 23.ª semana*

> Casi siempre que lo visto o le cambio el pañal, pone el grito en
> el cielo. Y si intento ponerle un jersey, ya es para morirse. Es
> una lata. Me saca de quicio.
>
> *Bob, 24.ª semana*

¿ABRAZA MÁS A MENUDO A SU JUGUETE FAVORITO?

Algunos bebés se abrazan más a menudo a un osito, una sábana o una toalla. La mayoría de los bebés utiliza algo «suave y blando» para este fin, pero algunos sólo aceptan algo especial. Algunas veces lo abrazan mientras se chupan el dedo o juguetean con su oreja. Parece como si el juguete les proporcionara seguridad, sobre todo cuando mamá está ocupada. Tranquiliza al bebé y enternece a la madre.

> Cuando se da cuenta de que no vamos a sacarla del parque por mucho que lloriquee, se da por vencida. Entonces coge su sabanita y empieza a chuparse el dedo, con la sábana en la otra mano. Es adorable.
>
> *Ashley, 24ª semana*

> Ahora lo que le «mola» es chuparse el dedo. Cuando empieza a estar cansado, se mete el pulgar en la boca, apoya la cabeza contra su osito de peluche y se queda dormido. Es tan conmovedor...
>
> *Steven, 23ª semana*

Tiempos difíciles para todos

MAMÁ ESTÁ AGOTADA

Los períodos de crisis pueden ser espantosos. Las madres de bebés muy exigentes acaban totalmente rendidas. Se quejan de dolor de estómago, de espalda y de cabeza, y de estrés.

> Soy tan alérgica a sus lloreras, que estoy obsesionada con «no llorar». El estrés que me provoca me deja sin energía.
>
> *Steven, 25ª semana*

> Una noche, no hice más que ir y venir para ponerle el chupete. De repente, a las 12.30, ya no tenía sueño y se quedó despierta hasta las 2.30. Había tenido un día agotador, me había dolido

mucho la cabeza y la espalda por tener que cargar con ella arriba y abajo. Y en aquel momento me derrumbé.

Xara, 27ª semana

MAMÁ ESTÁ PREOCUPADA

Las madres siempre se preocupan cuando no entienden qué le pasa al bebé. Cuando se trata de un bebé muy pequeño, las madres suelen aceptar que tiene cólicos, pues todo lo demás parece estar en orden. Sin embargo, a esta edad, las madres no tardan en atar cabos y acaban convencidas de que el bebé está enmadrado porque le están saliendo los dientes. Después de todo, los primeros dientes suelen aparecer a esta edad. Aun así, no hay ninguna conexión entre los cambios de humor provocados por un gran avance en el desarrollo mental y la dentición. Los dientes pueden salir tanto durante un período de crisis, como antes o después. Por supuesto, si tu bebé empieza a echar los primeros dientes al tiempo que experimenta un gran cambio en su desarrollo mental, no habrá quien lo aguante.

Está de muy mal humor, y sólo quiere estar conmigo. Tal vez sean los dientes. Llevan causándole problemas desde hace tres semanas. Le duelen mucho, pero todavía no han salido.

Jetteke, 25ª semana

Está muy lloroso. Según el médico, están a punto de salirle un montón de dientes.

Paul, 27ª semana
(su primer diente no salió hasta siete semanas después)

MAMÁ ESTÁ IRRITADA

Muchas madres acaban enfadándose en cuanto creen estar seguras de que el bebé no tiene ninguna razón válida para causar tantos problemas. Y esta sensación tiende a reforzarse al final de un período de crisis. Algunas madres, especialmente las de bebés muy exigentes, ya no aguantan más.

Fue una semana terriblemente dura. Echaba a llorar por cualquier cosa. Exigía que le hiciera caso siempre. Se quedaba despierto todo el día hasta las 10, y no paraba ni un minuto. Yo lo llevaba mucho en la mochila. Eso le gustaba. Pero estaba cansada, cansada, cansada de tanto cargar y de aguantar sus continuos berrinches. Me sacaba de quicio que por la noche volviera a darme la lata en la cama, y sentía cómo me invadía la agresividad. Esto ha sucedido bastantes veces a lo largo de la semana.

Bob, 25ª semana

No pierdas el control

Recuerda que no es ni anormal ni peligroso sentir a veces cólera y frustración, pero sí lo es dejarse llevar por estos sentimientos. Intenta conseguir ayuda mucho antes de perder los estribos.

MAMÁ SE HARTA

Durante las comidas pueden surgir peleas. La mayoría de las madres no soportan que sus hijos no coman, y aunque estos se resistan, ellas les siguen ofreciendo comida. Lo hacen jugando, o intentan presionarles para que coman. Sea cual sea el enfoque, normalmente no sirve de nada.

A esta edad, los bebés con genio pueden ser muy testarudos a la hora de rechazar la comida. A veces esto enfurece a las madres, que también son tozudas (de pura preocupación). Y así, las comidas se convierten en un campo de batalla.

Cuando te encuentres con esta situación, procura mantener la calma. Deja de pelearte con tu hijo. De todas formas, no podrás obligarle a tragarse la comida a la fuerza. Durante el período de crisis, muchos bebés comen mal. Se trata de algo temporal. Si te empeñas en obligarle a comer, corres el peligro de que el bebé siga rechazando la comida después de haber superado el período de crisis. Lo convertirá en un hábito.

Estar enmadrado no significa necesariamente que le salgan los dientes

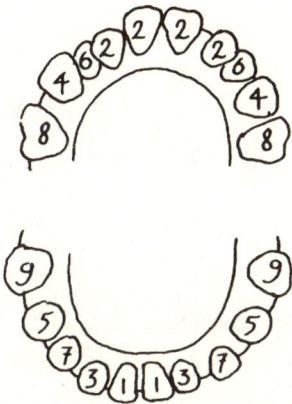

La ilustración superior muestra el orden en que suelen salir los dientes. Sin embargo, los bebés no son máquinas. A tu bebé le saldrá su primer diente cuando esté listo. La rapidez con que salen los dientes tampoco tiene nada que ver con el estado de salud o el desarrollo mental o físico del bebé. A los bebés pueden salirles dientes temprano o tarde, deprisa o despacio.

Por lo general, los primeros dientes salen cuando el bebé cumple seis meses de vida. Suelen ser los incisivos centrales inferiores (1). Al cumplir su primer año de vida, el bebé suele tener seis dientes. A los dos años y medio salen los segundos molares (8), completando la serie de dientes de leche. El niño tiene entonces 20 dientes y muelas. En la ilustración inferior podrás anotar cuándo aparecieron los dientes de tu hijo y en qué orden.

Atención: *La fiebre o la diarrea no tienen nada que ver con los dientes. Si tu bebé manifiesta uno de estos síntomas, llévalo al pediatra.*

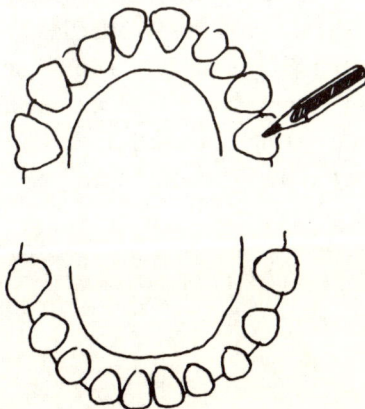

Al final del período de crisis notarás que tu bebé es capaz de hacer mucho más de lo que creías posible. Esto les pasa a muchas madres. De ahí que un creciente número de madres se harten de tantos caprichos y decidan que va siendo hora de cortar por lo sano.

> Lloriquea constantemente para que le hagamos caso o para que la cojamos. Es para volverse loco, y encima no tiene ninguna excusa. Ya tengo bastantes cosas que hacer. Así que ahora, cuando me harto, la meto en la cama.
>
> *Juliette, 26.ª semana*

Los primeros intentos de dominar nuevas habilidades

> He notado que después de cada período difícil, a veces extremadamente difícil, viene un período tranquilo. Cada vez que pienso que ya no puedo más, cambia de humor y de repente se pone a hacer cosas nuevas.
>
> *Bob, 26.ª semana*

En torno a las 26 semanas descubrirás que tu bebé vuelve a intentar aprender una o varias habilidades. Ésta es la edad en que los bebés suelen empezar a explorar el «mundo de las relaciones». Este mundo les ofrece muchas oportunidades para desarrollar habilidades para las que necesita comprender las relaciones entre objetos, personas, sonidos y sensaciones. El bebé, dependiendo de su propio temperamento, de sus inclinaciones y preferencias, así como de su constitución física, se centrará en el tipo de relaciones que más le interesen, y las utilizará para desarrollar las habilidades que más se ajusten a su persona. Más vale ayudarlo a hacer lo que está a su alcance, que intentar empujarlo en direcciones que no le interesan. De todas formas, esto resultará cada vez más difícil, puesto que su personalidad empieza a surgir claramente y sus ideas empiezan a dominar.

El gran cambio: el mundo de las relaciones

Por primera vez, el bebé es capaz de percibir todo tipo de relaciones y obrar de acuerdo con ellas. Descubrirá que siempre existe una distancia física entre dos objetos, al igual que entre dos personas. Y naturalmente, la distancia que hay entre él y su madre es una de las primeras cosas que notará. Mientras observa este fenómeno, descubrirá que mamá puede incrementar demasiado la distancia entre los dos, y se dará cuenta de que él no puede hacer nada por evitarlo. Ahora ya sabe que no controla la distancia, y eso le asusta. Así que se echará a llorar.

> Tenemos un problema: ya no quiere estar en el parque. En cuanto nota que tengo intención de meterla en el parque, empieza a hacer pucheros. Y si la meto en el parque, se echa a llorar. Sin embargo, si la dejo en el suelo, fuera de los «barrotes», todo va bien. Enseguida se pone a dar vueltas y gatea hacia mí.
>
> *Nina, 25ª semana*

El bebé empieza a comprender ahora que algo puede estar *dentro, fuera, encima, debajo, al lado* de otra cosa o *entre* dos cosas. Es decir, empieza a comprender que los objetos pueden estar yuxtapuestos. Le encantará jugar con estos conceptos.

Todo el día se distrae sacando juguetes de su cajón y volviéndolos a meter dentro. A veces lo tira todo fuera del parque, otras pasa con mucho cuidado un objeto tras otro a través de los barrotes. Le encanta sacar los objetos de las estanterías y vaciar los frascos y las botellas en la bañera. Pero lo mejor de todo sucedió cuando le daba el pecho. Soltó el pezón, lo examinó con expresión muy seria, me sacudió el pecho de arriba abajo, volvió a chupar una vez más, se detuvo de nuevo a mirar y continuó así durante un rato. Nunca antes lo había hecho. Era como si intentará averiguar cómo podía salir leche de ahí dentro.

Thijs, 30.ª semana

Ahora el bebé empieza a comprender que él mismo puede ser el causante de algunas cosas. Por ejemplo, puede darle al interruptor que pone en marcha la música o enciende la luz. No se harta de practicar y se siente atraído por objetos como el equipo de música, el aparato de televisión, el mando a distancia, los interruptores de la luz y los pianos de juguete.

Ahora empezará a comprender que dos personas, objetos, sonidos o situaciones pueden estar relacionados entre sí. O que un sonido está relacionado con un objeto o una situación determinados. Sabe que la actividad en la cocina quiere decir que alguien está preparando su comida. Que la llave en la puerta principal significa que «llega papá». Que el perro tiene su propia comida y sus propios juguetes. Que mamá y papá y él «van juntos», que forman una familia, aunque su concepto de «familia» sea más bien rudimentario.

A continuación empezará a comprender que los animales y las personas coordinan sus movimientos. Incluso si dos personas andan por separado, se dará cuenta de que cada una de ellas tiene en cuenta los movimientos de la otra. Esto también es una «relación». Asimismo se da cuenta de que algo sale mal. Si mamá deja caer algo, da un grito y se agacha rápido para recogerlo, o si dos personas chocan accidentalmente, o si el perro se cae del sofá, él notará que pasa algo anormal. Algunos bebés lo encuentran muy divertido, o bien se llevan un susto de muerte. A otros les entra curiosidad o se lo toman muy en serio. A fin de cuentas, es algo que no debería haber ocurrido. En este sentido, el bebé puede desconfiar de cada nueva observación o habilidad, hasta que no quede demostrado que se trata de algo inofensivo.

He notado que le asusta la máquina de cortar pan en la panadería. En cuando meten el pan en la máquina, me mira fijamente como preguntando: «¿Estás segura de que todo va bien?». Cuando ve que le sonrío, acaba tranquilizándose. Pero no enseguida, primero mira asustado, luego me mira a mí, luego otra vez asustado, y luego me vuelve a mirar.

Paul, 29.ª semana

El bebé también empieza a notar que puede coordinar los movimientos de su cuerpo, sus miembros y sus manos, y que éstos funcionan conjuntamente como un equipo. Una vez que lo comprenda, aprenderá a gatear mejor. Puede que intente incorporarse o levantarse, para luego volverse a sentar. Algunos pueden alardear de dar sus primeros pasos con un poco de ayuda. Algún que otro bebé incluso será capaz de hacerlo sin ninguna ayuda, justo antes de que se inicie el siguiente salto. Todos estos «ejercicios físicos» pueden resultar inquietantes para un bebé. Se da cuenta de que podría perder el control de su cuerpo. Todavía no ha aprendido cómo mantener el equilibrio. Y mantener el equilibrio tiene mucho que ver con estar familiarizado con la idea de las distancias.

Cuando tu bebé empiece a dominar mejor el mundo de las relaciones, lo hará de una forma especial para bebés. Utilizará las habilidades y los conceptos que ha adquirido en anteriores saltos en su desarrollo mental. Así, sólo será capaz de percibir y experimentar con las relaciones que tengan que ver con cosas que ya entiende, cosas que ha aprendido del mundo de las pautas, de las transiciones suaves y de los sucesos.

¿Cómo explora el bebé el mundo de las relaciones?

El mundo de las relaciones ofrece tantas posibilidades que, por mucho que quiera, el bebé no puede explorarlas todas. Qué aspectos de este mundo explorará depende totalmente del tipo de niño que va a ser. Un bebé físicamente hábil utilizará la percepción de la distancia para mejorar su equilibrio y gatear detrás de su mamá a la menor oportunidad. Un bebé que prefiera mirar y escuchar se distraerá intentando imaginarse cómo funciona este mundo. Cuando examines la siguiente

lista de posibilidades, señala las opciones de tu bebé.
Quizá convenga que consultes esta lista unas cuantas veces más antes de que se produzca el siguiente salto, puesto que no todas las habilidades que va a desarrollar tu bebé aparecerán a la vez, y algunas no aparecerán hasta mucho más tarde. No olvides que la lista
está dividida en diferentes áreas de interés, y por ello es
posible que descubras que los temas que interesan a tu
hijo se agrupan bajo un determinado apartado. Asimismo, si has utilizado las listas de anteriores capítulos,
observarás que esta vez hay algunas áreas nuevas de
desarrollo.

Equilibrio
- Se incorpora, sentándose cuando está tumbado.
- Se levanta solo; se levanta empujándose.
- Se vuelve a sentar solo después de haber estado de
  pie.
- Se mantiene de pie sin apoyarse.
- Da un salto sin separarse del suelo.
- Coge un juguete que se encuentra en un estante por
  encima de su cabeza.
- Otros cambios que hayas observado _____

Control corporal

- Da unos pasos sujetándose a la cuna, la mesa o el
  parque.
- Avanza empujando una caja delante de él.
- Consigue avanzar de un mueble a otro.
- A gatas, se mete dentro o debajo de cualquier cosa
  (armarios, cajas, sillas, escaleras).
- Sube y baja pequeñas elevaciones a gatas.
- Entra y sale de la habitación a gatas.
- Da la vuelta alrededor de la mesa a gatas.
- Se agacha o se tumba de barriga para coger algo
  que está debajo del sofá o de una silla.

- Otros cambios que hayas observado _____
  _____
  _____

Coger, tocar y palpar

- Junta los dedos pulgar e índice para tocar y coger objetos pequeños.
- Sabe jugar con algo utilizando ambas manos (por ejemplo, haciendo chocar dos objetos).
- Levanta una manta para mirar lo que hay debajo.
- Pone al osito boca abajo para oír el sonido que hace (si es que hace alguno).
- Hace rodar una pelota por el suelo.
- Coge siempre una pelota que se acerca rodando hacia él.
- Vuelca la papelera para vaciarla.
- Tira cosas al suelo.
- Coloca juguetes sobre y al lado de una cesta, los mete y los saca de una caja, los pone debajo y encima de una silla, los saca del parque empujándolos y pasándolos por los barrotes.
- Intenta encajar un juguete dentro de otro.
- Intenta desmontar un juguete, por ejemplo el badajo de una campana.
- Se saca los calcetines.
- Te desata los cordones de los zapatos.
- Vacía los armarios y las estanterías.
- Tira objetos al suelo desde su sillita alta para ver como caen.
- Mete comida en la boca del perro, de mamá o de papá.
- Cierra las puertas.
- Otros cambios que hayas observado _____
  _____
  _____

Mirar

- Observa las actividades de los adultos, por ejemplo, cómo meten cosas dentro de otras o a través de otras.

- Mira los animalitos en un libro de dibujos.
- Mira de una persona a otra en diferentes fotografías.
- Mira de un juguete (u objeto o comida) a otro en sus manos.
- Observa los movimientos de un animal, sobre todo cuando se trata de algo poco corriente (por ejemplo, un perro que patina sobre un suelo de madera).
- Sigue los movimientos de una persona que se comporta de forma poco habitual (por ejemplo, mamá cantando, aplaudiendo y bailando, o papá boca abajo).
- Explora su cuerpo (el pene y la vagina son especialmente interesantes).
- Se fija en los detalles más pequeños o en partes de juguetes y otros objetos (por ejemplo, las etiquetas de las toallas y de sus juguetes de peluche, los adhesivos en sus juguetes).
- Selecciona un libro para mirarlo.
- Selecciona un juguete con el que jugar.
- Otros cambios que hayas observado _____

_____

_____

Escuchar

- Establece conexiones entre acciones y palabras; comprende órdenes breves, como «no hagas eso» y «venga, que nos vamos» o «da palmas».
- Escucha atentamente las explicaciones (se nota que a veces las comprende).
- Le gusta oír los sonidos de animales cuando mira dibujos de animales.
- Escucha atentamente las voces por el teléfono.
- Se fija en los sonidos que están relacionados con una actividad determinada (por ejemplo, el sonido que se hace al cortar el pan).
- Escucha los sonidos que hace él mismo (por ejemplo, cuando araña el papel pintado, o chapotea en la bañera).
- Otros cambios que hayas observado _____

_____

_____

Hablar
- Comprende la relación entre acciones y palabras; pronuncia sus primeras palabras en el contexto correcto, por ejemplo dice «upa» (por aúpa) cuando quiere que lo cojan en brazos, o «um» (por pum) cuando se cae, o «ua» (por guau) cuando ve un perro.
- Sopla de verdad.
- Otros cambios que hayas observado _____
  _____
  _____

Distancia entre mamá y el bebé
- Protesta cuando su mamá se aleja.
- Persigue a mamá a gatas.
- Entabla una y otra vez contacto con su madre cuando está jugando solo.
- Otros cambios que hayas observado _____
  _____
  _____

Imitar gestos
- Dice adiós con la mano.
- Da palmas.
- Imita el chasquido con la lengua.
- Imita los movimientos de la cabeza para decir sí o no (a menudo sólo asiente moviendo los ojos).
- Otros cambios que hayas observado _____
  _____
  _____

Diversos
- Baila al son de la música (mueve la barriga).
- Otros cambios que hayas observado _____
  _____
  _____

Las preferencias de tu bebé: la clave de su personalidad

Entre las 26 y 34 semanas descubrirás qué cosas del mundo de las relaciones prefiere tu bebé. Observa de cerca lo que hace. Utiliza la lista anterior para determinar cuáles son sus intereses y respeta las elecciones de tu bebé. Es natural que compares tus observaciones con las de otras madres, pero no esperes que sean iguales. De una cosa puedes estar plenamente segura, y es de que no lo serán.

Los bebés son así

A los bebés les encantan las novedades, y es importante que reacciones cuando descubras nuevas habilidades o intereses. Disfrutará si compartes estos descubrimientos, y gracias a ello aprenderá más rápido.

Cómo ayudar al bebé a aprender nuevas habilidades

Todos los bebés necesitan tiempo, apoyo y muchas oportunidades para practicar y experimentar con las habilidades recién adquiridas. Puedes ayudarlo ofreciéndole aliento cuando tiene éxito y consuelo cuando fracasa (según sus propias normas). Si se empeña en hacer algo que todavía no domina, distráelo proponiéndole algo que sí sabe hacer.

La mayoría de las actividades de los adultos están firmemente arraigadas en el mundo de las relaciones; por ejemplo, cargar el coche, vestirse, meter cartas en los sobres, mantener una conversación, seguir un vídeo de ejercicios. Deja que tu bebé observe estas actividades y participe siempre que pueda: que comparta lo que ves, oyes, tocas, hueles y comes siempre que lo desee. ¡Sigues siendo su guía en este mundo tan complejo!

No olvides que casi siempre se especializará en un determinado tipo de actividades a costa de otros. Poco importa que tu bebé se adentre en el mundo de las relaciones «mirando» o «escuchando» solamente. Más adelante será capaz de aplicar su comprensión con mayor facilidad y rapidez a otras áreas.

Demuéstrale que no lo abandonas

A esta edad, casi todos los bebés empiezan a darse cuenta de que su mamá puede incrementar la distancia que hay entre ellos y que puede alejarse y abandonarlo. Previamente lo veía con los ojos, pero no entendía del todo lo que significaba «irse». Ahora que ya lo entiende, tiene un problema. Le asusta darse cuenta de que mamá es imprevisible y que él no la controla: ¡puede irse dejándole completamente solo! Aunque ya sepa gatear, mamá puede irse más rápido. Nota que no controla la distancia que le separa de su madre, y ello hace que se sienta desamparado. Al principio cuesta aceptar que esto implica un progreso, pero es una clara señal de que el bebé ha dado un salto adelante en el desarrollo mental. Tu bebé tiene que aprender cómo hacer frente a este desarrollo e introducirlo en su nuevo mundo para que deje de ser aterrador. Tu tarea consiste en ayudarle a lograrlo. Y ello requiere comprensión, compasión, práctica y, sobre todo, tiempo.

Si tu bebé muestra temor, acéptalo. No tardará en darse cuenta de que no hay nada que temer, puesto que su mamá no lo abandonará. Por lo general, a los bebés les invade el pánico en torno a las 29 semanas. Luego mejoran algo, hasta que se inicia el siguiente salto.

Tiene arranques de cólera, entonces se echa a llorar hasta que lo cojo. Cuando lo hago, ríe satisfecho.

Dirk, 31ª semana

Mientras puede verme, todo va bien. De lo contrario, empieza a llorar de miedo.

Eefje, 29ª semana

Ha estado con la canguro, como siempre. No quería comer, ni dormir, ni hacer nada de nada. Se limitaba a llorar todo el rato. No nos lo había hecho nunca. Me siento culpable de dejarla abandonada de este modo. Estoy pensado en la posibilidad de trabajar menos, pero la verdad es que no sé como apañármelas.

Laura, 28.ª semana

Basta con que sospeche que voy a dejarla en el suelo, para que empiece a llorar desconsoladamente, con lo cual ahora tengo que llevarla en brazos todo el día. Además ha dejado de sonreír como hacía antes. La semana pasada se reía con todo el mundo. Ahora lo hace mucho menos. Ya ha pasado por esto una vez, pero antes siempre acababa esbozando una sonrisa. Pero ahora, ni eso.

Nina, 29.ª semana

Ha sido una semana terrible, con un montón de berrinches. No aguantaba estar ni cinco minutos solo. En cuanto me veía salir de la habitación, se echaba a llorar. Lo he llevado mucho en la mochila. Pero a la hora de dormir empezaba otra vez el jaleo. Después de tres días, estaba hecha polvo. Empecé a sentir mucha agresividad. Seguramente era un círculo vicioso. Estaba yendo demasiado lejos y empecé a sentirme sola y agotada. No hacía más que romper cosas: se me caían de las manos. Entonces lo llevé por primera vez a la guardería, para poder recuperar el aliento. Pero la cosa no funcionó, así que lo saqué de ahí. Me dolía mucho tener que dejarlo en un sitio, a pesar de que lo había meditado mucho y me había parecido la mejor solución. A menudo voy demasiado lejos, y con ello sólo consigo sentirme sola, agresiva y atrapada. Y no paro de preguntarme si soy culpable de no ser coherente o de mimarlo demasiado.

Bob, 29.ª semana

Para aliviar la angustia del bebé, asegúrate de que sienta que estás cerca de él cuando te necesite. Dale la oportunidad de acostumbrarse a la nueva situación a su propio ritmo. Puedes ayudarle llevándolo más a menudo en brazos o acercándote más a él. Avísale antes de irte, y sigue hablándole mientras te alejas y cuando estés en otra habitación. De este modo aprenderá que sigues estando ahí, aunque él no pueda verte. Asimismo puedes acostumbrarlo a estas «ausencias», jugando al escondite (al cucú) de diferentes maneras. Escóndete detrás de un periódico cuando estés sentada a su lado. O escóndete detrás del sofá, cerca del bebé, luego detrás de un armario un poco más lejos, y finalmente detrás de la puerta.

Déjale que te siga si eso le tranquiliza

Si tu bebé ya sabe gatear un poco, puedes alentarlo a que te siga para que vea que no lo abandonas. Primero intenta explicarle que te vas: de este modo, el bebé aprenderá que no tiene por qué controlarte todo el tiempo, sino que puede seguir jugando tranquilamente. Luego aléjate despacio, de forma que él pueda seguirte. Adapta siempre tu ritmo al del bebé. Así aprenderá que puede controlar la distancia que os separa. Asimismo acabará fiándose de ti y de que no vas a desaparecer cuando vayas a buscar algo en otro cuarto, y te molestará menos.

Al principio se aferraba a mi pierna como un monito y se sentaba en mi zapato mientras andaba. Tenía que arrastrar esta «bola con cadena» a todas partes. Al cabo de unos días empezó a mantener cierta distancia. Me dejaba dar unos pasos antes de agarrarse a mí. Ahora puedo ir a la cocina mientras él gatea por la sala. No suele venir a buscarme, salvo que tarde un rato.

Bob, 31ª semana

A menudo el deseo de estar cerca de la madre es tan fuerte, que incluso los bebés que apenas saben gatear están dispuestos a poner todo su empeño y acaban aprendiendo a gatear. El deseo de no perder de vista a mamá, más la coordinación que es capaz de utilizar a esta edad, pueden darle el incentivo adicional que necesita.

Excursiones

Si tu bebé ya sabía gatear un poco después del último salto, ahora notarás una gran diferencia. Antes, sus viajes le alejaban más de ti y durante más tiempo que ahora. De repente da círculos a tu alrededor y se te acerca una y otra vez para entablar contacto contigo.

> No para de gatear de arriba abajo. Luego se queda sentado un rato debajo de mi silla. También se queda más cerca de mí que antes.
>
> *Jan, 31ª semana*

Dale la oportunidad de experimentar con las distancias, mientras tú te quedas en el centro. Si te sientas en el suelo, notarás que interrumpirá una y otra vez sus excursiones para acercarse a ti.

¿Hay diferencia entre los niños y las niñas?

A veces, las madres con hijos varones tienen más problemas con sus bebés que las madres con niñas. Muchas veces no comprenden a su hijo. ¿Quiere o no quiere jugar con su mamá?

> A menudo llora para que lo coja y le haga caso. Siempre reacciono. Pero cuando lo cojo para jugar o hacer algo con él, enseguida noto que él tiene pensada otra cosa. Siempre descubre algo que quiere, y lo quiere ya, e intenta cogerlo protestando. Es como si quisiera dos cosas a la vez: tenerme a mí y al mismo tiempo seguir explorando. Pero estas aventuras siempre acaban fracasando. Lo coge todo sin ninguna delicadeza y luego lo tira. Y así se pasea por toda la casa. Me habría gustado que fuera más «mimoso». Podríamos hablar, jugar, hacer cosas y divertirnos juntos. Mientras que ahora intento todo el tiempo evitar que provoque accidentes. A veces me siento muy insatisfecha.
>
> *Thijs, 32ª semana*

Las madres que tienen hijos e hijas notan que hacen más cosas con las niñas. Comprenden mejor los deseos de éstas. Comparten más los mismos intereses, y por lo general consideran que sus hijas son más «sociables».

> Con ella puedo jugar más a ser «mamá». Hacemos todo tipo de cosas juntas. Cuando hablo, me escucha de verdad. Le gustan los juegos y pide más. Su hermano se distraía más solo. Esto es más íntimo.
>
> *Eefje, 33.ª semana*

Dentro, fuera y debajo: explorar a gatas

Si a tu bebé le gusta gatear, deja que gatee libremente en una habitación donde no pueda hacerse daño. Obsérvalo de cerca para ver lo que hace.

> Me gusta observarlo cuando juega en el salón. Se encarama al sofá, mira debajo, se sienta, gatea a toda velocidad hacia el armario, se mete dentro, vuelve a salir a toda prisa, recorre el borde de la alfombra, lo levanta un poco, mira lo que hay debajo, se va hacia una silla, pasa por debajo de ella, luego se dirige hacia otro armario, se mete dentro, se queda atascado, llora un poco, descubre cómo salir y cierra la puerta.
>
> *Steven, 30.ª semana*

Si a tu bebé le gusta hacer estas cosas, deja algunos objetos dispersos por la habitación que le alienten a seguir explorando. Por ejemplo, puedes utilizar mantas, cubrecamas o almohadas enrolladas para hacer «colinas» que pueda escalar. Por supuesto, tienes que adaptar este circuito de juego a las habilidades de tu bebé.

Utiliza una caja grande, en la que pueda meterse, cortando uno de los lados. Con cajas o sillas puedes hacer un túnel que tenga que atravesar. Con una sábana, una tienda de campaña en la que pueda entrar y salir. A muchos bebés les gusta abrir y cerrar puertas. Si a tu bebé le gusta hacerlo, puedes incluir una o dos puertas. Y si gateas con él, se divertirá de lo lindo. Cuando juguéis al escondite, procura variar un poco.

¿Le gusta mover los juguetes?

Si a tu bebé le gusta mover sus juguetes de un sitio a otro, conviértelo en un juego. Dale la oportunidad de meter sus juguetes dentro, encima, debajo o al lado de otra cosa. Deja que tire los juguetes, es importante para que comprenda cómo funciona el mundo. Deja que pase los juguetes por dentro de otra cosa, como las patas de una silla o una caja convertida en «túnel». Al adulto puede parecerle que el bebé se mueve como un torbellino de un objeto a otro, pero esta actividad frenética le da justo lo que necesita su cerebro para comprender el nuevo mundo de las relaciones.

> Deja los juguetes, como los bloques, su chupete o su osito, sobre una cesta. Cuando está de pie, recoge los juguetes del suelo y los lanza sobre la silla. También mete cosas en el parque a través de los barrotes. Cuando está en el parque, lo tira todo afuera por encima de los barrotes. Le gusta contemplar lo que ha hecho. Es un verdadero torbellino.
>
> *Jetteke, 30ª semana*

Dale al bebé su propia repisa o armario que pueda vaciar y donde tú puedas guardar fácilmente los trastos. Dale una caja donde pueda meter sus cosas. Pon la caja boca abajo para que pueda colocar cosas sobre ella. Déjale sacar las cosas del parque a través o por encima de los barrotes. Es una manera ideal para que los bebés a los que todavía no interesa gatear exploren relaciones como *dentro, fuera, debajo* y *encima*.

¿Le gusta tirar cosas al suelo?

Es posible que le guste volcar y tirar al suelo cosas para ver y oír qué sucede. Quizá simplemente quiera averiguar cómo un determinado objeto se rompe en varios pedazos. Lo verás divertirse de lo lindo volcando torres de bloques, que tú tendrás que reconstruir pacientemente. Pero disfrutará igualmente haciendo lo mismo con la papelera, el plato de agua del gato, un vaso de leche o un cuenco de cereales desde su trona, o cualquier otra actividad que lo ponga todo perdido.

Está experimentando con el modo en que caen las cosas. Lo ha intentado con todo tipo de objetos: su chupete, sus bloques o su taza. Entonces le di una de las plumas del periquito. Eso fue para ella toda una sorpresa. Pero sigue prefiriendo las cosas que hacen mucho ruido al caer.

Nina, 28ª semana

Cómo se rió cuando se me cayó un plato y se hizo añicos. Nunca lo he visto reírse tanto.

Jan, 30ª semana

El bebé puede intentar empujar o hacer rodar objetos, como una pelota o un bloque de tela blando con un mecanismo musical en su interior. Conviértelo en un juego y «devuélvele la pelota».

Sabe lanzar o hacer rodar una pelota ligera. Siempre que la hago rodar en su dirección, la coge.

Ashley, 27ª semana

¿Le fascinan las cosas que llevan algo en su interior?

¿Le intriga a tu bebé una pelota llena de agua y con un pato que flota en su interior, o un juguete que hace ruido, o un piano de juguete? Deja que explore estos objetos. Pero ten cuidado, pues también puede sentirse atraído por los frascos que contengan esmalte para uñas o perfume, los interruptores de la luz o los relojes.

Le di la vuelta a un osito para que hiciera ruido. Luego lo dejé en el suelo. El bebé se acercó hasta él y lo hizo rodar hasta que empezó a sonar. Estaba tan fascinado que siguió dando vueltas al osito, cada vez más rápido.

Paul, 33ª semana

¿Le gusta desmontar los juguetes?

Si tu bebé descubre que puede desmontar las cosas, dale objetos que sirvan para este fin, como tazas o bloques encajables, cuentas gigantes y cordones de vivos colores. Manoseará y tirará de las cosas que están sujetas a objetos o juguetes, como las etiquetas, los ojos y las orejas de sus animalitos de peluche, y las ruedas, tapas o puertas de los coches de juguete. Pero cuidado con los botones de la ropa, los enchufes y los cables eléctricos, y los tapones de las botellas, pues son igualmente atractivos y fáciles de quitar. Tu bebé no conoce límites en este nuevo y excitante mundo.

Se quita continuamente los calcetines.

Dirk, 31.ª semana

Convierte tu casa en un lugar seguro para el bebé

Recuerda que tu bebé puede sentirse atraído por cosas que son peligrosas. Puede introducir un dedo o la lengua en cualquier agujero o ranura, como los enchufes, los aparatos eléctricos, los desagües y la boca del perro. Convendría que permanecieras a su lado cuando le dejas explorar la casa a su aire.

¿Le intrigan las cosas que desaparecen en otra cosa?

Si a tu bebé le encanta mirar cómo desaparecen las cosas en otro objeto, deja que observe tus actividades. Quizá pienses que cocinar no tiene nada de especial, pero a él le resulta mágico observar cómo todos los ingredientes desaparecen en la misma olla. Pero no lo pierdas de vista, pues podría intentar hacer él también trucos de magia.

Le gusta mirar al perro mientras come. Cuanto más cerca, mejor. A mí me parece bastante peligroso, porque con tanta atención el perro come cada vez más rápido. Por otro lado, el perro también empezó a fijarse más en ella cuando la veía comer. Se quedaba justo a su lado mientras ella comía, sentada en su trona. Pues bien, ahora resulta que deja caer trocitos de pan y mira cómo se los come el perro.

Laura, 31.ª semana

A veces a los bebés les gusta encajar una cosa dentro de otra. Pero esto sólo sucede por casualidad. Todavía no pueden distinguir entre las diferentes formas y tamaños.

Intenta acoplar toda clase de objetos. Muchas veces el tamaño es correcto, pero no la forma. Además, aún es un poco torpe. Pero si la cosa no funciona, se pone furiosa.

Jetteke, 32.ª semana

Ha descubierto los agujeros de su nariz. Se metió un dedo curioso en uno de ellos. ¡Espero que no intente lo mismo con una cuenta del collar!

Jan, 32.ª semana

¿Comprende frases cortas o gestos?

Los bebés que anteriormente eran muy sensibles a los sonidos y los gestos pueden empezar a entablar la conexión entre frases breves y su significado, o determinados gestos y su significado. De hecho, incluso pueden establecer una conexión entre las palabras y los gestos que las acompañan. Pero sólo pueden comprender estas cosas en su entorno y como parte de la rutina familiar. Si oyeran una grabación de estas mismas frases en un lugar extraño, no se enterarían de nada. Ésta es una habilidad que desarrollarán mucho más tarde.

Si a tu bebé le gusta jugar con palabras y gestos, ayúdale. Puedes hacer varias cosas para ayudarle a comprender lo que dices. Pronuncia siempre frases cortas y acompáñalas de gestos claros y evidentes. Explícale lo que estás haciendo en ese momento. Deja que vea, toque, huela y pruebe las cosas de las que estás hablando. Comprenderá mucho más de lo que te figuras.

Una vez le dije que mirara el conejito y comprendió lo que quería decirle. Escucha con mucha atención.

Paul, 26.ª semana

Tengo la sensación de que sabe lo que quiero decir cuando le explico o le propongo algo, como: «¿Vamos a dar un paseo?» o «¡Creo que ya es hora de irse a la cama!». Es curioso, pero no le gusta nada oír la palabra «cama».

Bob, 30.ª semana

Cuando le decimos «Palmas palmitas», las da. Y cuando decimos «Salta», dobla las rodillas y se pone a saltar, aunque sin separar los pies del suelo.

Jetteke, 32.ª semana

Cuando le digo «Di adiós», al tiempo que agito la mano, ella me imita sin dejar de mirar mi mano.

Nina, 32.ª semana

¿Empieza a utilizar palabras o gestos?

Si tu bebé intenta decir o preguntar algo con un sonido o con gestos, procura que note la alegría que te producen sus capacidades, háblale y hazle señales. La mejor manera de enseñarle a hablar es hablando mucho con él. Llama a las cosas por su nombre. Cuando le pongas la comida, hazle preguntas como «¿Quieres un trocito de pan?». Cántale nanas y canciones. En resumidas cuentas, haz que el lenguaje le resulte atractivo.

Siempre que quiere hacer algo, lo toca con su manita y me mira. Es como si me preguntara: «¿Me dejas?». También comprende la palabra «no». Claro está que eso no impide que lo intente, pero sabe lo que significa «no».

Bob, 32.ª semana

La semana pasada dijo «bu» (bum) al caerse y dijo claramente «apo» (guapo) mientras acariciaba al gato. También hemos notado que empieza a copiar los sonidos que hacemos, así que hemos empezado a enseñarle a hablar.

Jetteke, 29.ª semana

Es un verdadero lorito. Sobre todo habla cuando gatea, y cuando reconoce a alguien o algo. Habla con sus animalitos de peluche y con nosotros cuando está sentada en el regazo. Parece como si nos contara historias enteras. Utiliza todo tipo de vocales y consonantes, y las variaciones parecen infinitas.

Odine, 29.ª semana

Niega con la cabeza y hace un determinado sonido. Si lo imito, se echa a reír a carcajadas.

Paul, 28.ª semana

Su primera palabra

Una vez que el bebé ha adquirido la capacidad de percibir y experimentar con relaciones, puede descubrir su primera palabra. Sin embargo, esto no significa que empiece a hablar. La edad a la que los bebés empiezan a utilizar palabras varía mucho. Por ello, no te preocupes si tarda todavía unos cuantos meses en decidirse. La mayoría de los bebés pronuncian su primera palabra de verdad a los diez u once meses.

Si tu bebé está obsesionado con otra cosa, por ejemplo gatear o ponerse de pie, seguramente no le quedará tiempo para entretenerse con las palabras. A fin de cuentas, no puede hacerlo todo a la vez.

¿Le gustan los libros?

Si a tu bebé le gusta charlar, seguramente le gustará mirar las imágenes de los libros. Dale los libros que quiera, deja que los elija él. Seguro que tiene preferencias. Algunos bebés leen libros por el puro placer de abrirlos y cerrarlos, y las ilustraciones que pueda haber los dejan fríos.

A menudo coge un libro de plástico y no para de abrirlo y cerrarlo, y de mirar las imágenes con los labios fruncidos.

Paul, 29ª semana

Elige ella misma el libro que le interesa en ese momento y mira las imágenes con mucha atención. Incluso sabe girar las páginas ella solita.

Jetteke, 27ª semana

Le encanta cuando imito los sonidos de los animales que está mirando.

Nina, 30ª semana

¿Ya baila y canta?

Si a tu bebé le gusta la música, procura cantar con él canciones al tiempo que bailas y das palmas. De este modo, el bebé podrá practicar utilizando palabras y gestos. Si no conoces muchas canciones infantiles, compra una casete apropiada.

Durante la clase de natación empezamos a cantar, y de pronto ella se puso a cantar con nosotros.

Nina, 30ª semana

Cuando canto o cuanto oye música mueve las piernas y la barriga.

Eefje, 32ª semana

¿Le gusta sentarse solo? ¿Qué tal es su equilibrio?

Ha aprendido a sentarse solito. Al principio se quedaba sentado sobre una nalga, apoyándose en ambas manos. Luego levantó una mano, y ahora ya se sienta sin utilizar las manos.

Thijs, 25ª semana

Ahora se sienta sin miedo de perder el equilibrio. La semana pasada todavía no lo conseguía. A veces coge cosas, las mantiene por encima de su cabeza con ambas manos, y luego las tira.

Jetteke, 28.ª semana

Cuando se sienta solo, suele caerse de lado; otras veces se cae hacia delante o hacia atrás. Cada vez que sucede, me echo a reír y a menudo se ríe él también.

Bob, 26.ª semana

Si tu bebé no logra mantener el equilibrio cuando está sentado, ayúdalo. Prueba a ver si logras darle más confianza practicando con él juegos que le permitan recuperar el equilibrio cada vez que esté a punto de caerse. Elige los juegos que más te gusten en el apartado «Los mejores juegos para el mundo de las relaciones», más adelante en este mismo capítulo.

¿Le gusta levantarse solo? ¿Qué tal es su equilibrio?

Esta semana intentaba levantarse una y otra vez, y de pronto lo consiguió. Se había incorporado en la cuna y logró levantarse y quedarse de pie. Ahora ya sabe hacerlo. Se pone de pie agarrándose al sofá, al parque, a la mesa, a una silla o a la pierna de alguien. También se pone de pie en el parque y coge juguetes con una mano.

Jetteke, 28.ª semana

Empieza a ponerse de pie en el parque, pero luego no sabe cómo volver a sentarse. ¡Es agotador! Hoy me la he encontrado por primera vez de pie en la cuna, gimiendo. Esto me irrita. Cuando está en la cama, se supone que tiene que dormir. Espero que no dure mucho y que pronto descubra cómo sentarse ella sola.

Juliette, 31.ª semana

Se empeña en que la siente cuando se pone de pie. No quiere que su hermana la ayude, aunque le deja hacer muchas otras cosas. Está claro que tiene miedo de que su hermana no sepa hacerlo bien.

Ashley, 32.ª semana

A veces intentamos ponerlo de pie junto a la mesa. Se tambalea como una marioneta y parece estar a punto de caerse. Aún es demasiado pronto.

Steven, 31.ª semana

Ayuda a tu bebé si no se aguanta firmemente de pie o si tiene miedo de caerse. Practica con él juegos de equilibrio que lo familiaricen con esta posición vertical. Pero no intentes nunca meterle prisa para que se siente o se levante. Si lo intentas demasiado pronto para su gusto, puede atemorizarse, y lo único que conseguirías es retrasar su desarrollo.

Los primeros pasos

Una vez que el bebé ha adquirido destreza en el mundo de las relaciones, puede comprender qué significa andar, pero comprenderlo no implica que vaya a hacerlo de verdad. Para empezar realmente a andar, ha de tener ganas de hacerlo. Y aunque las tenga, es posible que no lo logre, porque además su cuerpo tiene que estar preparado para hacerlo. El bebé no podrá aprender a andar a esta edad, salvo que las proporciones entre su peso y sus huesos, sus músculos y la longitud de sus miembros en comparación con su torso cumplan unos requisitos determinados. Si el bebé está ocupado con otras cosas —por ejemplo con las palabras, los sonidos o la música—, es posible que simplemente no le quede tiempo libre para aprender a andar. No puede hacerlo todo a la vez.

¿Le gusta andar con apoyo? ¿Qué tal es su equilibrio?

Cuando le aguanto las manos, camina manteniendo muy bien el equilibrio. Sabe ir de la silla al televisor cuando está de pie. Avanza agarrándose a la mesa, pasando por las esquinas. Y se pasea por la habitación empujando el paquete de pañales. Ayer, el paquete se le escapó y consiguió dar tres pasos sola.

Jetteke, 34ª semana

Si notas que tu bebé tiene muchas ganas de andar, échale una mano. Sujétalo bien, pues su equilibrio es muy inestable. Practica con él juegos para que se acostumbre a mantener el equilibrio, sobre todo cuando transfiere su peso de una pierna a otra. No emprendas nunca largas caminatas con el bebé. Eso no le ayudará a aprender más rápido. Tu bebé no andará hasta que no esté listo para hacerlo.

Me irrita la lentitud de su coordinación. No gatea, ni se incorpora solo. Se limita a quedarse sentado, toqueteando sus juguetes.

Dirk, 29ª semana

No te desesperes si tu bebé no demuestra ningún interés por gatear o andar solo. Todavía no tiene motivos para aprender a andar o a gatear. Hay muchas otras actividades que le enseñarán cosas interesantes, y para él estas cosas son ahora más importantes.

¿Juega con las relaciones entre las partes de su cuerpo?

Si el bebé intenta dominar un movimiento con dos dedos —por ejemplo, el pulgar y el índice—, también estará inventando una nueva «herramienta», el movimiento de pinza, que puede utilizar enseguida. Esto le permitirá coger objetos muy pequeños, como los hilos de la alfombra o los tallos de hierba, o disfrutará tocando y acariciando todo tipo de superficies con los dedos. Y es posible que se divierta de lo lindo examinado todos los detalles de objetos muy pequeños.

Explora toda la habitación y detecta cualquier irregularidad; si hay migas en el suelo, las coge entre el pulgar y el índice y se las mete en la boca. Tengo que estar siempre atenta a que no se coma nada raro. Ahora dejo que coma trocitos de pan ella sola. Al principio se metía el pulgar en la boca en lugar del pan que mantenía entre sus dedos. Pero ahora está haciendo progresos.

Odine, 32ª semana

Los bebés también pueden empezar a comprender la conexión que hay entre lo que hacen sus manos, y pueden aprender a controlarlas mejor. Esto les permite hacer dos cosas a la vez. Si ves que tu bebé intenta coordinar el movimiento de las dos manos, aliéntale a hacerlo. Dale un juguete para cada mano y luego hazlas chocar. O deja que haga este movimiento sin juguetes, para que dé palmas. Inténtalo. Déjale golpear los juguetes contra el suelo o la pared. Aliéntalo a pasarse los juguetes de una mano a otra. Y deja que coloque dos juguetes en el suelo al mismo tiempo y luego los recoja.

Ahora le ha dado por golpear todo lo que cae en sus manos. Parece una enfermedad.

Jetteke, 29ª semana

Los mejores juegos para el mundo de las relaciones

Hay algunos juegos y actividades adecuados para los bebés que exploran el mundo de las relaciones y que parecen gustarles más a esta edad. Sea cual sea el tipo de juego que elijas, el lenguaje puede empezar a desempeñar un papel importante en los juegos.

EL JUEGO DEL ESCONDITE («CUCÚ»)

Se trata de un juego muy popular a esta edad. Las variaciones son infinitas.

Esconderse con un pañuelo

Cúbrete la cabeza con un pañuelo y espera a ver si tu bebé te lo quita. Mientras tanto puedes preguntarle: «¿Dónde está mamá?». El bebé sabrá que sigues ahí, porque puede oírte. Si no intenta quitarte el pañuelo, cógele la mano y ayúdale a tirar de él. Cuando vuelvas a aparecer di «¡Cucú!».

Variaciones sobre este tema

Tápate la cara con ambas manos y luego apártalas, o escóndete detrás del periódico o de un libro que mantienes delante del bebé. Al pequeño le encantará verte aparecer detrás de una planta o de debajo de la mesa. A fin de cuentas, no te pierde del todo de vista.

Intenta esconderte del todo

Escóndete en un lugar llamativo, por ejemplo detrás de una cortina. De este modo el bebé podrá seguir los movimientos de la cortina. Cerciórate de que ve cómo desapareces. Por ejemplo, avísale de que vas a esconderte (si no sabe gatear) o de que tiene que buscarte (si sabe gatear). Si no te mira o si se distrae por un momento, llámalo por su nombre. Prueba a hacerlo desde detrás de una puerta. Esto le enseñará que «irse» siempre va seguido de «volver». Recompénsalo cada vez que te encuentre. Álzalo en brazos o abrázalo: lo que prefiera.

¿Dónde está el bebé?

Muchos bebés descubren que pueden esconderse debajo o detrás de algo. Suelen empezar con un trapo o una prenda mientras les cambian los pañales. Aprovecha cualquier oportunidad para convertir en un juego algo que haya iniciado el bebé. De este modo aprenderá a tomar la iniciativa.

Esconder juguetes
Intenta esconder juguetes debajo de un pañuelo. Asegúrate de que utilizas algo que le guste al bebé o algo a lo
que tenga mucho apego. Muéstrale cómo y dónde lo has
escondido. Pónselo fácil la primera vez. Procura que
una parte del juguete quede a la vista.

Esconder juguetes en la bañera
Pon gel de baño en la bañera y deja que el bebé juegue con la espuma. Esconde juguetes debajo de la espuma y pídele que los busque. Si sabe soplar, enséñale a
apartar la espuma soplando. O dale una pajita para que
sople.

ALIÉNTALE A HABLAR

Habla a menudo con tu hijo, escúchale, léele cuentos y
practica juegos en los que susurres, cantes y hables para
que así le resulte atractivo hablar.

Mirad juntos los libros de ilustraciones
Ponte el bebé en el regazo, pues suele ser la posición
que más les gusta. Deja que elija un libro para mirar juntos. Di el nombre de las cosas que mire el bebé. Si se
trata de un libro de animales, imita los sonidos de los
animales. A los bebés les suele encantar oír a sus madres ladrar, mugir o graznar. Además, son sonidos que
puede imitar, y ello le permite participar de verdad. Deja
que sea él quien vuelva las páginas del libro, si así lo
desea.

El juego de los susurros
A la mayoría de los bebés les encanta que les susurren
sonidos o palabras al oído. También les divierte que les
soplen un poquito, haciéndoles cosquillas en el oído,
quizá porque ahora comprenden lo que es soplar.

JUEGOS CON CANCIONES Y MOVIMIENTO

Estos juegos pueden utilizarse para alentarlo a cantar y hablar. Asimismo mejoran el sentido del equilibrio del bebé.

«Arre caballito»

Coloca el bebé sobre tus rodillas, procura que esté bien erguido y te mire. Sujétalo por debajo de los brazos y balancéalo suavemente al tiempo que cantas «Arre caballito»:

Arre caballito,
vamos a Belén,
que mañana es fiesta
y el otro también.

Arre borriquillo,
arre burro, arre,
corre más deprisa
que llegamos tarde.

«Al paso, al paso»

Coloca el bebé sobre tus rodillas y de cara a ti. Sujétalo bien por debajo de los brazos y canta la siguiente canción, incrementando poco a poco el ritmo:

Al paso, al paso, al paso.
Al trote, al trote, al trote.
Al galope, al galope, al galope.
Al galope, al galope, al galope.
Al galope, al galope, al galope.

(Repítelo varias veces si ves que el bebé se divierte, y al final abre las piernas para que el bebé se deslice hasta el suelo.)

JUEGOS DE EQUILIBRIO

Muchas canciones, como las anteriores, constituyen también buenos juegos de equilibrio. He aquí algunos más:

Jugar sentado

Siéntate cómodamente. Coloca el bebé sobre tus rodillas. Sujétale las manos y muévelo lentamente de izquierda a derecha, para que vaya pasando el peso de una nalga a la otra. Intenta inclinarlo hacia delante y hacia atrás con cuidado. Esto último es lo que más les gusta. Asimismo puedes moverlo dando círculos, pequeños o grandes, a la izquierda, hacia atrás, a la derecha y hacia delante. Adapta el juego al bebé. Tiene que resultarle suficientemente emocionante como para querer recuperar por sí solo el equilibrio. También puedes mecerlo como un metrónomo al tiempo que imitas el tictac de un reloj al ritmo de sus movimientos.

Jugar de pie

Arrodíllate en el suelo, coloca el bebé frente a ti y, sujetándolo por la cadera o las manos, muévelo suavemente de izquierda a derecha para que transfiera su peso de una pierna a la otra. Haz lo mismo hacia delante y hacia atrás para que el peso del bebé pase de la punta de los dedos a los talones. Adapta el juego al bebé. Tiene que resultarle suficientemente emocionante como para querer recuperar por sí solo el equilibrio.

Volar

Agarra bien al bebé, levántalo en el aire y «vuela» por la habitación. Súbelo y bájalo. Gira a la izquierda y a la derecha. Hazlo volar en pequeños círculos y en línea recta. Y también marcha atrás. Varía el movimiento todo lo que puedas y usa diversas velocidades. Si a tu bebé le gusta, intenta hacerlo aterrizar con cuidado boca abajo, de cabeza. Acompaña la sesión de vuelo con diferentes sonidos de zumbidos o chirridos. Adapta el juego a los gustos de tu bebé. Cuanto más te fijes en sus reacciones, más fácil te será encontrar el juego que mejor le vaya.

Boca abajo

A los bebés físicamente activos les gustan los juegos «duros», las volteretas y que los pongan boca abajo. Sin embargo, también hay bebés que se asustan si los ponen boca abajo. Los juegos han de ser divertidos, así que sólo debes practicar este juego si divierte a tu bebé. Se trata de un ejercicio sano para él. Recuerda que has de sujetar bien su cuerpo cuando lo mantienes boca abajo.

JUGAR CON JUGUETES

Por ahora, los mejores «juguetes» son todas las cosas que el bebé puede encontrar en casa. Los mejores juegos consisten en vaciar armarios y estanterías, dejar caer cosas al suelo y tirarlas lejos.

El armario del bebé

Organiza un pequeño armario para el bebé y llénalo de cosas que le resulten especialmente atractivas. Normalmente se tratará de cajas y hueveras vacías, rollos vacíos de papel higiénico, platos de plástico, o botellas de plástico con un tapón y llenas de algo que suene. También le encantarán las cosas con las que pueda armar mucho ruido, como una olla, unas cucharas de madera y unos llaveros viejos.

Dejar estrellarse algo contra el suelo

A algunos bebés les gusta oír mucho ruido cuando dejan caer algo al suelo. Si es el caso de tu bebé, conviértelo en un juego sentándolo en su trona y colocando una bandeja de metal en el suelo. Dale bloques y enséñale cómo tiene que tirarlos para que hagan ruido al chocar contra la bandeja.

LOS PASEOS EN BICICLETA

A todos los bebés les encanta estar fuera cuando hace buen tiempo. Les gusta sentarse en una sillita acoplada a la bicicleta, delante o detrás. Si lo sientas detrás, procura detenerte con frecuencia para enseñarle cosas junto al camino y hablarle de las cosas que ve.

NATACIÓN PARA BEBÉS

A muchos bebés les encanta jugar en el agua. Algunas instalaciones disponen de piscinas especialmente caldeadas para niños pequeños y horas especiales en que los bebés pueden jugar con sus padres en el agua.

A LA GRANJA

Una visita a una granja o a un parque que tenga patos puede ser una experiencia emocionante para un bebé. Allí podrá ver «en vivo» a los animales que ya conoce por los libros. Se divertirá viendo sus bamboleos, tambaleos, golpeteos o saltos. Y le encantará dar de comer a los animales y observarlos mientras comen.

Los mejores juguetes para el mundo de las relaciones

Éstos son los juguetes y objetos que mejor se adaptan a las nuevas habilidades del bebé en estos momentos.
- Su propio armario o estantería.
- Puertas.
- Cajas de cartón de diferentes tamaños; hueveras vacías.
- Cucharas de madera.
- Tazas acoplables.
- Bloques de madera.
- Cuentas gigantes.
- Bloques de juegos de construcción.

- Pelotas (lo suficientemente ligeras para que pueda hacerlas rodar).
- Libros con ilustraciones.
- Álbumes de fotos.
- Cintas de música.
- Juguetes para el baño: cosas que pueda llenar y vaciar, como botellas de plástico, tazas de plástico, coladores de plástico, embudos, botes.
- Coches con ruedas que giran y puertas que se abren y se cierran.
- Juguetes que emiten un sonido al darles la vuelta.
- Animalitos que hacen ruido al estrujarlos.
- Tambores.
- Pianos de juguete.
- Teléfonos de juguete.

¡Recuerda! No olvides retirar o tomar precauciones con:
- Los enchufes.
- Los cables.
- Las llaves.
- Los desagües.
- Las escaleras.
- Las botellas de cristal.
- Los tubos (de dentífrico).
- El equipo de música.
- Los mandos a distancia (para la televisión y el vídeo).
- Las plantas.
- Las papeleras y los cubos de basura.
- Los relojes y los despertadores.

Romper los viejos hábitos y establecer nuevas reglas

Cuando el bebé está ocupado en aprender nuevas habilidades, puede llegar a ser muy irritante para la madre. Ello se debe a que sus antiguas costumbres y reglas de conducta ya no se ajustan a los progresos actuales del bebé. La madre y el bebé tienen que «renegociar» nuevas reglas para recuperar la paz y la armonía.

> Siempre lo he acunado para dormirlo mientras mamaba. Pero ahora me irrita. Tengo la impresión de que ya es lo bastante mayorcito como para irse directo a la cama. Mi marido también está dispuesto a llevarlo a la cama de vez en cuando, pero no hay forma. Y nunca se sabe, quizás algún día tenga que hacerlo otra persona. Ahora he empezado a acostumbrarlo a irse directamente a la cama una vez al día, pero se resiste.
>
> *Thijs, 31ª semana*

Recuerda

Romper viejos hábitos y establecer nuevas reglas forma parte del desarrollo de una nueva habilidad. Podrás exigirle a tu bebé aquello que comprenda, nada más ni nada menos.

EL PROBLEMA DE LA «MAMÁ QUE SE VA»

Los padres se sienten cada vez más irritados si no tienen oportunidad de realizar sus actividades cotidianas. Una vez que el bebé ha cumplido 29 semanas, la mayoría de las madres deciden que las cosas tienen que cambiar. Empiezan a romper gradualmente el viejo hábito («siempre estás agarrado a mí») y a establecer una nueva regla («también necesito tiempo y espacio para moverme»). Casi siempre lo hacen distrayendo al bebé, a veces ignoran sus llantos durante un rato, o lo ponen en la cama cuando ya se han hartado de su conducta.

Hagas lo que hagas, ten en cuenta cuánto puede soportar tu bebé antes de asustarse de verdad. La idea de que puedes abandonarlo siempre que quieras puede ser aterradora para él y puede costarle mucho asimilarlo.

> Me saca de quicio que se agarre a mis piernas cuando intento cocinar. Parece como si decidiera ponerse más pesado cuando estoy ocupada. Cuando se pone así, lo meto en la cama.
>
> *Rudolf, 30ª semana*

IRRITACIONES DURANTE LAS COMIDAS

A esta edad, los bebés empiezan a darse cuenta de que ciertos alimentos saben mejor que otros. Así que, ¿por qué no elegir el más sabroso? Al principio, muchas madres lo encuentran divertido. Sin embargo, pronto acaba por exasperarlas que el bebé se ponga quisquilloso. Se preguntan si estará comiendo lo suficiente. Intentan distraerlo para meterle la cuchara en la boca en algún momento inesperado. O le persiguen todo el día con comida.

No lo hagas. Es imposible obligar a tragar a un bebé que está empeñado en no comer. Y ello, a su vez, no hará más que angustiarte todavía más. De este modo, las comidas se convierten en un campo de batalla. Deja de discutir. No puedes obligarle a comer, así que ni lo intentes. Si lo haces, puedes aumentar su rechazo por todo lo que tenga que ver con la comida. Recurre a tácticas diferentes y utiliza otras habilidades que tu bebé puede aprender. Ahora puede intentar sujetar algo entre el pulgar y el índice, pero necesita practicar mucho, así que para su coordinación es bueno que se alimente solo. A los bebés de esta edad les encanta tomar sus propias decisiones, y si tiene la libertad de comer solo se lo pasará mejor cuando come. Aprovecha estas nuevas habilidades. Es posible que mientras coma con los dedos esté de mejor humor para dejar que tú le des de comer. Seguramente se pondrá perdido, pero aliéntalo. Pon cada vez dos trozos de comida en su plato, para que se mantenga ocupado. Normalmente será más fácil darle de comer si tiene algo de comida para intentar comer solo.

Asimismo puedes hacer que las comidas sean más agradables para el bebé dándole de comer delante de un espejo. De este modo podrá ver cómo se lleva la cuchara o la comida a la boca y cómo le vas dando de comer. No te preocupes si al principio no funciona. Muchos bebés tienen problemas con la comida de vez en cuando, y siempre los superan.

Por último, hay madres que se irritan por determinados hábitos a la hora de comer, mientras que otras los consideran normales.

> Lo que realmente me molesta es que se meta el pulgar en la boca después de cada bocado. ¡No estoy dispuesta a tolerarlo! ¡Cada vez que lo hace tenemos bronca!
>
> *Ashley, 29ª semana*

TOCARLO TODO PUEDE RESULTAR MOLESTO

Ahora que el bebé está aprendiendo nuevas habilidades, muchas madres se pasan el día prohibiendo cosas. Los bebés que gatean son los que tienen más oportunidad de tocarlo todo. A fin de cuentas, lo que le divierte a él no siempre te divertirá a ti. Así que vale la pena tomar medidas para facilitaros las cosas a ambos. Procura impedir que haga lo que no quieras y ayúdale con las actividades que le interesen. Y sobre todo, recuerda que no eres la única madre que tiene este problema.

> Tengo que estar todo el rato prohibiéndole cosas. Hace una trastada tras otra. Lo que más le interesa es el estante con las botellas de vino, el vídeo, el costurero, los armarios y las estan-

terías o los zapatos. Otro de sus pasatiempos favoritos es volcar las macetas y arrancar las plantas, y comerse la comida del gatos. No paro de avisarla. A veces le doy una palmadita cuando creo que se ha pasado.

Jetteke, 31ª semana

EL PROBLEMA DEL BEBÉ IMPACIENTE

Los bebés pueden mostrarse impacientes por varias razones. No quieren esperar a que les traigan la comida. Se enfadan si un juguete no se comporta como ellos quieren. O si les prohíben hacer algo. O si mamá no les atiende con suficiente rapidez. Por desgracia, los bebés saben exactamente lo que quieren, y no comprenden por qué su mamá les prohíbe algo o por qué no pueden tenerlo enseguida. Has de ser comprensiva, pues eso les resulta frustrante.

> Se está volviendo muy impaciente. Lo quiere todo, y se pone hecha una furia si no consigue coger algo y si le digo que no. Se echa a llorar. Me irrita y me da la impresión de que lo hace tan sólo porque trabajo. Se porta mucho mejor con la canguro.
>
> *Laura, 31ª semana*

> Esta semana la metí en la cama porque no paraba de protestar y lloriquear durante la cena. Después de cada bocado se impacienta y se echa a llorar sin dejar de moverse. Cuando se me pasó el enfado, después de cinco minutos, proseguimos. Las dos nos habíamos calmado.
>
> *Ashley, 28ª semana*

Un respiro después de la tormenta

Entre las 30 y 35 semanas se inicia un período relativamente tranquilo. A partir de entonces, durante una, dos o tres semanas, todos admirarán la alegría, la independencia y los progresos del bebé.

Cada vez es menos tímida. Se ríe mucho. Y se entretiene sola. Vuelve a ser muy ágil y activa. De hecho, este cambio empezó la semana pasada, pero parece que continúa.

Nina, 33.ª semana

Es tan buena que parece otra. Antes lloraba y gimoteaba mucho. Es divertido oírle contar historias. Al verla pasear detrás de su paquete de pañales, me doy cuenta de que ya no es un bebé.

Jetteke, 35.ª semana

Dirk está muy alegre, ahora no cuesta divertirse con él. También me gusta ver que es más activo físicamente y que está más animado. Pero su especialidad es observar a la gente. También habla más. Es un niño encantador.

Dirk, 30.ª semana

No cabe duda de que ha crecido, está más mayor. Reacciona a todo lo que hacemos. Lo observa todo. Y quiere tener todo lo que tenemos nosotros. Casi me atrevería a decir que quiere formar parte de la familia.

Ashley, 34.ª semana

Por fin, un poco de tranquilidad después de un período de cambios constantes. Ha sido una semana maravillosa. Ha hecho otro cambio. Llora menos y duerme más. He notado que de nuevo está surgiendo un patrón, por enésima vez. Ahora le hablo mucho más. Me doy cuenta de que le explico todo lo que hago. Cuando voy a prepararle el biberón, se lo digo. Cuando es la hora de ir a la cama, le digo que se va a dormir y que yo estaré en el salón y que luego iré a buscarlo. Le explico por qué tiene que hacer la siesta. Y eso de hablarle nos va bien a los dos.

Bob, 30.ª semana

Ahora tenemos un tipo de contacto diferente. Como si por fin se hubiera cortado el cordón umbilical. La sensación de dependencia total también ha desaparecido. Me resulta más fácil dejarlo con la canguro. También he notado que le doy más libertad. No estoy encima de él todo el tiempo.

Bob, 31.ª semana

Ésta ha sido una semana muy buena. Está alegre, sabe entretenerse solo con sus juguetes. En la guardería, todo va bien. Está contento con otros niños. Come bien. Es una monada de niño, es ya una personita.

Bob, 32.ª semana

Fotografía

Después del salto
Edad: _____
Observaciones: _____
_____
_____
_____
_____
_____
_____
_____
_____
_____

8

37 semanas: el mundo de las categorías

En torno a las 37 (36-40) semanas notarás que tu bebé intenta hacer cosas nuevas. A esta edad las exploraciones del bebé parecen más metódicas. Quizás observes que tu pequeño coge partículas diminutas del suelo y las examina meticulosamente sujetándolas entre el pulgar y el índice. O tu pequeño *chef* puede decidir reorganizar la comida que hay en su plato, probando qué se siente al aplastar un plátano o al coger las espinacas con los dedos. Cuando lleve a cabo estas investigaciones, adoptará una expresión totalmente seria y concentrada. De hecho, se trata de verdaderas investigaciones que le ayudarán a empezar a categorizar su mundo.

Ahora es capaz de reconocer que ciertos objetos, sensaciones e ideas forman parte de un mismo grupo o categoría. La papilla de plátano tiene una textura y un gusto diferentes al de las espinacas, y no cabe duda de que tienen un aspecto totalmente distinto cuando están en su plato, pero ambas cosas son comida. Se trata de distinciones y similitudes importantes. El salto al mundo de las categorías afectará a todos y cada uno de sus sentidos: vista, oído, olfato, gusto y tacto. El bebé aprenderá más sobre otras personas y también sobre sus propias emociones. Desarrollará las habilidades relacionadas con el lenguaje. Esto no implica necesariamente que el bebé utilice palabras, pero comprenderá mucho más.

Al igual que en anteriores mundos, la llegada de estas nuevas percepciones pone patas arriba su mundo interior. Las ondas cerebrales de los bebés vuelven a evidenciar cambios drásticos en esta época, y no cabe la menor duda de que el bebé experimenta estos cambios internamente. Éstos empezarán a alterar el modo en que percibe el mundo, lo cual al principio le producirá malestar. El período de crisis se iniciará en torno a las 34 semanas (o entre las 32 y 37 semanas). Este período suele durar unas cuatro semanas, aunque puede variar entre tres y seis semanas.

> ### Recuerda
>
> Si notas que tu bebé está enmadrado, obsérvalo con atención para ver si intenta dominar nuevas habilidades.

Se acumulan los nubarrones: los signos de un gran cambio

Todos los bebés llorarán más de lo que han hecho durante las últimas semanas. Sus madres notarán que están más gruñones, llorones, nerviosos, malhumorados, descontentos, indóciles, intranquilos o impacientes. Todo ello es comprensible.

El pequeño está bajo una fuerte presión, pues desde el último salto sabe que su madre puede irse siempre que quiera y abandonarlo. Al principio, este descubrimiento desconcertó a la mayoría de los bebés, pero en las últimas semanas han aprendido a asumirlo a su manera. Todo parecía ir mejor, y de pronto llega el siguiente gran cambio y lo echa todo a perder. Ahora el pequeño quiere volver a estar siempre con su mamá, y al mismo tiempo se da perfecta cuenta de que ella puede irse cuando le dé la gana. Eso le produce más inseguridad y aumenta la tensión que padece.

> Lleva unos días empeñada en estar siempre sentada conmigo. Por supuesto, sin razón aparente. Si no la llevo en brazos, se echa a llorar. Cuando salimos de paseo con el cochecito, quiere que la coja en brazos en cuanto nos paramos.
>
> *Ashley, 34.ª semana*

> Está muy gruñona y parece aburrirse. Coge todo lo que encuentra y luego lo tira al suelo.
>
> *Laura, 35.ª semana*

Si está sentada con alguien, todo va bien. De lo contrario llora mucho. Antes no me hacía estas cosas. Se aburre enseguida en el parque, en su silla o en el suelo.

Eefje, 34.ª semana

Los bebés enmadrados lloran menos cuando están con sus madres, sobre todo cuando las tienen en exclusiva.

No paraba de llorar, estaba insoportable. Si me quedaba con él o si lo cogía en brazos, todo iba bien. Varias veces me he hartado de tantas exigencias y lo he metido en la cama.

Dirk, 36.ª semana

Signos de que el bebé está creciendo de nuevo

Entre las 32 y 37 semanas es posible que observes que tu bebé manifiesta una de las siguientes conductas. Será un signo de que está listo para dar el siguiente salto, cuando el mundo de las categorías se abre frente a él:

- Llora más a menudo; está de mal humor, gruñón o inquieto.
- Tan pronto ríe como llora.
- Quiere que lo distraigas (más a menudo).
- Se aferra (más a menudo) a ti.
- Está demasiado «mimoso».
- Tiene (más a menudo) berrinches.
- Está más tímido con los extraños.
- Quiere un contacto físico más «estrecho».
- Duerme mal.
- Parece tener «pesadillas» (más a menudo).
- Pierde el apetito.
- Habla menos.
- Está menos animado.
- A veces se queda sentado sin hacer nada, como soñando despierto.

- No quiere que lo cambies.
- Se chupa el dedo (más a menudo).
- Coge sus juguetes favoritos (más a menudo).
- Se comporta como un bebé pequeño.
- Otros cambios que hayas observado _____

_____

_____

¿Cómo saber que ha llegado el momento de crecer?

¿SE AFERRA A TI?

A los bebés les puede entrar miedo cuando ven que su madre va y viene. Los que no gateen no podrán hacer otra cosa que echarse a llorar. Algunos se quedan aterrados cada vez que su madre da un paso. Los bebés que gatean pueden seguir a su madre y a veces se aferran tanto a sus piernas que casi les impiden moverse.

Otra semana difícil. Ha llorado mucho. Se agarra a mi falda. Cuando salgo de la habitación, se echa a llorar y me sigue a gatas. Cuando cocino, se coloca detrás de mí, me coge por las piernas y se pega tanto a mí que no puedo moverme. Llevarlo a la cama es una verdadera lucha. Tarda mucho en quedarse dormido. Sólo quiere jugar si juego con él. De vez en cuando es demasiado.

Bob, 38ª semana

En estos momentos está muy mimosa. Mientras pueda verme,
todo va bien. Si no, se echa a llorar.

Jetteke, 38.ª semana

La llamo mi «sanguijuela». Insiste en agarrarse a mi pantalón.
De nuevo quiere estar siempre conmigo y encima de mí.

Xara, 36.ª semana

¿ESTÁ MÁS TÍMIDO CON LOS EXTRAÑOS?

Es posible que tu bebé quiera mantener a otras personas a mayor
distancia que antes. El deseo de estar cerca de mamá es más evidente en presencia de otras personas, a veces incluso cuando se
trata del padre o el hermano. A menudo no tolera que nadie —salvo
su madre— lo mire o le hable. Y la madre es casi siempre la única
que puede tocarlo.

Ya vuelve a estar más tímida con los extraños

Odine, 34.ª semana

Cuando un extraño le habla o lo coge en brazos, empieza a llorar de inmediato.

Paul, 34.ª semana

Cuando tenemos visita, se abalanza sobre mí y se sienta en mi
regazo, su barriga contra la mía, se aferra a mí y sólo entonces
mira a ver quién es.

Rudolf, 34 semana

Vuelve a mostrarse tímida con los extraños, y se asusta cuando
alguien quiere tocarla o cogerla en brazos.

Xara, 36.ª semana

¿QUIERE UN CONTACTO FÍSICO MÁS ESTRECHO CONTIGO?

Algunos bebés se aferran como lapas a sus madres cuando están
sentados con ellas o cuando los llevan en brazos. Algunos se ponen
furiosos si la madre intenta dejarlos inesperadamente.

Se enfada si la dejo por un momento. Cuando vuelvo a cogerla, siempre me pellizca. Y si el perro tiene la desgracia de estar cerca, lo pellizca a él antes de que yo la coja.

Xara, 35.ª semana

Quiere que lo lleve en brazos y se abraza a mi cuello o me tira del pelo.

Thijs, 36.ª semana

Es casi como si le pasara algo a su cama. Me la llevo arriba, profundamente dormida, y en cuanto nota el colchón abre los ojos de par en par. ¡Y cómo llora!

Laura, 33.ª semana

¿QUIERE QUE LO DISTRAIGAS?

La mayoría de los bebés empiezan a exigir más atención, e incluso los bebés que no suelen causar problemas no siempre aceptan estar solos. Algunos bebés exigentes no se dan por satisfechos hasta que su mamá les presta toda su atención. Quieren tenerla «en exclusiva» y que además los mire mientras juegan. Algunos se ponen muy pesados en cuanto la madre presta atención a otra persona u otra cosa, como si tuvieran celos.

Cuando hablo con otras personas, empieza a berrear para que le haga caso.

Paul, 36.ª semana

Le cuesta más quedarse en el parque, jugando solo. Exige más atención. Le gusta tenernos cerca.

Dirk, 34.ª semana

¿DUERME MAL?

La mayoría de los bebés duermen peor. Se niegan a ir a la cama, les cuesta más conciliar el sueño, y se despiertan más temprano. Algunos no quieren dormir de día, otros de noche. Y los hay que no quieren dormir ni de día ni de noche.

Se despierta a menudo por las noches. A veces, a las 3 de la madrugada se queda jugando en la cuna durante una hora y media.

Thijs, 33.ª semana

Por las noches aguanta mucho, y no quiere irse a la cama. Duerme poco.

Odine, 33.ª semana

Últimamente llora en sueños.

Juliette, 33.ª semana

¿TIENE «PESADILLAS»?

Los bebés también pueden tener un sueño muy intranquilo. A veces gritan y se remueven de tal manera que las madres creen que tienen pesadillas.

Se despierta más a menudo por la noche. Una vez parecía estar soñando.

Paul, 37.ª semana

Se despierta una y otra vez en plena noche, llorando. Cuando la saco de la cuna, se tranquiliza. Luego la vuelvo a meter en la cuna y sigue durmiendo.

Xara, 35.ª semana

¿ESTÁ EXCESIVAMENTE MIMOSO?

A esta edad, los bebés empiezan a recurrir por primera vez a nuevas tácticas para poder quedarse con sus madres. En lugar de llorar y quejarse, optan por algo totalmente diferente, como besar y abrazar a su madre hasta hacerla «papilla». A veces cambian de conducta —primero están protestones y luego mimosos— para ver qué funciona mejor para que les hagan caso. Por otra parte, la madre de un bebé independiente sin duda se llevará una agradable sorpresa cuando por fin le haga cariñitos.

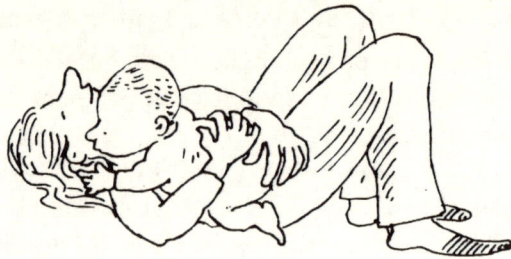

Unas veces no quería nada. Otras veces estaba muy mimosa.

Ashley, 36.ª semana

Está más cariñoso que nunca. Cada vez que estoy cerca de él, se agarra a mí y me abraza. Tengo el cuello lleno de manchas rojas de tanto «besuqueo». Ahora ya no tiene tantas prisas en irse. A veces se queda sentado y deja que le lea un libro. ¡Me encanta! Por fin quiere jugar conmigo.

Thijs, 35.ª semana

Está enmadrado y lo demuestra estando más mimoso y cariñoso, acostándose a mi lado, abrazándose a mí y tumbándose entre los dos en la cama. La gente me dice que esto está mal, que parece «incestuoso». Pero yo creo que mientras dure y le guste, tenemos que disfrutar de él.

Steven, 36.ª semana

¿ESTÁ MÁS CALLADO?

A veces el bebé está más callado. Se le oye «hablar» menos, permanece más quieto y no juega tanto como antes. Otras veces deja lo que estaba haciendo y se queda tumbado sin hacer nada y con la mirada perdida. No te preocupes, es algo temporal.

Está más callado que de costumbre y mira absorto. Me da la impresión de que algo le preocupa, como si estuviera a punto de enfermar o algo así.

Steven, 36.ª semana

¿SE NIEGA A QUE LO CAMBIES?

La mayoría de los bebes protestan, lloran, se mueven mucho y son impacientes e inmanejables cuando los tumban para cambiarles de pañal, vestirlos o desvestirlos.

> Vestirla, desvestirla y cambiarle el pañal es una pesadilla. Se echa a llorar en cuando la tumbo. Me saca de quicio. Es algo terrible.
>
> *Juliette, 35.ª semana*

> Le ha cogido manía a que la vistan y desvistan. Normalmente arma un follón de mil demonios.
>
> *Xara, 36.ª semana*

¿SE COMPORTA MÁS COMO UN BEBÉ PEQUEÑO?

Por primera vez, algunas madres se dan cuenta de que surge un comportamiento «regresivo», que creían superado. No es la primera vez que se produce un retroceso como éste, pero se hace más evidente a medida que el niño crece. A las madres no les gustan los retrocesos, pues les producen inseguridad. Pero estos cambios son totalmente normales. Son una señal de que está a punto de aparecer algo nuevo. Intenta descubrir de qué se trata. Los retrocesos breves son normales en todas las fases de crisis. Alégrate de que ocurran, pues significan que tu bebé está haciendo progresos.

> Le cuesta quedarse dormida. Empieza a llorar del mismo modo que cuando acababa de nacer.
>
> *Juliette, 32.ª semana*

> Todas las noches tengo que acunarle y cantarle una nana para que se duerma, como solía hacer antes.
>
> *Steven, 35.ª semana*

¿HA PERDIDO EL APETITO?

Durante esta fase, muchos bebés parecen menos interesados en la comida y la bebida. Algunos no tienen apetito, se cierran en banda y se saltan algunas comidas. Otros se empeñan en comer solos. Y otros, en fin, son quisquillosos, escupen la comida y lo dejan todo hecho un asco. Debido a ello, la mayoría de los bebés tardan más de lo normal en acabarse la comida.

Si tu hijo es exigente a la hora de comer, es posible que además esté inquieto durante las comidas, que se niegue a comer cuando le pones el plato delante y quiera comer en cuanto se lo quitas. O puede querer mucha comida un día y negarse a comer al día siguiente. Todas las variaciones son posibles.

> Durante tres días no quiso mamar. Era terrible. Me sentía como si fuera a explotar. Luego, cuando decidí que quizás iba siendo hora de darle menos el pecho, porque llegaba la temporada de llevar camiseta, decidió que quería mamar todo el día. Y a mí me entró miedo de no tener suficiente, porque él ya no comía nada más. Pero por ahora parece que todo funciona. Todavía no he tenido ninguna queja.
>
> *Thijs, 34ª semana*

Preocupaciones e irritaciones

MAMÁ SE SIENTE INSEGURA

Las madres suelen preocuparse cuando notan que el bebé está gruñón y enmadrado. Quieren comprender por qué se comporta de este modo y se tranquilizan cuando creen haber encontrado una buena explicación. A estas alturas, la mayoría de las madres deciden que se trata de problemas de dentición, pero éste puede no ser el caso.[1]

> Tiene molestias con los dientes de arriba. Me pide constantemente que haga cosas con ella. Como pasear o jugar.
>
> *Eefje, 34ª semana*

---

1. En caso de duda, consulta siempre con el médico de cabecera, el pediatra o el centro asistencial.

MAMÁ SE QUEDA AGOTADA

Si tu hijo exige mucha atención y duerme poco, es posible que te sientas muy cansada, sobre todo al final de la crisis. La mayoría de las madres con bebés exigentes acaban exhaustas. A veces piensan que ya no podrán seguir así por mucho tiempo. Algunas tienen dolores de cabeza, dolor de espalda y náuseas.

> A veces me desanimo cuando se queda despierta hasta medianoche, aunque esté jugando alegremente. Cuando por fin se queda dormida, me derrumbo. Me siento vacía y soy incapaz de pensar. Mi marido no me ayuda para nada. Incluso se enfada porque presto tanta atención al bebé. Él es de los que piensan: «Déjala llorar».
>
> *Nina, 37ª semana*

> Cuando está gruñón y llora tanto, los días se me hacen interminables.
>
> *Bob, 35ª semana*

MAMÁ SE HARTA

Durante los períodos de crisis, casi todas las madres acaban irritadas por el comportamiento de sus bebés. Cada vez les molestan más el mal humor, la impaciencia, el llanto o las constantes exigencias de contacto físico o atención del bebé. Les irrita que no quieran separarse de ellas, que resulte tan difícil vestirlos o cambiarles el pañal, y que sean tan quisquillosos a la hora de comer.

> Cuando volvió a estar de malas (no quería nada y estaba muy intranquila), la metí en la cama. Es algo que me cansa y me molesta mucho.
>
> *Jetteke, 37ª semana*

> Me harté mientras la vestía y la traté con rudeza. Ya no aguantaba más que llorara y se moviera tanto. Además, había estado lloriqueando sin cesar todo el día: en el parque, en la trona y en la cama.
>
> *Juliette, 35ª semana*

Una vez que estaba muy inquieto mientras le cambiaba el pañal, lo puse en el suelo de su habitación y lo dejé solo. Se calmó enseguida. Poco después vino a buscarme con un grito. Después se mostró más cooperativo.

Rudolf, 37ª semana

Esta semana me he vuelto a enfadar con él. Lloraba tanto que le grité: «¡Cállate!». Esto lo asustó mucho. Primero me miró abriendo mucho los ojos y luego se quedó cabizbajo, como si realmente se avergonzara de su conducta. Era conmovedor. Después de esto estuvo mucho más tranquilo.

Paul, 37ª semana

He decidido no darle el pecho más de dos veces al día. Estoy harta de tanto capricho. Un día lo quiere todo, al siguiente no quiere nada. En casa he dejado de arrullarlo mientras mama. Parece que funciona. Pero cuando estamos en casa de otros lo sigo haciendo.

Thijs, 37ª semana

PELEAS

Hacia el final del período de crisis, la mayoría de las madres que amamantan a sus hijos consideran la posibilidad de destetarlos. Les irrita la conducta caprichosa del bebé, que unas veces quiere mamar y otras no. La pesadez con que el pequeño intenta salirse siempre con la suya es otra razón para que las madres piensen seriamente en dejar de amamantarlo.

Quiere mamar cuando le conviene. Y lo quiere enseguida. Si a mí no me va bien en ese momento, le da un berrinche. Tengo miedo que estos berrinches se conviertan en una costumbre y que pronto intente salirse con la suya a base lloros y pataleos. Así que voy a dejarlo.

Steven, 36ª semana

Las peleas también surgen cuando las madres y los bebés no consiguen llegar a un acuerdo sobre la cantidad de contacto físico y atención que quiere el pequeño y que la madre está dispuesta a darle.

Cada vez me molesta más que esté tan enmadrado y llorón. Cuando viene alguien a visitarme, apenas se separa de mí. Me gustaría poder apartarlo de mí, y a veces lo hago. Pero con ello sólo consigo que se enfade aún más.

Rudolf, 37ª semana

No pierdas el control

Recuerda que no es peligroso tener sentimientos de ira y frustración por los pequeños llorones, pero sí lo es dejarse llevar por estos sentimientos. Procura buscar ayuda antes de perder los estribos.

Los primeros intentos de dominar nuevas habilidades

Me parece haber llegado otra vez a un punto muerto. Sus juguetes están tirados en un rincón desde hace semanas. Tengo la sensación de que he de ofrecerle juguetes más estimulantes. Quiero decir, juguetes que supongan un reto para él. Fuera está muy animado, hay muchas cosas que ver. Pero en casa se aburre.

Bob, 36ª semana

Cuando el bebé cumpla aproximadamente 37 semanas, notarás que vuelve a estar más tranquilo, y si lo observas de cerca verás que intenta hacer o hace cosas nuevas. Juega de otra forma con sus juguetes, le gustan otro tipo de cosas o es capaz de concentrarse más o de examinar más detenidamente las cosas. ¡Felicidades! Está dando otro salto. Tu hijo ha empezado a explorar el mundo de las categorías.

El gran cambio: el mundo de las categorías

Después del último salto, el bebé empezó a descubrir relaciones entre las diferentes cosas que encontraba, tanto en el mundo exterior como en lo relacionado con su cuerpo. Se fue familiarizando con todos los aspectos de este mundo. Descubrió que él es una criatura igual que su mamá, que puede moverse del mismo modo que ella: es capaz de imitarla, y ella a él. Aprendió que otras cosas también se mueven, pero de una forma muy diferente a los seres humanos, y que además hay otras cosas que no se mueven por sí solas.

Una vez que adquiere la capacidad de percibir y experimentar con las categorías, empieza a comprender que puede clasificar su mundo en grupos. Descubrirá que ciertas cosas son muy parecidas, que se asemejan o que hacen un ruido parecido, o que tienen el mismo gusto, olor o textura. En resumidas cuentas, descubre que distintas cosas pueden tener los mismos rasgos.

Por ejemplo, ahora puede descubrir el significado de la palabra «caballo». Aprenderá que todos los caballos pertenecen a esta categoría, ya sean pardos, blancos o con pintas; ya sea un caballo que está en el campo, en un establo, en una fotografía, en un cuadro o en un libro de ilustraciones; ya sea un caballo de yeso o uno de verdad. Sigue siendo un «caballo».

Naturalmente, el bebé no adquiere esta nueva comprensión de la noche a la mañana. Antes tiene que conocer bien a las personas, los animales y los objetos. Tiene que darse cuenta de que determinadas cosas poseen ciertas similitudes que las hacen pertenecer a una categoría. Por consiguiente, ha de ser capaz de detectar estas similitudes, y ello requiere práctica y tiempo. Cuando tu bebé adquiera la capacidad de percibir las categorías, comenzará a experimentar con ellas. Empezará a estudiar de un modo especial a las personas, los animales y los objetos. Los observará, los comparará y los dispondrá de acuerdo con sus similitudes, y luego los incluirá en categorías específicas. Esta comprensión de una categoría es el resultado de una amplia investigación que el bebé realiza como si de un verdadero científico se tratara. Observa, escucha, toca, prueba y experimenta con las similitudes y las diferencias. El bebé trabaja duro durante sus investigaciones.

Más tarde, cuando empiece a hablar, comprobarás que ya ha descubierto muchas de las categorías que utilizamos, y a veces les dará un nombre. Por ejemplo: su «casa de coches» podría ser lo que llamamos garaje, su «casa de bloques» es el edificio en que vivimos, y lo que él denomina «planta de plumas» es un helecho. Los nombres que utiliza hacen referencia al rasgo que considera más característico de una determinada cosa.

En cuanto el bebé adquiere la capacidad de dividir su mundo en categorías, puede empezar a hacer precisamente esto. No sólo examina qué es lo que convierte a algo en un *caballo*, un *perro* o un *oso*, sino también lo que hace que algo sea *grande, pequeño, pesado, ligero, redondo, blando, pegajoso*, así como *triste, contento, bueno* o *travieso*.

Los juegos que forman parte de las investigaciones sobre bebés demuestran claramente que, a partir de esta edad, los bebés reaccionan de forma diferente. Algunos investigadores han llegado a la conclusión de que la inteligencia empieza a aparecer a esta edad. A primera vista puede parecer cierto, pero no significa que los bebés no hayan tenido nunca pensamientos antes de esta edad. De hecho, tienen una manera de pensar que se adapta perfectamente a cada fase de su desarrollo. Por desgracia, los adultos no comprendemos cómo es esta manera de pensar y sólo podemos imaginar cómo podría ser (que es lo que intentamos hacer a lo largo de este libro). Cuando el bebé empieza a clasificar el mundo en grupos, tal como lo hacemos nosotros, su manera de pensar se parece más a la de los adultos. Y puesto que empieza a pensar como nosotros, somos capaces de comprenderlo mejor.

Más como uno de los nuestros

El uso de diferentes categorías en nuestro lenguaje es propio de nuestra manera de pensar. Ahora el bebé puede empezar a comprender y utilizar también esta manera de pensar. Gracias a ello, a partir de ahora la madre y el bebé se comprenderán mejor.

Esta capacidad de percibir y experimentar con categorías influye en todo lo que hace. Cambia el modo en que experimenta las cosas, y ahora es el momento de descifrarlo.

Cambios cerebrales

En torno a los 8 meses, las ondas del cerebro del bebé evidencian enormes cambios. Además, el perímetro craneal se incrementa mucho y el metabolismo de la glucosa en el cerebro cambia.

¿Cómo explora el bebé el nuevo mundo de las categorías?

Al igual que los anteriores mundos del bebé, éste es demasiado grande para poder explorarlo de una vez. Sus nuevas habilidades empiezan a surgir en torno a las 37 semanas, pero hay un amplio abanico de cosas a las que puede aplicar sus talentos de investigador. *Qué* hará y *cuándo* lo hará depende por completo de su carácter, sus preferencias y de las oportunidades que se le ofrezcan. No te alarmes si muchas de estas actividades parecen no formar parte de su repertorio hasta mucho más tarde. Lo que realmente está aprendiendo el bebé en este mundo es el concepto de categoría: una vez que lo comprenda, al aprender una habilidad acabará adquiriendo otras habilidades. La regla de oro es «ayúdale, pero no lo fuerces».

Reconocer animales y objetos
- Demuestra que sabe reconocer una categoría; puede hacerlo reconociendo animales u objetos como coches o aviones tanto en imágenes y juguetes como en la vida real.
- Demuestra que distingue unas formas —por ejemplo, «redondo»— de otras, al elegir repetidas veces los objetos redondos de un montón.
- Demuestra que cree que algo esta «sucio», por ejemplo arrugando la nariz.
- Demuestra que cree que algo es «divertido» o

«bueno» emitiendo un sonido o haciendo un movimiento característico.

- Comprende los nombres de animales u objetos, como peine, calcetín, barra de pan, gatito, oveja o pato. Cuando le preguntas «¿Dónde...?», se pone a buscar enseguida. Cuando le dices «Coge tu...», a veces lo coge.
- Repite palabras después de ti una y otra vez.
- Mira las cosas a través de una pantalla, por ejemplo a través de un tamiz, la mosquitera o el cristal.
- Otros cambios que hayas observado _____

_____

_____

Reconocer a la gente como gente
- Empieza a relacionarse más con otras personas mediante sonidos y gestos.
- Imita a otras personas más a menudo que antes; imita lo que hacen.
- Quiere jugar más a menudo con otras personas.
- Llama a los miembros de la familia (adjudica a cada uno un sonido especial).
- Otros cambios que hayas observado _____

_____

_____

Reconocer a las personas, incluso en entornos distintos
- Reconoce a las personas cuando las ve en una situación completamente diferente.
- Hace muecas frente al espejo, saca la lengua y se echa a reír.
- Observa una cosa o una persona en la habitación y luego intenta encontrarla en el espejo.
- Otros cambios que hayas observado _____

_____

_____

Reconocer emociones
- Se da cuenta cuando mamá es cariñosa con otro

niño; tiene celos por primera vez cuando su mamá hace caso a otro niño (en cambio, no se muestra celoso si su mamá se enfada con otro niño).

- Consuela a un animalito de peluche que se ha caído o que él ha tirado adrede al suelo.
- Se muestra más cariñoso cuando quiere algo.
- Exagera sus humores; hace cuento para que todos sepan cómo se siente.
- Se muestra más sensible a los humores de otras personas, por ejemplo se echa a llorar cuando ve llorar a otro niño.
- Otros cambios que hayas observado _____

_____

_____

Cambiar de papeles
- Puede invertir los papeles e iniciar un juego él solo.
- Juega al escondite con un bebé más pequeño.
- Le da el biberón a su madre.
- Le pide a su madre que cante, y luego aplaude.
- Pide que jueguen con él al escondite, ocultándose detrás de algo.
- Te da los bloques y te pide que los apiles.
- Otros cambios que hayas observado _____

_____

_____

Las preferencias de tu bebé: la clave de su personalidad

Con el mundo de las categorías, el bebé adquiere toda una gama de posibilidades nuevas. Entre las 37 y 42 semanas hará su propia selección entre un amplio abanico de cosas con las que puede experimentar. Elegirá lo que más se ajuste a él y a sus intereses en esta fase de su desarrollo. Algunos bebés seguirán especializándose con determinadas inclinaciones que habían demostrado anteriormente, mientras que otros se aventurarán en un territorio nuevo. Tiene ante sí un mundo muy grande para explorar y conviene no comparar demasiado al bebé con otros. Cada bebé es único.

Observa de cerca a tu bebé cuando vayas a señalar las cosas que selecciona de las listas anteriores («¿Cómo explora el bebé el nuevo mundo de las categorías?»). Descubrirás cuáles son sus intereses y qué es lo que hace de él un ser único. Respeta sus preferencias y ayúdale a explorar las cosas que le interesen.

Los bebés son así

A los bebés les encantan las cosas nuevas, por ello es importante que reacciones cada vez que observes que muestra habilidades o intereses nuevos. Disfrutará compartiendo sus descubrimientos contigo y ello le permitirá aprender más rápido.

Cómo ayudar al bebé a aprender nuevas habilidades

El bebé necesita tiempo y ayuda para poder comprender lo mejor posible por qué algo entra o no entra en una determinada categoría. Puedes ayudarle dándole la oportunidad y el tiempo de experimentar y jugar de modo que aprenda por qué algo pertenece a una determinada categoría. Ofrécele estímulo y consuelo cuando sea necesario. Propónle nuevas ideas.

Brinda a tu bebé la oportunidad de ampliar su comprensión de las categorías. Poco importa qué categorías explore antes. Una vez que comprenda una o dos de ellas, le será más fácil aplicar esta comprensión a otras categorías. Algunos pequeños prefieren empezar reconociendo objetos, otros reconociendo personas. Déjate guiar por tu bebé. A fin de cuentas, es imposible que lo aprenda todo a la vez.

Déjale que descubra categorías

Cuando el bebé empiece a experimentar con las categorías notarás que, en realidad, está examinando y comparando toda una serie de características. Utiliza las relaciones para descubrir de qué van las categorías, y al hacerlo aprenderá las características más importantes de todo lo que examine. Descubrirá si algo rebota o no, si es pesado o ligero, grande o pequeño, redondo o cuadrado, qué textura tiene, etc. Examinará algo desde todos los ángulos, lo pondrá boca abajo o de costado, le dará la vuelta rápido y luego despacio. Es la única manera que tiene de descubrir que «esto es una pelota y aquello no» o «esta forma es redonda, la otra no».

¿Has observado alguna vez cómo mira tu bebé las cosas que están a cierta distancia? Normalmente lo hace moviendo la cabeza hacia atrás y hacia delante. Y lo hace por una razón. Está aprendiendo que aunque él se mueva, las cosas mantendrán su tamaño y su forma. Está jugando con este descubrimiento. Averigua lo que le gusta explorar a tu bebé y cómo quiere hacerlo. Ofrécele las oportunidades que necesita.

> En la bañera intenta coger el agua que sale del grifo. Cierra la mano alrededor del agua y cuando la abre no hay nada dentro. Eso le extraña mucho. Pero es capaz de hacerlo durante un buen rato.
>
> *Paul, 43ª semana*

DEJA QUE JUEGUE CON EL CONCEPTO «UNO» Y «MÁS DE UNO»

Si tu bebé empieza a separar las cosas de una en una, dale juguetes que pueda explorar de este modo. Apila algunos bloques para que pueda quitarlos de uno en uno. Muéstrale cómo hacerlo. Puedes hacer lo mismo con una pirámide de aros de plástico de diferentes tamaños. Prueba también a darle un montón de revistas, que puede ir quitando de una en una. Y averigua qué otros juegos se inventa el bebé utilizando el concepto «uno» y «más de uno».

Primero mete una cuenta en una caja redonda y transparente, y luego la sacude. Luego mete más y vuelve a sacudirla. Cada vez escucha con suma atención y se lo pasa «pipa».

Jan, 41ª semana

«DAR» Y «COGER»

A algunos pequeños les encanta dar y coger cosas. No importa de qué cosas se trate, siempre que puedan seguir dándolas y recibiéndolas: sobre todo esto último. Si tu bebé te da algo, ni que decir tiene que espera que se lo devuelvas enseguida. A menudo comprenden las palabras «dame...» y «por favor», por lo cual puedes combinar este juego de dar y recibir con el lenguaje, ayudándole a comprender mejor las cosas.

«CON RUDEZA» Y «CON CUIDADO»

Algunos bebés prueban a ver qué pasa si tratan a las personas, los animales y los objetos con rudeza y con cuidado. Si el tuyo lo hace, puedes enseñarle que hay cosas que hacen daño, o que algunas cosas pueden romperse. Si experimenta de esta forma, sabrá perfectamente lo que está haciendo.

A menudo me muerde, y a veces trata con bastante rudeza sus juguetes y otras cosas. Sin embargo, otras veces es exageradamente cauteloso. Acaricia las flores con un dedito, para luego aplastarlas. Y cuando le digo «cuidado», vuelve a tocarlas con un dedito.

Bob, 40ª semana

Mientras tomábamos un baño, empezó a examinar mi pezón con mucho detenimiento, con un dedito, para luego empujar y tirar de él. A continuación pasó a examinarse el pene. ¡Con eso tuvo un poco más de cuidado!

Thijs, 41.ª semana

Primero examina mis ojos, orejas y nariz con el dedo índice. Me hace cosquillas. Luego se va entusiasmando más y más. Me toca con más rudeza, empujando y hurgando en mis ojos, tirándome de las orejas y la nariz y metiéndome un dedo en la nariz.

Nina, 39.ª semana

FORMAS Y TAMAÑOS

Algunos bebés sienten especial interés por diferentes formas, como las redondas, cuadradas y con muescas. Observan la forma y recorren su perímetro con un dedo, luego hacen lo mismo con un objeto de forma diferente. Por decirlo así, comparan las formas. Cuando juegan con bloques de plástico o madera, primero suelen elegir las formas redondas, lo cual demuestra que son capaces de reconocerlas. Si tu bebé parece fascinado por las formas, dale algunos bloques que tengan diferentes formas y tamaños. Asimismo descubrirás que en la casa hay muchas cosas con formas interesantes para el bebé. Ayúdale a explorar.

LA SUMA DE SUS PARTES

A muchos bebés les gusta examinar los diferentes componentes de las cosas. Por ejemplo, el bebé puede chupar diferentes lados de un objeto. O apretar la parte superior, el centro y la parte inferior de algo. Explorando un objeto de esta manera conseguirá descubrir cómo está montado. Pero estas exploraciones pueden ir mucho más lejos.

Le gusta manosear los cierres de los armarios y puertas. Si la llave sólo está girada un cuarto, consigue sacarla.

Jan, 37.ª semana

Le chiflan los botones y pulsadores. Esta semana ha explorado todos los rincones y orificios de la aspiradora. También ha apretado los botones. Accidentalmente presionó el botón adecuado y la aspiradora se puso en marcha. Se llevó un susto de muerte.

Bob, 38.ª semana

DEJA QUE JUEGUE A TOCAR MATERIALES DISTINTOS

A algunos bebés les encanta tocar las cosas con las manos para descubrir su textura. De esta manera comprueban si son firmes, pegajosas, ásperas, calientes, resbaladizas, etc. Déjale explorar.

Ahora, cuando juega, se concentra mucho más. A veces incluso examina dos cosas al mismo tiempo. Por ejemplo, con una mano aplasta un plátano y con la otra un trozo de manzana. Mientras tanto va mirando de una mano a otra.

Dirk, 42.ª semana

Examina la arena, el agua, los guijarros y el azúcar poniéndose un poco en la mano y tocándolos durante un buen rato. No intenta metérselos en la boca hasta mucho después.

Bob, 40.ª semana

Hay bebés a quienes les gusta frotar su cuerpo contra materiales o recoger algo y restregárselo por el cuerpo. Quieren sentir las cosas en cada parte del cuerpo. De esta manera, el bebé se irá familiarizando con todo lo que examina. Bríndale esta oportunidad.

He colgado un columpio en el vano de la puerta. Debajo del asiento hay un nudo, y de eso se trata precisamente. Se sienta debajo del columpio y se sujeta a la jamba, para poder levantarse un poco cuando el nudo le roza el pelo. Se queda sentado para ver qué sensación le produce.

Bob, 39.ª semana

«PESADO» Y «LIGERO»

¿Compara tu bebé el peso de sus juguetes y otros objetos? Entonces dale oportunidad de hacerlo, siempre que la decoración de tu casa lo permita, claro.

> Se pasea por todos lados y levanta por un momento todo lo que encuentra.
>
> *Jetteke, 41ª semana*

«ALTO» Y «BAJO», «PEQUEÑO» Y «GRANDE»

El bebé suele estudiar estos conceptos con su cuerpo. Trepa encima de todo, pasa por debajo. Lo hace tranquilamente, de una forma controlada, casi como si estuviera planeando cómo hacerlo.

> Intenta pasar por debajo de todo a gatas. Primero se queda mirando un rato y luego se pone en marcha. Ayer se quedó atascado debajo del último peldaño de la escalera. ¡Menudo susto nos llevamos!
>
> *Jan, 40ª semana*

Dale espacio para crecer

Un bebé que ya sea físicamente activo adquirirá ahora más destreza y estabilidad para sentarse, estar de pie, gatear y andar. Ello le permitirá hacer muchas más cosas con su cuerpo. Cuando quiera coger algo, puede optar entre sentarse en cuclillas, gatear o trepar sobre los muebles, o ponerse de puntillas.

> Se nota que está perfeccionando su manera de aguantarse de pie. Ahora es capaz de corregir la posición de los pies cuando los tiene mal colocados. Los mira, luego mira alrededor para ver qué sucede cuando los mueve.
>
> *Rudolf, 39ª semana*

> Camina mucho mejor, con más agilidad. Se cae menos y tiene más facilidad para subirse a algo.
>
> *Jetteke, 38ª semana*

A partir de esta edad es cada vez más importante dar suficiente espacio a los bebés. Déjalo gatear por toda la casa, deja que se encarame y que se cuelgue de los rebordes más imposibles. Por ejemplo, coloca la barrera de seguridad en el segundo o tercer peldaño, para que pueda practicar. No olvides colocar un colchón al pie de las escaleras, para que no pueda hacerse daño. Los pequeños también pueden aprender mucho gateando fuera de casa. Dale espacio para hacerlo. Por ejemplo, en el bosque, en la playa, junto a un lago, en el cuadro de arena del parque. Pero no lo pierdas nunca de vista.

Se encarama a cualquier cosa, incluso ha intentado trepar por la superficie lisa de una pared.

Jan, 42ª semana

Estaba sentada en su trona junto a la mesa, y antes de que pudiera darme cuenta se había subido a la mesa. O sea que ahora tengo que tener ojos en la espalda. Una vez se cayó con una silla y todo (una silla normal). Afortunadamente, todo quedó en un buen susto.

Xara, 42ª semana

Convierte tu casa en un lugar seguro para el bebé

Cerciórate de que el espacio por el que se mueve tu bebé es seguro. Sin embargo, no lo pierdas de vista ni un segundo. Siempre se las apañará para hacer algo que puede ser peligroso, algo que a ti ni siquiera se te había ocurrido.

Muestra comprensión por los miedos irracionales

Cuando el bebé aprende una nueva habilidad, también puede descubrir un peligro que hasta entonces parecía no existir. Uno de estos peligros es el miedo a la altura. Cuando el bebé demuestre temor de repente, apóyale, intenta descubrir qué es lo que le preocupa, y ayúdale. Los bebés suelen sentirse confusos por las cosas nuevas hasta que tienen la plena seguridad de que son inofensivas.

> Siempre le gustaba andar cuando practicaba con ella. Ahora, de repente, ha dejado de hacerlo. Incluso parece asustada. Basta con que sospeche que quiero cogerla de la mano para que se siente de inmediato.
>
> *Ashley, 46.ª semana*

> Ahora ya no soporta estar sujeto en una silla. Cuando está en el asiento del coche se pone totalmente histérico.
>
> *Paul, 40.ª semana*

Deja que se meta en el pellejo de otro

A veces el bebé quiere asumir un papel que ha visto desempeñar antes a su madre o a otro niño. Esto es posible porque ahora sabe que es una persona igual que otras personas y que, por consiguiente, es capaz de hacer las mismas cosas que otros. Se puede esconder, igual que hace su madre, para que sea ella quien lo busque. Puede ir a buscar sus juguetes cuando tiene ganas de jugar con ellos. Reacciona siempre que veas que toma una iniciativa, aunque sólo sea por un momento. Ello le enseñará que comprendes lo que quiere y que él es importante.

> Esta semana vino a visitarnos una niña de poco más de un año. Los dos tomaban el biberón. En un momento dado, la niña metió su biberón en la boca de mi hijo y le hizo beber,

mientras ella sujetaba el biberón. Al día siguiente lo tenía en mi regazo y le estaba dando el biberón (es el único modo de que esté sentado en mi regazo) cuando de pronto cogió el biberón y me lo metió en la boca, luego se echó a reír, volvió a beber un poco y me lo metió otra vez en la boca. Nunca antes había hecho nada parecido.

Paul, 41.ª semana

Estaba apoyada en el cochecito del hijo del vecino y empezó a jugar al escondite con él. Los dos se partían de risa.

Xara, 40.ª semana

El pequeño cuentista

Si tu bebé es muy espabilado en los aspectos sociales, será ya capaz de aparentar que está triste, que es un niño bueno o que está afligido. Esto significa que puede manipularte o aprovecharse de ti. Normalmente las madres «pican el anzuelo» durante poco tiempo. Algunas se niegan a creer que su hijo, que no es más que es un bebé pequeñito, pueda ser capaz de hacer algo así deliberadamente. Otras se enorgullecen de ello en secreto. Si ves que tu bebé está fingiendo, deja que disfrute por un momento del éxito, si es posible. Pero al mismo tiempo hazle saber que te das cuenta de lo que está haciendo. Ello le enseñará que utilizar las emociones es importante, pero que no puede hacerlo para manipularte.

Durante el día está muy revoltosa, es un verdadero fastidio, pero cuando llega la hora de irse a la cama se pone a jugar como un angelito. Es como si pensara: «Si me porto bien, no tendré que ir a la cama». De todos modos no sirve de nada meterla en la cama cuando no está cansada, porque se niega a tumbarse. El viernes se fue a dormir a las once y media.

Jetteke, 37.ª semana

No falla: siempre que hablo con otra persona necesita ayuda de repente o hace como si se hubiera hecho daño.

Thijs, 39.ª semana

Recuerda

Romper los viejos hábitos y establecer nuevas reglas forma parte del desarrollo de una nueva habilidad. Podrás exigirle a tu bebé las reglas que comprenda ahora, ni más ni menos.

Sé coherente con tu bebé

Las madres se enorgullecen siempre de los progresos y los logros de su retoño. Automáticamente reaccionan con sorpresa y alegría. Por otra parte, algunos de estos logros pueden ser travesuras. Al principio pueden resultar divertidas y el bebé interpreta el asombro o la diversión de su madre como un visto bueno. Piensa que es muy gracioso y lo repetirá una y otra vez, por mucho que la madre le diga que no.

> Está cada vez más graciosa, porque empieza a hacer diabluras. Dice *brrr* con la boca llena de papilla y me deja hecha una pena, abre los armarios que tiene prohibido tocar, tira el agua del gato en la cocina, etc.
>
> *Laura, 38.ª semana*

> No me hace caso. Si le digo «no», se echa a reír. Incluso se ríe cuando le doy un azote. Sin embargo, cuando la canguro le dice «no», se echa a llorar. Me pregunto si es porque trabajo. Quizá cedo demasiado cuando estoy en casa, porque me siento culpable.
>
> *Laura, 39.ª semana*

Sé coherente

Es preciso que ahora seas más coherente con tu bebé. Si le prohíbes algo una vez, es mejor que no se lo permitas a la siguiente. Al bebé le encanta ponerte a prueba.

Los mejores juegos para el mundo de las categorías

He aquí algunos juegos y actividades que suelen gustar a los bebés de esta edad y que les ayudarán a poner en práctica sus nuevas habilidades.

EXPLORAR JUNTOS

Algunas cosas le parecerán fascinantes al bebé, pero aventurarse solo para emprender un viaje de descubrimiento puede ser peligroso o imposible. Ayúdale. Por ejemplo, muéstrale cómo ha de manejar las cosas frágiles, como los marcos de fotografías o las figuritas decorativas, para que no los pueda romper ni hacerse daño, pero sí satisfacer su curiosidad.

Timbres e interruptores

Deja que tu bebé llame a su propio timbre. Oirá enseguida lo que hace. Déjale también que apriete el botón en el ascensor. Así tendrá la sensación de que hace algo propio de mayores. O que encienda la luz cuando todo esté muy oscuro, para que vea cuál es el efecto. Y de vez en cuando déjale tocar el timbre en el autobús u oprimir el botón del semáforo, y explícale lo que está pasando, en qué ha de fijarse. Ello le enseñará algo sobre la relación que hay entre lo que hace y lo que sucede a continuación.

De paseo

A esta edad, la mayoría de los bebés no se hartan nunca de pasear. Además aprenden mucho estando fuera. Ven cosas nuevas. Tienen oportunidad de mirar las cosas desde lejos. Cuando salgas a pasear con el bebé en el cochecito o en la mochila, deténte de vez en cuando para que pueda observar, escuchar y sentir las cosas más de cerca.

Muéstrale cómo lo vistes y lo desvistes

Muchos bebés parecen ya no tener tiempo para que los vistan y los arreglen. Están demasiado ocupados con otras cosas. Pero les encanta mirarse en el espejo e incluso estarán más interesados si ven que les están cepillando el pelo, los están vistiendo, desvistiendo, etc. Échale una mano. Viste y desviste al bebé frente al espejo para que al mismo tiempo pueda jugar al escondite con él mismo.

JUEGOS DE PALABRAS

Tu bebé comprende a menudo mucho más de lo que tú crees, y además le encanta poder demostrarlo. En esta etapa empezará a ampliar la gama de palabras y frases que comprende.

Nombrar las cosas

Menciona el nombre de las cosas que tu bebé mira o escucha. Y cuando el pequeño exprese con gestos lo que quiere, traduce en palabras esta petición que te acaba de hacer. Ello le enseñará que puede utilizar palabras para expresarse.

Nombrar las cosas en un libro

Sienta al bebé en tu regazo o junto a ti. Deja que elija un libro y dáselo. De este modo podrá pasar las páginas él solo. Señala con el dedo la imagen que está mirando y dile cómo se llama. Asimismo puedes imitar el sonido que corresponde a un determinado animal u objeto. Estimula al bebé a decir la palabra o emitir el sonido. No te empeñes en seguir adelante si adviertes que el bebé pierde el interés. Para mantener la atención de algunos bebés es preciso abrazarlos o hacerles cosquillas después de cada página.

Dale tareas que pueda realizar

Pídele que te pase lo que tiene en la mano diciéndole algo así como «Dáselo a mamá». Otras veces pídele que se lo dé a su papá. También puedes pedirle que vaya a buscar algo, como por ejemplo, «Pásame el cepillo» o «Ve a buscar la pelota». Llámalo algunas veces cuando él no te pueda ver («¿Dónde estás?») y deja que te responda. Felicítale si participa y continúa sólo en el caso de que veas que se divierte.

JUEGOS DE IMITACIÓN

Muchos bebés estudian con gran interés a las personas y les encanta imitar lo que hacen los demás. Si es el caso de tu bebé, aprovéchalo.

¡Haz esto!

Primero pide al bebé que imite lo que estás haciendo, luego imítalo tú a él. A menudo, el bebé no se cansará de repetir lo mismo por turnos. Mientras tanto puedes ir variando los gestos, haciéndolos más rápidos o más lentos. Trata de hacerlos con la otra mano o con las dos. Añade sonidos, o no, según las preferencias que muestre el bebé. Hazlo delante del espejo. A algunos bebés les gusta repetir los gestos delante de un espejo, mirándose para ver cómo se hace.

Hablar delante del espejo

Si tu bebé está interesado, practica delante de un espejo las diferentes formas que adopta la boca al hablar. Conviértelo en un juego. Sentaos juntos delante del espejo y juega con las vocales, las consonantes o las palabras, lo que más le guste al bebé. Dale tiempo para mirar e imitarte. A muchos bebés les encanta verse en el espejo imitando gestos, como pueden ser los movimientos de las manos o la cabeza. Pruébalo también. Si tu bebé puede verse a sí mismo en el espejo mientras te imita, podrá comprobar de inmediato si lo hace como tú.

Cantar y moverse

Canta «Palmas, palmitas» y «Cinco lobitos» y muestra al bebé los movimientos que acompañan a estas canciones. Para ello, coge sus manos en las tuyas y ayúdale a dar palmas o a girar las manos. A veces los bebés imitan por sí solos este movimiento y dan una palmada. O alzan las manos. A esta edad es poco probable que puedan imitar todos los movimientos seguidos, pero les divierte intentarlo.

JUEGOS QUE TE PERMITEN CAMBIAR LOS PAPELES

Alienta al bebé a asumir un papel que te ha visto hacer a ti o a un niño mayor.

¡Que te cojo!

Este juego puede practicarse gateando o andando. De vez en cuando, dale la vuelta al juego: aléjate gateando o andando, indicando claramente al bebé que esperas que te siga. Haz ademán de escapar si ves que intenta cogerte. Si el bebé te atrapa, o tú lo atrapas a él, dale un fuerte abrazo o cógelo en brazos alzándolo en el aire.

El escondite

Escóndete de forma que el bebé vea que desapareces, y luego haz que te busque. También puedes fingir que lo has perdido y lo estás buscando. A veces los bebés se esconden rápido y se quedan muy quietecitos detrás de la cama o sentados en una esquina. Normalmente eligen el lugar donde acabas de esconderte tú, o uno que fue un gran éxito el día anterior. Reacciona con entusiasmo cuando por fin os encontréis.

Los mejores juguetes para el mundo de las categorías

He aquí los juguetes y objetos preferidos de los bebés de esta edad:

- Puertas, cajones, cubiertas y tapas, es decir, todo lo que pueda abrirse y cerrarse.
- Ollas con tapas.
- Timbres, de casa y del autobús, botones en los ascensores, botones de los semáforos o el timbre de la bicicleta.
- Despertadores.
- Pinzas para la ropa.
- Revistas y periódicos (para romperlos).
- Platos y tazas de plástico con cubiertos de plástico.
- Objetos más grandes que él, como cajas grandes o cubos.
- Cojines y edredones para jugar a esconderse.
- Cajas (sobre todo redondas), botes y botellas.
- Cualquier cosa que pueda moverse, como tiradores, cierres o interruptores que puedan girar.
- Cualquier cosa que se mueva sola, como las sombras, las ramas, las flores, las luces parpadeantes o la ropa tendida.
- Pelotas de todos los tamaños, desde las de ping-pong hasta pelotas de playa muy grandes.
- Peonzas musicales.
- Muñecas con caras realistas.
- Bloques de todo tipo de formas y tamaños, cuanto más grandes mejor.
- Una piscina pequeña.

- Arena, guijarros y una pala.
- Un columpio.
- Libros con una o dos grandes ilustraciones por página.
- Pósters con dibujos.
- Coches de juguete.

Cuidado con:
- Los enchufes.
- Los interruptores.
- La lavadora, el lavaplatos, la aspiradora, el secador de pelo (todo tipo de aparatos).
- Las escaleras.

Un respiro después del salto

En estos momentos es un encanto. Se ríe todo el día. A veces juega durante una hora entera en el parque, y está tan gracioso cuando juega... Esta semana parece un niño completamente diferente. Ya no está tan hinchado y parece más ágil. Siempre ha sido un poco lento, pero ahora parece que se ha soltado un poco. Está más animado, más enérgico y aventurero.

Dirk, 42ª semana

Comprende mucho más, y por ello le voy a adjudicar otro sitio, con más posibilidades. Tengo que poder hablar con él más fácilmente. Tiene que estar en un sitio donde pueda comunicarse con todos, por ejemplo a la mesa. Tenemos que estar cerca el uno del otro para hablar. Ahora esto es importante. Cuando salimos de casa, también se fija más en la gente. Además, enseguida entabla contacto con otros. Lo hace haciendo burbujas, emitiendo unos sonidos como si los llamara o inclinando su cabecita interrogativamente.

Bob, 40ª semana

Entre las 40 y 45 semanas vuelve a iniciarse otro período tranquilo, y durante una, dos o tres semanas todos admiran los progresos, la independencia y la alegría del bebé. Ahora se interesa por toda una serie de cosas, desde los jinetes subidos a sus caballos hasta las flores, las hojas, las hormigas y los mosquitos. Muchos niños prefieren pasar más tiempo fuera de casa. De repente, las otras personas empiezan a desempeñar un papel mucho más importante en su vida. Entablan contacto con ellas más a menudo y están más preparados para jugar con ellas. Resumiendo, los horizontes del bebé son más amplios que nunca.

Fotografía

Después del salto
Edad: _____

Observaciones: _____
_____
_____
_____
_____
_____
_____
_____
_____
_____

9

46 semanas: El mundo de las sucesiones

Muchos bebés tienen un talento innato para originar caos a su alrededor. Durante el anterior salto en el desarrollo mental del bebé este talento parecía estar en su punto álgido. Es posible que te asombraras de la destreza que exhibía destruyendo cosas, al verlo desmontar, separar y romper todo lo que estaba a la vista. Si observas de cerca al bebé en busca de nuevas habilidades, es probable que en torno a las 46 semanas (44-48) notes que está haciendo precisamente lo contrario. Por primera vez intenta *juntar cosas*.

El bebé está a punto de descubrir el mundo de las sucesiones. De ahora en adelante empezará a darse cuenta de que, para alcanzar muchos de sus objetivos, ha de hacer cosas en un determinado orden si quiere tener éxito. El bebé mirará primero para ver qué cosas van juntas y cómo se acoplan, *antes* de intentar encajarlas, apilarlas o ensamblarlas. Por ejemplo, antes de intentar apilar un bloque sobre el siguiente se concentrará en afinar la puntería. Introducirá una pieza en un orificio *después* de haber comparado las distintas piezas con el orificio y haber elegido la correcta.

Este mundo ofrece áreas totalmente nuevas para explorar. Observarás que, por primera vez, el bebé parece capaz de atar cabos. A veces consigue realizar una acción tras otra de forma bastante espontánea. Las acciones del bebé parecerán «más conscientes» que antes: el bebé adquiere conciencia de lo que está haciendo.

Este nuevo salto en su desarrollo mental se inicia en torno a las 42 (40-44) semanas. Durante este período en que asume estas nuevas habilidades y aprende a sentirse cómodo en este nuevo mundo, volverá a estar más enmadrado y exigente. ¡A fin de cuentas, es mucho más difícil averiguar cómo se juntan las cosas que cómo se separan! Es comprensible que esta repentina alteración de toda su manera de pensar pueda resultar bastante inquietante. Este período de crisis suele durar cinco semanas, pero puede variar entre tres y siete semanas.

Recuerda

Si notas que tu bebé está enmadrado, obsérvalo con atención para ver si intenta dominar nuevas habilidades.

Se acumulan los nubarrones: los signos de un gran cambio

La mayoría de los bebés llorarán más que en las últimas dos semanas. Pueden parecer enmadrados, gruñones, llorosos, malhumorados, impacientes e intranquilos. Hacen todo lo que está en sus manos para poder quedarse con y junto a mamá. Unos se pasan el día entero angustiados, otros sólo parte del día. Algunos soportan peor que otros la idea de separarse de sus madres. Algunos bebés pondrán en práctica todos sus trucos para quedarse con mamá.

> Cada vez que su hermano se acerca a él y lo toca, se echa a llorar, porque sabe que llorando conseguirá que yo reaccione.
> *Rudolf, 41ª semana*

La mayoría de los bebés lloran menos cuando están con o cerca de sus madres. E incluso se quejan menos cuando ésta les presta toda su atención.

> Procuro hacerlo todo con ella para reducir al máximo sus lloriqueos. Limpio la casa con ella en brazos o apoyada en una cadera, porque de lo contrario no puedo moverme ni un milímetro sin que se cuelgue de mi pierna. Le explico lo que estoy haciendo, cómo preparo el té, cómo saco la bolsita del té, etc. Normalmente también vamos juntas al lavabo. Y si voy sola,

dejo la puerta abierta. En primer lugar para ver si hace algo peligroso, y en segundo lugar para que pueda verme y seguirme a sus anchas. Y siempre lo hace. Ésta es la única forma de que estemos «tranquilas» las dos.

Xara, 43.ª semana

Signos de que el bebé está creciendo de nuevo

Entre las 40 y 44 semanas observarás que el bebé empieza a evidenciar los siguientes tipos de conducta. Puede tratarse de un signo de que está listo para dar el siguiente salto en el mundo de las sucesiones.

- Llora más frecuentemente; a menudo está de mal humor, gruñón o inquieto.
- Tan pronto ríe como llora.
- Quiere que lo distraigas (más a menudo).
- Se aferra (más a menudo) a ti, quiere estar más cerca de ti (más a menudo).
- Está demasiado «mimoso».
- Hace travesuras conscientemente.
- Tiene (más a menudo) berrinches.
- Tiene celos.
- Se muestra más tímido con los extraños.
- Quiere un contacto físico más «estrecho».
- Duerme mal.
- Parece tener «pesadillas» (más a menudo).
- Pierde el apetito.
- Habla menos.
- Está menos animado.
- A veces se queda sentado sin hacer nada, como soñando despierto.
- No quiere que le cambies el pañal.
- Se chupa el dedo (más a menudo).
- Coge sus juguetes favoritos (más a menudo).
- Se comporta como un bebé pequeño.

• Otros cambios que hayas observado _____

_____

_____

_____

¿Cómo saber que ha llegado el momento de crecer?

¿SE AFERRA MÁS A TI?

Algunos bebés hacen lo imposible por permanecer cerca de su mamá. Se aferran a ella aunque no haya extraños cerca. Otros no sienten la necesidad de aferrarse a mamá, pero quieren estar mucho más cerca de ella, para no perderla de vista en ningún momento. Y también los hay que regresan siempre a su mamá, como si quisieran «reponer combustible» antes de volver a irse.

> Quiere estar sentado en mi regazo, quiere ir en brazos, quiere trepar por mi cuerpo, sentarse encima de mí o agarrarse a mis piernas todo el santo día, como un parásito sobre un pez. Y cuando finalmente tengo que dejarlo en el suelo, se deshace en lágrimas.
>
> *Bob, 41ª semana*

> Se sienta sobre mi zapato y se aferra a mi pierna con sus bracitos. Y una vez que se ha abrazado, ya no me suelta. Para que me deje, tengo que inventarme algún tipo de diversión, pero casi nunca funciona.
>
> *Xara, 43ª semana*

En estos momentos apenas se aparta de mi lado, pero me deja tranquila. En realidad, lo que hace es dar círculos a mi alrededor y seguirme, como un satélite en órbita alrededor de la Madre Tierra. Cuando estoy en el salón, se entretiene haciendo algo a mi lado, y cuando me voy a la cocina, se dedica a vaciar la despensa.

Jetteke, 47ª semana

A menudo viene a apretar su barriga contra la mía y luego vuelve a irse. Lo noto sobre todo cuando estoy sentada o en cuclillas haciendo algo. Lo llamo «repostar combustible de mamá».

Thijs, 41ª semana

¿SE MUESTRA TÍMIDO CON LOS EXTRAÑOS?

Cuando hay extraños cerca de él, que lo miran, le hablan o, peor aún, pretenden tocarlo, muchos bebés de esta edad se muestran muy ariscos.

Está un poco tímido. Cuando ve gente que no conoce o si alguien entra de repente en la habitación (¡incluso su padre!), hunde la cabeza en mi cuello. Pero no le dura mucho. Sólo necesita acostumbrarse a ellos.

Thijs, 42ª semana

Está más tímido que nunca. Ni siquiera tolera que lo mire su abuelo.

Rudolf, 43.ª semana

He observado que empieza a estar muy enmadrada. Ahora, cada vez que un extraño intenta abrazarla, se aferra a mí. Pero si le dan tiempo, a menudo acaba yendo por sí sola a su encuentro. Ante todo, tienen que procurar no cogerla demasiado pronto.

Ashley, 47ª semana

¿QUIERE UN CONTACTO FÍSICO MÁS ESTRECHO CONTIGO?

Algunos pequeños se agarran lo más fuerte que pueden a su madre una vez que la han pillado, o cuando están sentados con ella, como si no quisieran darle oportunidad de escabullirse. Hay bebés que se ponen furiosos cuando los dejan en el suelo, o cuando su madre se va un momento al otro lado de la habitación a buscar algo o para hacer algo.

Si nos separamos por un instante, se echa a llorar furiosa. Y cuando vuelvo, siempre empieza pegándome, dándome arañazos, pellizcos y empujones. Si el perro está cerca, se abalanza sobre él. Una vez entré en el salón y me la encontré con uno de los pelos del bigote del perro en la mano.

Xara, 43.ª semana

¿QUIERE QUE LO ENTRETENGAN?

La mayoría de los bebés empiezan ahora a exigir más atención. Tu bebé puede hacer lo mismo. Incluso los bebés tranquilos suelen preferir hacer cosas con su mamá. Los más exigentes preferirían hacerlo día y noche. A menudo el bebé no se queda satisfecho hasta que consigue que su madre le preste atención en exclusiva. Sólo puede tener ojos para él, y estar por él.

No hace más que venir a verme para que le lea un libro, y se queda sentado con más «paciencia» que antes. Es encantador.

Es lo que siempre he querido. Normalmente, nunca se está quieto. Así que cuando por fin quiere pasar un tiempo conmigo, me compensa mucho.

Paul, 44.ª semana

Por lo general está menos activo. El desarrollo de sus habilidades motrices se ha detenido. Ahora se ocupa menos de esto. Tampoco parecen interesarle sus juguetes. Incluso cuando juego con él, no consigue prestar mucha atención. Me prefiere a mí que a sus juguetes.

Bob, 41.ª semana

Cuando le doy el pecho no me deja hacer nada más, ni siquiera hablar con alguien. Tengo que mirarlo, tocarlo o acariciarlo. En cuanto lo dejo por un segundo, se remueve nervioso y patalea con furia, como diciendo: «¡Que estoy *aquí*!».

Thijs, 43.ª semana

¿TIENE CELOS?

El bebé puede estar más gruñón, travieso o cariñoso cuando su madre presta atención a otra persona o a alguna cosa. Este cambio de conducta suele hacer que la madre se pregunte si el bebé no tendrá celos. Este descubrimiento suele sorprenderla.

En estos momentos me estoy ocupando de un bebé de cuatro meses, al que tengo que dar el biberón. Esto siempre le interesa mucho. Pero esta semana estaba insufrible. No dejaba de hacer cosas que normalmente no hace. No hacía más que causar problemas, estaba insoportable. Creo que tiene celos.

Jan, 44.ª semana

¿TIENE FUERTES CAMBIOS DE HUMOR?

El bebé puede estar alegre un día y todo lo contrario al día siguiente. Su humor puede cambiar de repente. Puede estar ocupado y contento haciendo algo, y de pronto echarse a llorar y quejarse. Los cambios de humor se producen así sin más, sin ningún motivo aparente para la madre. A veces esto hace que se sienta insegura.

Lloraba y se aferraba a mí y luego parecía divertirse de lo lindo, lo mismo que si llevara un interruptor incorporado. No sé qué hace, estoy desconcertada. ¿Es posible que de repente le duela algo?

Nina, 43.ª semana

¿DUERME MAL?

La mayoría de los bebés duermen menos. No quieren irse a la cama, les cuesta más conciliar el sueño o se despiertan antes. Algunos duermen muy mal de día. A otros les cuesta más dormir de noche. Y otros no quieren irse nunca a la cama.

No duerme mucho. Por la noche se queda despierta mucho rato, jugando tranquilamente.

Odine, 43.ª semana

Se despierta hasta dos o tres veces cada noche, y tampoco duerme bien durante la siesta. A veces tardo tres horas en dormirla.

Jetteke, 48.ª semana

Simplemente, no quiere irse a la cama. Llora.

Juliette, 42.ª semana

Está más intranquilo. Se despierta varias veces a lo largo de la noche. Cuando es hora de irse a dormir, hay que obligarle a calmarse.

Dirk, 45.ª semana

Antes solía despertarse muy tarde. Por desgracia, eso se ha acabado.

Thijs, 41.ª semana

¿TIENE PESADILLAS?

Algunos bebés tienen un sueño muy intranquilo. Y se mueven y se agitan tanto cuando están dormidos, que sus madres piensan que tienen pesadillas.

Se despertó gritando a pleno pulmón, igual que cuando está enfadada. Supongo que habrá tenido una pesadilla.

Xara, 45ª semana

¿ESTÁ MÁS CALLADO?

Algunos bebés atraviesan una temporada de apatía. Están menos activos o «hablan» menos. Incluso pueden llegar a interrumpir por un tiempo cualquier tipo de actividad y quedarse tumbados con la mirada perdida. Esto no agrada a las madres. Lo consideran «anormal», e intentan animar otra vez al pequeño soñador.

Ya no está tan activa. A menudo se queda sentada, con los ojos bien abiertos, mirando a su alrededor durante un rato.

Odine, 45ª semana

De vez en cuando se queda sentado sin hacer nada, con la mirada perdida. Antes no se estaba quieto ni un momento.

Thijs, 43ª semana

Está más pasivo, más callado. A veces se queda sentado y mira a lo lejos durante unos segundos. No me gusta nada. Es como si no fuera normal.

Bob, 41ª semana

¿SE NIEGA A QUE LE CAMBIES LOS PAÑALES?

Muchos bebés están inquietos y revoltosos cuando los visten, los desvisten o cuando les cambian los pañales. Lloriquean, protestan y se retuercen en cuanto los tocan. A veces las madres se exasperan, otras veces se preocupan.

No se está quieto ni un segundo. A veces, quitarle el pañal es como un forcejeo. Me encanta que sea más activo, pero no veo por qué no puede estarse quieto un momentito.

Dirk, 43ª semana

Vestirla, desvestirla y cambiarle el pañal era como una pesadilla. Ya ocurrió lo mismo hace un tiempo. Pensé que quizá le doliera la parte inferior de su espalda, y empecé a preocuparme cada vez más. Así que la llevé al pediatra, pero su espalda estaba bien. El pediatra tampoco sabía qué podía pasarle. ¡Y ahora todo se ha solucionado por sí solo!

Juliette, 46.ª semana

¿HA PERDIDO EL APETITO?

Muchos bebés parecen tener menos interés por comer y beber. Pierden el apetito o se vuelven muy quisquillosos, comiendo sólo lo que les da la gana. Las madres siempre se preocupan e irritan cuando el bebé está desganado y le hace ascos a la comida.

> No come bien. Pero de repente quiere mamar entre horas y empieza a llorar y a tirarme de la blusa para salirse con la suya. Se despierta mucho a lo largo de la noche, y sólo quiere mamar. Me pregunto si estará comiendo lo suficiente.
>
> *Thijs, 43.ª semana*

¿SE COMPORTA COMO UN BEBÉ PEQUEÑO?

A veces aparece una conducta «regresiva» que creías superada hacía tiempo. A las madres no les hace ninguna gracia que sus hijos se comporten como si volvieran a ser bebés pequeños. Lo consideran como un paso atrás y quieren acabar con ello cuanto antes. Ahora bien, un retroceso durante un período de crisis es del todo normal. Significa simplemente que está a punto de dar otro gran salto adelante.

> Esta semana vuelve a gatear más a menudo. Espero que no tenga que ver con su cadera o que se deba a que empezó a andar tan temprano.
>
> *Jetteke, 44.ª semana*

> Ya no quiere aguantar el biberón, sino que prefiere estar tumbado de espaldas en mis brazos y que le dé el biberón como a un bebé pequeñito. Sin embargo, hace un tiempo se empeñaba en sujetar él solito el biberón. Esta recaída me preocupa un poco. No dejo de pensar: «Espabila ya, sé que puedes ha-

cerlo solo». He puesto varias veces el biberón en sus manos, pero no mueve ni un dedo.

Bob, 41ª semana

Muy a menudo tengo que acunarlo otra vez antes de ir a dormir.

Steven, 41ª semana

Ya no quiere ponerse de pie, enseguida se tira al suelo de rodillas. Por lo demás, está mucho más perezoso.

Bob, 41ª semana

¿ESTÁ «EXCESIVAMENTE» MIMOSO?

El bebé que está «en crisis» empieza a descubrir ahora que puede pedir más atención o contacto físico con buenas maneras. Aplica cada vez más este método y con más refinamiento. Se presenta con libros o juguetes para que sus padres jueguen con él. Persuade a su madre para que juegue con él: le pone una manita en el regazo, se aprieta contra ella o deja reposar su cabecita sobre el regazo de mamá y le sonríe. Los bebés suelen alternar su comportamiento —unas veces se portan «bien» y otras «mal»— a fin de conseguir atención o contacto físico. Prueban a ver qué funciona mejor en un determinado momento del día y en una determinada situación.

Las madres de bebés independientes que no suelen buscar contacto físico se alegran de esta situación, pues significa que por fin podrán mimar a sus hijos.

De vez en cuando venía para que la abrazara. Cuando conversaba con otra persona, se sentaba bien apretadita contra mí. Esta semana ha estado encantadora.

Ashley, 46ª semana

Venía muy a menudo a hacerme cariñitos.

Jetteke, 45ª semana

Estaba muy mimoso y siempre pegado a mí.

Thijs, 42ª semana

A menudo frota su cabecita contra mí, como un gatito, y me sonríe.

Bob, 43.ª semana

Cuando está en la sillita de la bicicleta o en el cochecito, se vuelve constantemente para ver si sigo allí, y luego me da la manita.

Paul, 44.ª semana

Ahora le ha dado por querer sentarse en mi regazo para que le lea un libro. Cuando lo hace, se queda quietecita y me encanta que se quede tan pegadita a mí.

Jetteke, 47.ª semana

Me persigue siempre a gatas. Cuando aparece detrás de la puerta me dedica una gran sonrisa y vuelve a irse rápidamente por donde había venido. A las dos nos encanta este juego.

Ashley, 43.ª semana

¿ESTÁ MÁS TRAVIESO?

Algunas madres notan que su bebé está más travieso que antes. Unos parecen hacer todo lo que les está prohibido. Otros son muy traviesos cuando la madre tiene prisas por acabar algo y apenas puede dedicarles tiempo.

No nos deja hacer nuestras cosas. Cuando estamos ocupados, parece sentir un repentino interés por todo lo que le está prohibido, como el teléfono, las agujas de coser y los botones del estéreo. Tenemos que controlarla continuamente.

Jetteke, 47.ª semana

Me persigue gateando a todas partes. Me parece adorable. Pero si no se la oye, es que está haciendo alguna diablura. Saca los libros de la estantería y la tierra de las macetas. Y siempre vuelve a por más.

Ashley, 43.ª semana

Cuando ve que estoy ocupada, se va gateando en busca de cosas que le están prohibidas.

Nina, 43.ª semana

Se aferra a mí todo el día, y cuando no lo hace, tengo que llamarle constantemente la atención y quitarle cosas.

Rudolf, 43.ª semana

La oscuridad antes del amanecer

MAMÁ SE SIENTE INSEGURA

Las madres a menudo se preocupan cuando el bebé está trastornado. Intentan averiguar la causa de sus frecuentes lloros. En cuanto descubren una, se tranquilizan.[1] A esta edad, suelen decidir que se trata de un problema de dientes.

No era el de siempre. Creo que ha tenido molestias con la boca.

Jan, 43.ª semana

Ha llorado mucho, parecía no haber dormido lo suficiente.

Dirk, 43.ª semana

Está llorosa y enmadrada cada vez que estoy ocupada con algo. Quizá le cueste aguantar a sus hermanas.

Juliette, 42.ª semana

1. En caso de duda, consulta siempre con el médico de cabecera, el pediatra o el centro asistencial.

MAMÁ ESTÁ AGOTADA

Las madres de bebés que exigen mucha atención y no duermen demasiado se sienten exhaustas hacia el final del período de crisis. Algunas se quejan de dolor de cabeza, dolor de espalda, náuseas y falta de concentración.

> Estoy «hecha polvo», porque nadie me apoya ni me comprende. Me gustaría poder descansar una noche. Por las noches no hago más que subir y bajar escaleras. A menudo en plena noche. Ésta es para mí la edad más difícil hasta ahora. Ni siquiera consigo escribir este diario. No puedo concentrarme y acabo dejándolo de lado. Realmente ya no aguanto más.
>
> *Xara, 46ª semana*

MAMÁ SE HARTA

Hacia el final del período de crisis, las madres empiezan a irritarse cada vez más por el comportamiento molesto del bebé. Les irrita que las exigencias del bebé las absorban tanto y que apenas tengan una vida propia.

> Estoy muy ocupada y ya no puedo tenerla todo el día aferrada a mi pierna o frente al fregadero cuando estoy haciendo algo. Ahora, cuando me harto, la meto en la cama. Quizás esté perdiendo la paciencia.
>
> *Juliette, 45ª semana*

> Es agotador no poder dar ni un solo paso. Siempre exige que le haga caso, y de lo contrario le da un berrinche, y poco a poco se me está haciendo insoportable. A veces me parece que me está manipulando, y por ahí no paso. Entonces me harto. Me pregunto si no debería ponerlo en la guardería otra vez. Desde hace unas semanas está todo el día en casa. Al principio todo iba bien, pero ahora, de vez en cuando, noto que estoy un poco agresiva.
>
> *Bob, 46ª semana*

Aunque tengo el bebé más tranquilo del mundo, cuando se echa a llorar de este modo noto que pierdo la paciencia con él y que quiero meterlo en la cama.

Jan, 43.ª semana

A veces la madre se preocupa porque en el fondo sabe que el bebé puede hacer más de lo que demuestra en esos momentos, y que a esta edad ya no tendría que comportarse como un bebé pequeñito. Considera que ya va siendo hora de que se independice más.

Cuando lo tumbo en el sofá para cambiarle el pañal, siempre se pone a gritar. A la hora de vestirlo hace lo mismo. Se me está acabando la paciencia. Considero que ya es demasiado mayorcito para comportarse así. De hecho, ya va siendo hora de que coopere un poco.

Bob, 47.ª semana

PELEAS

Al final del período de crisis, las madres que siguen dando el pecho empiezan a considerar la posibilidad de dejarlo. Una de las razones es que el bebé quiere mamar todo el día. Esto resulta molesto y agotador, y muchas madres empiezan a negarse a dar el pecho a sus bebés. Sin embargo, el pequeño no lo acepta y la cosa suele acabar en bronca.

Me estoy hartando más y más, porque tengo que adormecerlo dándole el pecho. Empecé a hacerlo otra vez porque le costaba mucho quedarse dormido. Ahora se ha convertido de nuevo en una costumbre. Y encima quiere mamar mucho, y si no se sale con la suya se echa a llorar. ¡Y es que ya no me da la gana!

Thijs, 47.ª semana

La buena noticia para las madres que siguen dando el pecho es que el horario de comidas volverá a normalizarse en cuanto acabe el período de crisis. Y una vez que todo ha vuelto a la normalidad, las madres parecen olvidar las irritaciones.

Las peleas también surgen cuando hay que «negociar» con el bebé la cantidad de atención y contacto físico.

Estoy irritada por sus continuos llantos, sólo porque quiere sentarse conmigo. Y me saca de quicio que me muerda si no le contesto con suficiente rapidez. Me duele tanto que automáticamente le doy un empujón. Una vez se cayó contra el calentador y se dio un buen golpe. No era mi intención, pero me sentí culpable y furiosa. Además, ya no soporto que esté tan enmadrado. Me irrita. Sobre todo cuando hay otras personas delante.

Rudolf, 44ª semana

No pierdas el control

Recuerda que no es peligroso tener sentimientos de ira y frustración por los pequeños llorones, pero sí lo es dejarse llevar por estos sentimientos. Procura buscar ayuda mucho antes de perder los estribos.

Los primeros intentos de dominar nuevas habilidades

En torno a las 46 semanas notarás que tu bebé se tranquiliza e intenta hacer cosas totalmente nuevas. Observarás que juega de una forma diferente con sus juguetes y se divierte con cosas nuevas. Ahora sus acciones serán más precisas que antes y prestará más atención a los detalles.

Es ya capaz de comprender que, a veces, una cosa tiene que seguir a otra para formar una «sucesión». Las sucesiones pueden encontrarse y construirse en todos los ámbitos de los sentidos, pero, como de costumbre, el bebé es incapaz de explorarlos todos a la vez. Sus inclinaciones, preferencias y temperamento le ayudarán a seleccionar los aspectos de este nuevo mundo que considere más interesantes y las habilidades que desarrollará. Es preferible ayudarle a hacer lo que realmente está en sus manos hacer, que intentar forzarlo.

El gran cambio: el mundo de las sucesiones

Durante el anterior salto adelante, el bebé se dio cuenta de que ciertas cosas tienen tanto en común, que forman parte de un mismo grupo o categoría. Para categorizar las cosas, el bebé las examinaba desmontándolas. Por ejemplo, separaba uno por uno los bloques de una torre, sacaba la llave de la cerradura o soltaba el tirador de un cajón. Con ello preparó el camino para el siguiente salto, en el cual tiene lugar lo opuesto: empieza a experimentar uniendo cosas. Todos los bebés saben desmontar una torre antes de poder construirla. Incluso esta actividad aparentemente sencilla de elegir el siguiente bloque y luego colocarlo en su lugar exige un salto mental que, hasta ahora, el bebé no estaba preparado a dar.

Cuando aparecen las nuevas habilidades, el pequeño empieza por primera vez a «construir», encajando y «uniendo» cosas. Por ejemplo, ahora puede coger la llave de la mesa e intentar meterla en la cerradura de la puerta del armario. Puede aprender a recoger arena con una pala y meterla en el cubo. Puede aprender a apuntar con la pelota y luego lanzarla. Cuando canta una canción, como «Lelo, lelo», puede empezar a hacer diferentes gestos uno tras otro, sin necesidad de que se los muestres antes. Puede aprender a ponerse comida en la cuchara y luego metérsela en la boca. O a recoger su ropa del suelo y ponerla en la cesta de la colada. A esta edad, los bebés no hacen más que empezar a darse cuenta de que las acciones tienen un determinado orden, y si consiguen ensartar dos acciones es ya todo un éxito. Aunque saben que van juntas, es posible que no siempre lo consigan. Intentarán ponerse el zapato cogiéndolo y frotándolo contra su pie, creyendo que de este modo lo lograrán.

Por las reacciones de tu bebé sabrás que empieza a comprender que ciertos sucesos tienen un orden preestablecido. Notarás que sabe cuál es el siguiente paso en una determinada sucesión.

Cuando se ha acabado una cinta, mira la casete y no los altavoces. Sabe que tengo que hacer algo para que se oiga más música.

Bob, 48ª semana

El bebé empieza ahora a señalar y a llamar a diferentes personas, animales y objetos por su nombre. Cuando lo haga solo, muchas veces seguirá diciendo «da» en lugar de utilizar la palabra correcta. Cuando lo haga contigo, señalará las cosas y te pedirá que digas el nombre o articules el sonido correspondiente. Quizá quiera jugar al revés, y que seas tú la que señales y él quien nombre el objeto. Y por supuesto, no le importará que los señales y los nombres tú. A continuación, cuando lo lleves en brazos es posible que observes que el bebé señala en qué dirección quiere ir.

Los bebés que todavía no se han lanzado a hablar, pueden empezar a decir el nombre de personas, animales y objetos, o parte de estos, por primera vez. Con ello están relacionando la palabra o el sonido con una persona, un animal o un objeto. Señalar o mirar, seguido de una palabra, es también una «sucesión». Pero algunos bebés esperarán todavía un poco antes de hablar y preferirán emprender otras actividades.

¿Cómo explora el bebé el nuevo mundo de las sucesiones?

Este mundo tiene tantas facetas como los otros mundos que ha explorado el bebé en su corta vida. De nuevo, cada bebé tendrá sus propias ideas sobre lo que es interesante. No puede probarlo todo a la vez. Si tu bebé es de esos que escucha y mira, es posible que siga haciéndolo a costa de las actividades físicas. Es totalmente normal que la mayor parte de estas actividades no se evidencien hasta pasados varios meses.

Señalar y hablar

- Sigue y señala a una persona, animal u objeto cuyo nombre acabas de mencionar (en una foto o póster o en la vida real).
- Señala una o dos cosas para que le digas cómo se llaman; puede tratarse de personas, animales u objetos.
- Señala y dice cómo se llama algo que ve.
- Hojea conscientemente un libro, al tiempo que emite diferentes sonidos que corresponden a las ilustraciones.
- Se toca la nariz cuando le preguntas «¿Dónde tienes la nariz?».
- Se toca una parte del cuerpo, por ejemplo su nariz (o la tuya), para que le digas cómo se llama.
- Imita el sonido de un determinado animal cuando lo nombras; por ejemplo, cuando le preguntas «¿Qué hace el gatito?», te contesta «Miau».
- Levanta el brazo cuando le preguntas «¿Cómo vas a ser de grande?»
- Dice «miam» cuando quiere el siguiente bocado.
- Dice «no, no» cuando no quiere algo.
- Utiliza una misma palabra en diversas circunstancias, por ejemplo dice «caca» cuando ve algo sucio, pero también cuando ve algo que le está prohibido tocar (para él, «caca» significa «no lo toques»).
- Otros cambios que hayas observado _____

_____

_____

Qué cosas van juntas y qué viene a continuación

- Sabe que puede meter una pieza redonda en un agujero redondo; coge la pieza redonda de una pila de bloques e intenta meterla en el agujero redondo.
- Intenta encajar tres piezas de un puzzle sencillo.
- Intenta meter monedas por una ranura.
- Intenta encajar dos cubos de diferente tamaño uno dentro del otro.

- Coge una llave e intenta meterla en una cerradura.
- Mira la lámpara y alarga el brazo hacia ella cuando le das al interruptor de la luz.
- Intenta hablar por teléfono.
- Mete objetos en una caja, la tapa, la destapa, saca los objetos y vuelve a repetir el ciclo.
- Intenta poner un aro en una pirámide.
- Al jugar con los coches de juguete imita el sonido del motor haciendo «brrr».
- Coge arena con la pala y luego la vacía en un cubo.
- En la bañera, llena sus juguetes de agua y luego los vacía.
- Examina de cerca dos bloques Duplo y luego intenta encajarlos.
- Intenta garabatear sobre un trozo de papel con un lápiz.
- Otros cambios que hayas observado _____

_____

_____

Hacer y usar herramientas
- Busca un objeto que pueda empujar para aprender a andar.
- Encuentra algo que utiliza como peldaño para poder llegar al lugar deseado.
- A menudo señala con el dedo en la dirección que desea ir cuando lo llevan en brazos.
- Otros cambios que hayas observado _____

_____

_____

Motricidad
- Se baja de las escaleras, de una silla o del sofá dando «marcha atrás». Al principio, incluso gatea marcha atrás hacia la escalera antes de iniciar el descenso.
- Agacha la cabeza para poder dar una voltereta con ayuda.
- Dobla las rodillas, luego estira las piernas con fuerza, para saltar separando ambos pies del suelo.

- Intenta apuntar antes de lanzar una pelota o de «chutarla».
- Al dar sus primeros pasos, mira antes para ver si encuentra un objeto en el que apoyarse.
- Otros cambios que hayas observado _____

_____

_____

Jugar con otros
- Juega realmente contigo; te dice qué juego quiere iniciar, empezándolo él y mirándote con expectación.
- Repite un juego.
- Te engatusa para que juegues con él, por ejemplo, fingiendo que es incapaz de hacer algo que le has visto hacer antes.
- Otros cambios que hayas observado _____

_____

_____

Esconder y encontrar
- Busca algo que has ocultado por completo debajo de otra cosa, ya sea para jugar o porque no quieres que lo toque.
- Esconde algo que pertenece a otra persona, espera a ver qué pasa y se ríe cuando el otro lo encuentra.
- Otros cambios que hayas observado _____

_____

_____

Copiar una serie de gestos
- Imita dos o más gestos uno tras otro.
- Observa cómo es esa misma serie de gestos en la realidad o en el espejo.
- Copia uno o dos movimientos cuando le cantas una canción.
- Otros cambios que hayas observado _____

_____

_____

Ayudar en las tareas domésticas

- Te pasa una por una las cosas que quieres meter en el armario, por ejemplo, sus pañales.
- Si se lo pides, va a buscar objetos simples, por ejemplo su pañal.
- Coge el jersey que acabas de quitarle y lo mete en la cesta de la colada.
- Coge su cubo con «detergente para muñecas» y lo mete en la lavadora.
- Coge la fregona y «friega» el suelo.
- Coge un paño para «desempolvar» los muebles.
- Cuando cocinas, imita lo que haces: golpeando con un tenedor en un cuenco o removiendo con una cuchara.
- Otros cambios que hayas observado _____

_____

_____

Vestirse y arreglarse

- Intenta desvestirse solo; intenta quitarse los calcetines tirando de los dedos de los pies; intenta quitarse la camiseta.
- Intenta ponerse solo un zapato o un calcetín; por ejemplo, coge el zapato o el calcetín y lo frota contra el pie.
- Intenta ayudarte cuando lo vistes; se apoya contra ti cuando le quitas el jersey; incluso puede llegar a alzar el brazo para que le saques la manga; o levanta el pie cuando le vas a poner el calcetín o el zapato.
- Se cepilla el pelo.
- Utiliza cepillo de dientes.
- A veces hace pipí en el orinal.
- Otros cambios que hayas observado _____

_____

_____

Comer solo y dar de comer a otros

- Ofrece comida o bebida a otros mientras él come y bebe.

- Sopla para enfriar la comida antes de tomar un bocado.
- Pincha un trozo de pan con un tenedor pequeño y se lo come.
- Sabe coger la comida con cuchara y luego se la mete en la boca.
- Otros cambios que hayas observado _____

_____

Las preferencias de tu bebé: la clave de su personalidad

Ahora el bebé es capaz de percibir las sucesiones y de jugar con ellas. Esto le abre un mundo de posibilidades y el bebé hará sus propias elecciones de acuerdo con su desarrollo mental, su peso, su constitución física y su coordinación. Algunos son muy sociales y les gusta centrarse en habilidades que tienen que ver con otras personas; otros prefieren los juguetes. Los hay que no dejan escapar ningún detalle, mientras que otros están más interesados en tener una impresión global de muchas habilidades diferentes. Quizá caigas en la tentación de comparar a tu retoño con otros, pero recuerda que cada bebé es único.

Obsérvalo de cerca para determinar cuáles son sus intereses. En el anterior apartado («¿Cómo explora el bebé el nuevo mundo de las sucesiones?», página 246) puedes señalar las cosas que elige. Entre las semanas 46 y 51 seleccionará las habilidades que más le gusten en este mundo. Respeta sus gustos. Descubrirás qué es lo que lo hace único, y si sigues sus intereses le ayudarás a jugar y aprender mejor.

Los bebés son así

A los bebés les encantan las cosas nuevas, por ello es importante que reacciones cada vez que observes que muestra habilidades o intereses nuevos. Disfrutará compartiendo sus descubrimientos contigo y ello le permitirá aprender más rápido.

Cómo ayudar al bebé a aprender habilidades nuevas

El bebé necesita tiempo y ayuda para aprender habilidades nuevas. Ayúdalo dándole la oportunidad y el tiempo de jugar con las sucesiones. Ofrécele aliento o consuelo si no logra hacer algo a la primera. Intenta facilitar sus intentos y hacer más llevaderos sus fracasos.

Dale muchas oportunidades para que entre en contacto con las secuencias. Deja que las vea, oiga, sienta y pruebe, justo lo que él prefiera. Si tiene oportunidad de ver y jugar con muchas series, aprenderá mejor a comprenderlas. Poco importa que prefiera aprender mirando, o que practique con juguetes, con el lenguaje, los sonidos, la música o la motricidad: pronto será capaz de poner en práctica en un área los conocimientos adquiridos en otra.

¿Se empeña en hacerlo todo por sí solo?

Muchos bebés se niegan a aceptar ayuda y se resisten a cualquier tipo de interferencia por parte de otras personas. Estos bebés quieren hacerlo todo ellos solitos, o por lo menos creen que pueden hacerlo. ¿Te suena de algo? ¿Tu bebé come solo? ¿Se cepilla el pelo? ¿Se lava solo? ¿Intenta caminar sin ayuda? ¿Quiere subir y bajar las escaleras solo? ¿Se niega a que le den la mano para ayudarle? Entonces procura ser lo más considerada posible con sus sentimientos. El bebé está ahora en una edad en que empieza a descubrir su independencia.

Antes le gustaba andar cogido de mi mano. Pero ahora, si le cojo la mano, se sienta enseguida. Luego, cuando me voy, vuelve a intentar andar. Y cada vez que tiene éxito, por pequeño que sea, me mira triunfante.

Paul, 46.ª semana

Intenta escribir con un lápiz sobre un papel, igual que hacen sus hermanos mayores. Pero cada vez que su hermano intenta guiarle la mano para enseñarle cómo hacerlo, él aparta la mano.

Rudolf, 48.ª semana

Cuando introducimos las piezas en los huecos, las tira. Pero en cuanto está solo en el parque, intenta copiarnos. A decir verdad, esto me molesta.

Paul, 53.ª semana

Sólo quiere comer si se mete ella sola un trozo de pan en la boca. Cuando lo hago yo, lo escupe.

Laura, 43.ª semana

¿Experimenta haciendo las cosas «por cuenta propia»? ¡Entonces, ten cuidado!

¿Intenta tu bebé descubrir si las cosas pueden hacerse de varias formas? ¿Intenta encontrar modos alternativos para bajar por la escalera? ¿Comprueba si es igualmente hábil con ambas manos? ¿Pone objetos en diferentes sitios, aunque sepa que no es el que les corresponde? Si tu bebé lo hace, simplemente está experimentando. Quiere averiguar qué pasa si cambia el orden de las cosas. Al fin y al cabo, ¿por qué hay que poner la ropa sucia en la cesta de la colada y no en el cubo de la basura o en la taza del váter? Mirándolo bien, el efecto es el mismo. Por lo tanto, ten cuidado. Tu bebé no sabe qué es el peligro.

Cuando quiere subirse a la mesilla de noche, empieza por abrir un cajón, se sube a él y luego se sube a la mesilla. Si abre demasiado el cajón, la mesilla se tambalea.

Jetteke, 49.ª semana

Quita los enchufes y luego intenta volver a enchufarlos. También intenta meter cosas de dos puntas en el enchufe. Así que no puedo permitirme perderlo de vista.

Bob, 48.ª semana

Está empeñado en subir por la escalera él solo, pero hace cosas peligrosas. Sube un peldaño gateando, luego se pone de pie y sigue subiendo de rodillas, se vuelve a poner de pie, y así sucesivamente. No me gusta nada. Tengo que vigilarlo de cerca.

Steven, 45.ª semana

Sé comprensiva con sus frustraciones

Muchas madres consideran que la conducta de sus bebés es rebelde. Pero si te paras a pensar, verás que no lo es. Lo único que quiere el bebé es hacer las cosas por sí mismo. A fin de cuentas, ya empieza a comprender qué cosas van juntas o en qué orden hay que hacerlas. Está convencido de que lo sabe todo y de que es capaz de hacer cualquier cosa. Ya no quiere que interfieras o le digas cómo hay que hacer las cosas. Quiere tomar sus propias decisiones. Pero las madres no están acostumbradas a esto. Ayudan a su hijo como siempre han hecho sin pensarlo dos veces. Saben perfectamente que el bebé no puede hacer bien las cosas que quiere hacer. Y saben que, inevitablemente, sucederá un desastre.

A menudo, los puntos de vista de la madre y del bebé difieren mucho, y eso puede provocar conflictos. La madre piensa que el bebé está siendo muy molesto, y el bebé piensa que su madre es la causante de todos los problemas. Es sabido que los adolescentes atraviesan una fase difícil, pero los bebés tampoco se quedan cortos.

¿Te desafía?

¿Tienes a veces la sensación de estar continuamente prohibiéndole cosas? Entonces observa bien a tu bebé: ¿está siendo realmente desobediente o es que quiere hacer las cosas por sí mismo y tomar sus propias decisiones? ¿No es posible que piense que fracasa porque nunca le dejas intentarlo de verdad?

> Está muy difícil y quiere salirse siempre con la suya. Se enfurece cuando le niego algo. Es agotador.
>
> *Jetteke, 50ª semana*

> Intenta conseguir las cosas llorando y a base de berrinches.
>
> *Thijs, 46ª semana*

> Cuando refunfuño, se echa a llorar y pellizca a todo el que se le acerque, o arranca las plantas de las macetas. Esto me saca de quicio. Se porta mucho mejor cuando está con la canguro.
>
> *Laura, 49ª semana*

> Volvemos a estar en la fase de: «No toques esto» y «No hagas aquello». Pero sabe perfectamente lo que quiere y se enfada mucho si no está de acuerdo conmigo. Hace poco, se enfadó tanto que ni siquiera se dio cuenta de que se había puesto de pie él solo.
>
> *Dirk, 49ª semana*

Dile qué es lo que hace mal

A esta edad, los bebés empiezan a poner a prueba los límites para ver hasta dónde pueden llegar antes de que alguien los detenga. Pero aprenderán mucho si se les dice claramente cuándo lo hacen mal y por qué es malo o peligroso lo que hacen.

Recuerda

Romper los viejos hábitos y establecer nuevas reglas forma parte del desarrollo de una nueva habilidad. Podrás exigirle a tu bebé las reglas que comprenda ahora, ni más ni menos.

Dile qué es lo que hace bien

Cuando haga algo bien, no olvides elogiarlo. Ello le enseñará lo que está «bien» y lo que está «mal». De todas formas, la mayoría de los bebés lo piden por sí solos. Cuando hacen algo bien, quieren ser recompensados todo el tiempo. Te miran sonriendo, llenos de orgullo, o exigen que les prestes atención. Son capaces de repetirlo una vez tras otra y exigir después una recompensa.

Cada vez que pone un aro en la pirámide me mira, riéndose y aplaudiendo.

Eefje, 49ª semana

Distráelo con cosas que le gusten

Si tu bebé está frustrado porque algunas cosas le salen mal o porque no le están permitidas, puedes distraerlo fácilmente con un juguete o con su juego favorito. Por supuesto, éste será diferente para cada bebé.

Esta semana le gustaba jugar al fútbol. Le daba una patada muy fuerte a la pelota y luego nos echábamos a correr tras ella, mientras yo le sujetaba las manitas. A veces se reía tanto que tenía que tumbarse un momento en el suelo para poder recuperar el aliento.

Paul, 48ª semana

Quiere ayudarme todo el rato. Le encanta. Pero me hace perder mucho tiempo. Tardo diez veces más en meter un paquete de pañales en un armario. Me pasa los pañales uno por uno, y antes de dármelo se lo coloca sobre el hombro y lo frota con la barbilla.

Thijs, 48ª semana

¿Juega con palabras?

Al dar este salto, es posible que el bebé empiece a pronunciar sus primeras palabras intencionadas. Si observas que tu bebé lo hace, ayúdalo. Escúchalo y hazle saber que lo comprendes y que te parece maravilloso. No intentes mejorar su pronunciación, pues eso no haría más que aguarle la fiesta, y de todas formas no serviría de nada.

Asegúrate de que siempre utilizas la palabra o palabras correctas. De este modo, a la larga, el bebé aprenderá automáticamente la pronunciación correcta. Durante un tiempo «traducirá» lo que le dices en su propia pronunciación defectuosa.

Empieza a utilizar palabras y señala con el dedo lo que nombra. Ahora le chiflan los caballos. Cuando ve un caballo en algún lugar lo señala y dice «tano». Ayer en el parque le adelantó un gran perro afgano. Eso también era un «tano».

Odine, 48ª semana

De repente dijo «nana» a un gato de juguete. Nunca usamos esa palabra. Tiene muchos animales de juguete. Cuando le pregunto: «¿Dónde está nana?», siempre señala al gato.

Paul, 48ª semana

¿Intenta contarte algo?

Algunos bebés te «dicen» con gestos y sonidos que recuerdan una determinada situación o que han visto antes a alguien. Si notas que tu bebé lo hace, sácale partido. Háblale mucho, explícale lo que has visto y reacciona más tarde cuando te cuente algo.

Cada semana vamos a nadar. Normalmente vemos a la misma gente. Un día nos encontramos en la calle con una de las madres que va a nadar con nosotros, y otra vez vimos a uno de los bebés. De inmediato se puso a gritar «oh, oh» y a señalarlos como si los hubiera reconocido. Luego, en la piscina, vio a una chica que vive cerca de casa y a la que ha visto sólo unas cuantas veces, y reaccionó de la misma manera.

Paul, 49ª semana

De camino a la tienda vimos un gran montón de piedras. Al pasar delante, le dije: «Mira las piedras». Él se las quedó mirando fijamente. Al día siguiente empezó a señalar con el dedo las piedras desde una distancia, al tiempo que me miraba y gritaba «¡eh, eh!».

Steven, 51ª semana

No obligues nunca a tu bebé a seguir jugando

Detente en cuanto veas que el bebé ha perdido interés en el juego. Estará ocupado con otras cosas que le resultan más interesantes en ese momento.

Estoy muy ocupada enseñándole a decir «papá» y a practicar juegos como «¿Dónde está tu nariz?» y «¿Cómo es de grande mi cariñito?», pero por ahora sin mucho éxito. Se limita a reír y a saltar, y prefiere morderme la nariz o tirarme del pelo. Pero me alegra que sea un hombrecito tan dinámico.

Dirk, 49ª semana

Intento cantar canciones con él, pero me da la impresión de que no tiene mucho efecto. No parece estar muy interesado. Parece más preocupado por lo que le rodea.

Jan, 47ª semana

Sé comprensiva con sus miedos

Cuando el bebé aprende habilidades nuevas, se encuentra con cosas o situaciones que no acaba de comprender. En cierto sentido, está descubriendo nuevos peligros. En cuanto reconozca estos peligros sentirá miedo, y éste permanecerá hasta que no esté seguro de que son inofensivos. Por consiguiente, sé comprensiva.

> Quiere sentarse en el orinal, y aunque no haya hecho nada, se lleva el orinal al váter, lo vacía y luego tira de la cadena. O sea que lo que le interesa de verdad es tirar de la cadena. Pero aunque esto parece fascinarla, al mismo tiempo parece asustada. No se asusta cuando es ella quien tira de la cadena, sólo cuando lo hacen otras personas. Entonces no le gusta nada.
>
> *Jetteke, 50ª semana*

> Le encantan los aviones. Los reconoce en todas partes: en el aire, en las fotos y en las revistas. Esta semana, de repente, se asustó por el sonido de unos aviones que volaban muy bajo, aunque no era la primera vez que los oía.
>
> *Laura, 46ª semana*

Los mejores juegos para el mundo de las sucesiones

He aquí algunos juegos y actividades preferidos de los bebés a esta edad. Recuerda que todos los bebés son diferentes. Averigua cuáles son los favoritos de tu bebé.

AYUDAR

Al bebé le gusta sentirse necesitado. Hazle notar que te vendría bien que te echara una mano. A esta edad no será una ayuda real, pero comprenderá las acciones implicadas en las actividades cotidianas. Además, es una buena manera de prepararlo para el siguiente salto.

Ayudar en las tareas domésticas

Muéstrale cómo cocinas, cómo limpias y ordenas las cosas. Deja que coopere. Explícale lo que estás haciendo. Pídele que te pase algunas cosas. Dale un paño para quitar el polvo. Seguro que lo encuentra mucho más interesante que su pañuelo. Si preparas una tarta, dale un cuenco de plástico y una cuchara, para que participe.

Vestirse

Es más divertido si lo haces delante del espejo, para que pueda verse cuando lo desvistes, lo secas y lo vuelves a vestir. Nombra las partes del cuerpo que vas secando. Cuando notes que empieza a cooperar, pídele que te ayude. Pídele que levante los brazos o estire las piernas cuando vas a ponerle un jersey o un calcetín. Y elógialo si lo hace.

Arreglarse

Deja que el bebé se arregle solo. Se divertirá más si lo hace delante de un espejo. De este modo, el bebé puede ver lo que está haciendo. Además, aprenderá más rápido y disfrutará más. Cepíllale el pelo delante del espejo y luego deja que lo intente él. Puedes hacer lo mismo cuando le cepillas los dientes. También puedes intentar que se lave solo. Dale una manopla cuando esté tomando su baño, y dile algo así como: «Venga, lávate la cara». Reacciona con entusiasmo cada vez que lo intente. Ya verás lo orgulloso que se siente.

Comer solo con una cuchara

Deja que el bebé coma solo con una cuchara. O dale un tenedor de plástico que pueda utilizar para comer trocitos de pan o de fruta. Extiende un gran trozo de plástico por debajo de la trona para poder limpiar fácilmente todo lo que haya tirado al suelo.

SEÑALAR CON EL DEDO Y LLAMAR LAS COSAS POR SU NOMBRE

En la mayoría de las ocasiones el bebé comprende mucho más de lo que cree la madre, y además le encanta poder demostrarlo.

Ésta es tu nariz

Tocar y nombrar las partes de su cuerpo ayudará al bebé a descubrir su cuerpo. Puedes practicar este juego mientras lo vistes o desvistes o cuando estáis sentados juntos. También puedes probar a ver si sabe dónde está tu nariz.

Señalar con el dedo y nombrar

Muchos bebés se divierten señalando y llamando a las cosas por su nombre, o emitiendo los sonidos correspondientes. Este juego puede practicarse en cualquier lugar: fuera, en la tienda, en casa o mientras se miran objetos en un libro. Seguro que también te divertirán las «equivocaciones» del bebé.

JUGAR CON MÚSICA Y MOVIMIENTOS

Ahora es posible que el bebé desee participar activamente en las canciones. Quizás intente hacer uno o dos movimientos que acompañan a la canción.

Las canciones como «Palmas, palmitas», «Cinco lobitos» o «Lelo, lelo» combinan la música con los movimientos, y le encantarán al bebé.

«Palmas, palmitas»

Sienta al bebé frente a ti, da palmas y deja que te imite.

Palmas, palmitas,
que viene papá.
Palmas, palmitas,
que pronto vendrá.

«Cinco lobitos»
Pon ambas manos a la altura del rostro y ve girándolas al tiempo que cantas.

Cinco lobitos tiene la loba,
cinco lobitos blancos y negros
detrás de la escoba.
Cinco lobitos tuvo, cinco crió,
y a los cinco lobitos
tetita les dio.

«Lelo, lelo»
Gira las manos al cantar «lelo» y da palmas cuando cantes «la la la».

Lelo, lelo,
lelo, lelo, lelo.
la la la,
la la la,
lala lala lala.
Puedes variar la velocidad de la melodía, primero a un
ritmo lento y luego más rápido.

ESCONDER Y BUSCAR

A muchos bebés les gusta descubrir juguetes que has hecho «desaparecer» por completo.

Abrir un paquete
Envuelve un juguete en un trozo de papel bonito, o ponlo dentro de un paquete de cereales, mientras el bebé te ve. Luego dale el paquete y deja que saque el juguete, como por arte de magia. Alienta todos los intentos que haga.

¿Debajo de qué taza está?

Pon un juguete delante del bebé y escóndelo debajo de una taza. Luego pon una taza idéntica junto a la primera y pregúntale al bebé dónde está el juguete. Elógialo cada vez que busque el juguete, incluso si no lo encuentra enseguida. Si este juego es demasiado complicado al principio, utiliza un trapo en lugar de una taza. Tu hijo podrá apreciar los contornos del juguete a través del trapo. Practica este juego al revés, es decir, dejando que sea el bebé quien esconda algo y tú la que tengas que encontrarlo.

Los mejores juguetes del mundo de las sucesiones

He aquí los juguetes y objetos que más gustan a los bebés ahora:

- Un tren de madera con estaciones, puentes y apartaderos.
- Coches de juguete.
- Muñecas con biberones de juguete.
- Tambores, ollas y cazuelas para golpear.
- Libros con imágenes de animales.
- Arena, con cubo y pala.
- Pelotas de todos los tamaños, desde pelotas de ping-pong a pelotas de playa.
- Cuentas gigantes de plástico.
- Pinzas para la ropa.
- Animales de peluche, especialmente los que emiten un sonido o una melodía al apretarlos.
- Canciones (infantiles).
- Un cubo con orificios para encajar piezas de diferentes formas.
- Coches, trenes o tractores de juguete sobre los que pueda sentarse y moverse,
- Bloques Duplo.
- Pequeñas figuras de plástico que representen a personas o animales.
- Espejos.

¡Atención! Retira o toma precauciones con:
- Los enchufes.
- Las escaleras.
- El equipo de música, el televisor y el vídeo.
- La aspiradora.
- La lavadora.
- El perro u otros animales domésticos.
- Objetos pequeños como piedras, agujas o trocitos de cristal de colores.

Un respiro después del salto

En torno a las 47-52 semanas se inicia otro período de relativa tranquilidad. La mayoría de los bebés son admirados por su alegría e independencia. Notarás que el bebé atiende más cuando le hablas. Parecerá más tranquilo y controlado mientras juega. Se entretendrá mejor solo. Tal vez quiera que lo pongas otra vez en el parque, e incluso es posible que no quiera que lo saques del parque. Y finalmente, parecerá un niño mayor y más «sabio».

Está cada día más encantadora. Se distrae muy bien sola. Ahora es capaz de mantenerse ocupada con algo. Por cierto, esta semana he vuelto a poner el parque. Pero lo que más me asombra es que no parece importarle pasarse una hora en él, mientras que hace unas semanas se ponía a berrear en cuanto me acercaba con ella a «esa cosa». Es como si hubiera redescubierto sus juguetes y como si de hecho le gustara jugar tranquilamente en el parque.

Ashley, 52ª semana

Se ha convertido en una verdadera camarada de juegos de su hermana mayor. Reacciona exactamente como se espera que haga. Llora y ríe. Hacen muchas cosas juntas. También se bañan juntas. Se divierten mucho.

Odine, 47ª semana

Éstas han sido unas semanas estupendas. Vuelve a ser un camarada. En la guardería todo va bien. Llega a casa de buen humor, y siempre se alegra de volver a ver a los otros niños. Por las noches duerme mejor. Comprende muchas más cosas. Parece fascinado con los juguetes con los que juega. Además, vuelve a gatear de una habitación a otra. Y se ríe un montón. Estoy disfrutando de cada instante que paso con él.

Bob, 51ª semana

Fotografía

Después del salto
Edad: _____
Observaciones: _____
_____
_____
_____
_____
_____
_____
_____
_____
_____

Epílogo

En uno u otro momento, todas las madres se las han visto con un bebé llorón, gruñón o enmadrado; resumiendo, un bebé que está difícil; un bebé que, de hecho, necesita volver a «buen puerto». Por consiguiente, las madres que tienen que enfrentarse a un bebé difícil no tendrían que pensar que son una excepción a la regla, pues no son las únicas que se encuentran con este problema. Todas sus «comadres» han pasado, están pasando o pasarán por las mismas preocupaciones e irritaciones cuando sus hijos alcanzan cierta edad. Todas las madres olvidan o quieren olvidar cuanto antes estos tiempos difíciles; de hecho, los olvidan en cuanto han superado el período de crisis. Todos queremos restar importancia a los malos ratos que hemos pasado, una vez que han desaparecido los nubarrones.

Las madres se sentirán más seguras cuando comprendan que la conducta molesta del bebé y su propia zozobra e irritación forman parte de una interacción sana y normal entre madre e hijo, pues el niño lucha por su independencia. La madre sabe lo que está haciendo. Sabe que el bebé no viene con instrucciones de uso en el bolsillo y que cada bebé explorará cada «nuevo mundo» a su manera, y sabe que lo mejor que puede hacer es «escuchar» al bebé, ayudarle a seguir adelante y divertirse. También sabe que la persona que mejor lo comprende es la única persona capaz de ayudarle. Y esa persona es ella; conoce al bebé mejor que nadie. Lo que las madres necesitan realmente es información sobre lo que le pasa al bebé, tanto mental como físicamente, cuando da un nuevo salto adelante en su desarrollo, pues eso les ayudará a comprenderle y apoyarle durante estos tiempos traumáticos. Esto es lo que hemos intentado hacer en este libro.

Hemos mostrado que todos los bebés atraviesan siete períodos de «renacimiento» durante su primer año de vida, y que cada vez que esto ocurre, su mundo se pone patas arriba, y ello hace que el bebé sienta tanta angustia que hará todo lo que esté en sus manos para «aferrarse a mamá». Un bebé volverá siete veces a «puerto» en busca de la seguridad y el consuelo que necesita. Y se preparará siete veces para dar el siguiente salto adelante en un nuevo mundo.

Evidentemente, al bebé todavía le falta un buen trecho. Antes de cumplir 18 meses, dará otros tres saltos: poco después de su primer cumpleaños, otro cuando tenga unas 64 semanas de vida y otro en torno a las 75 semanas. Y esto no es todo: los saltos volverán a aparecer varias veces antes de que logre ser completamente independiente. Incluso hay indicaciones de que los adultos experimentan también estas fases. Como dice el escritor y periodista colombiano Gabriel García Márquez:

Los seres humanos no nacen para siempre el día en que sus madres los alumbran, sino que la vida los obliga otra vez y muchas veces a parirse a sí mismos.

El amor en los tiempos del cólera.
Mondadori, 1987, pág. 213

Índice Temático

abandono por parte de la madre 163, 165
abrir un paquete, juego 262
aburrimiento, evitar 22-3, 46
acciones, conciencia de 229-30
actividad física y desarrollo neurológico 105-6
actividades interactivas 48
adaptación entre madre e hijo 9
aferrarse a la madre 196-7, 232-3
agarrar 96
agotamiento de la madre 44
    véase también madre, sentimientos
alabanzas 256
alegría, gritos de 95
«Al paso, al paso», canción 181
alto y bajo, concepto 216
andar 176-7
animales, reconocer 208-9
apatía 83, 110-1, 149, 200, 237
aprendizaje:
    disponibilidad 61
    e individualidad 65-6, 71-2
    jugando XII, 45-9, 66-75, 92-102, 122-35, 162-85, 211-15, 252-63
armario para los juguetes 183
«Arre caballito», canción 181
arreglarse 250, 260
«Aserrín, aserrán», canción 134
atención, exigir 53, 81, 109, 147, 197-8, 234-5
atributos, reconocer 209, 212, 216

ayuda:
    con las tareas de casa 250, 256-7, 260
    rechazo 252-3

bailar 174
balbuceo 106, 116, 131
bebés difíciles véase bebés temperamentales
bebés exigentes 71-2
bebés prematuros 6
bebés tardíos 6
bebés temperamentales 6-7, 56
bebés tranquilos 72
boca abajo, juego 183

cabeza, apoyar la 109
cambios cerebrales 2, 3, 42, 62, 89, 117, 193, 208
cambios de humor 110, 235-6
cambios de temperatura, sentir 18-19
cambios físicos 43
canciones véase cantar
cantar y moverse, juegos 134, 181, 224, 261-2
cantidades, aprendizaje 212-13
categorías 193-228
causa y efecto, descubrimiento de 156
celos 197-8, 235
charla amena, juego 133
charlas 47, 65, 70, 74
    véase también conversaciones; hablar
chupar, experimento con película 42

chupetes 83
«Cinco lobitos», canción 134
clasificación *véase* categorías
coger 96, 119, 137, 159
cogerlo todo 137
coherencia en el trato 220
comer 152, 187-8, 250-1
    comer solo 245, 260
    compartir la comida de la madre
    129
comida *véase* comer
comidas 197-8
    véase también comer
componentes, investigar 214-5
comprensión 171-2
comprensión de los sonidos por
    parte del bebé 48
comunicación 48, 95
    véase también charlas
conducta, nuevos desarrollos 3-4
conducta «regresiva» 201, 238-9
confianza en sí misma, de la madre
    XI, 27-8, 31, 33
construcción (ensamblar) 229, 244,
    247-8
consuelo 31, 45, 60
    métodos para consolar 39-40
contacto físico 14, 19, 25-6
    aferrarse 197-8, 234
    durante las lloreras 38-41
    mejor momento para 31
    tocar 48
contactos, primeros, madre/hijo
    26-33
control corporal 63-4, 89-90, 118-19,
    158-9
conversaciones 94-5, 131
coordinación, percepción de 156
cosquillas 48, 134
crecimiento rápido 41-3
cuidador principal, *véase* madre

dar y coger, concepto 213
darse la vuelta 116
Debajo de qué taza está?, juego 263
dedos, uso de 125-6
dentición 153
desafío 255

desarrollo, variaciones en la
    velocidad de 91-2, 114, 157-8,
    177, 208
desarrollo mental, siete grandes
    saltos IX, X, 2-3, 267-8
descansos 49, 67
detalles, apreciar 127-8
distancia entre madre e hijo 161,
    163-5, 186-7, 194
distraerse solo 72-3

elecciones y personalidad 8, 65-6,
    91-2, 122, 162, 210-11, 251
emociones, reconocer 209-10
entorno:
    interés por 42, 43-4
    variedad de 67-8
equilibrio:
    juegos 182-3
    aprendizaje 157, 158, 174-7
errores:
    corregir 256
    percepción de los 156
escalar la montaña, juego 101
escondite, juegos 179-80, 225, 249,
    262-3
escuchar 22, 47, 65, 90-91, 120, 160
espacio para un juego activo 216-17
espejo, y juegos 134-5, 222-3, 260
estenosis pilórica 43
estímulo 16, 66, 72-3
estrés, estrategias para combatir el
    44-5
excursiones del bebé, 166
exigencias inmediatas 189
exploración, juegos de 221-2
expresiones faciales, imitar 15
expresión oral del bebé 15, 48
    aliento 93-5
    desarrollo 88

físico del bebé 23-4
formas:
    reconocer 208, 212, 214
    relación con el tamaño 171
fracaso del bebé 162
frases 116, 131-2, 171-2
frío, sentir 19
frustraciones del bebé 254-5, 256-7

fuera de casa, divertirse 184, 221-2

gatear 116, 124-5, 165, 167, 177
gestos:
    comprender y hacer 171-3, 245-6
    imitar 161, 249
girar alrededor del eje 116
golpear 39

habilidades de descubrimiento 126-7,
        193, 212-16
habilidades nuevas 61, 87, 114, 154,
        162-3, 205, 244
    véase también aprendizaje
habilidades para reconocer 22, 51, 61,
        208-10
hábitos viejos 99, 135-6, 186, 220, 255
habla véase hablar
hablar 90-91, 121, 161, 180, 207, 247
    véase también charlas;
        conversaciones; expresión oral
hacer daño a otros 138
hacer cuento 219
hacer la pipa 83, 150, 188
hacer y usar herramientas 248
¡haz esto!, juego 223
hipotermia 19
hospital, reglas después del parto
        28-30

imágenes, mirar juntos 133-4
impaciencia de los bebés 137-8, 189
independencia, luchas por 136-7
inteligencia 207
interés 88
interferencia, rechazo 252-3
interruptores, explorar 221
investigación véase habilidades de
        descubrimiento

juego de las cosquillas 134
juego de las tareas 222-3
juego de los bocados 101
juego de los susurros 180
juego del avión 100, 182-3
juego del escondite 134, 179-80
juego del péndulo 100
juego del tobogán 100

juegos:
    para el mundo de las categorías
        221-5
    para el mundo de las pautas 73-5
    para el mundo de las relaciones
        168-71, 178-84
    para el mundo de las sucesiones
        259-63
    para el mundo de las transiciones
        suaves 99-102
    para el mundo de los sucesos 133,
        135
    y gatear 167
juegos de imitación 223-4
juegos para el baño 75
jugar con otros 249
jugar de pie 182
jugar sentado 182
juguete favorito, necesidad de 150
juguete para consolarse véase juguete
        favorito
juguetes 75-6, 102, 135, 184-5, 225-6,
        263-4
    jugar con 130, 168, 183

lágrimas de verdad 42, 43
lenguaje 116-17, 131-2, 171-3, 193,
        257-8
    véase también charlas;
        conversaciones; hablar;
        palabras
lenguaje corporal 15, 121, 257-8
levantarse, juegos 70-71, 75, 99
levantarse solo 175-6
libros 133, 173-4, 180, 222-3
lloreras 36-40

madre (o cuidador principal) x
    apoyo para el progreso del bebé 9
    exploraciones por parte del bebé
        de 98
    necesidad de tiempo y espacio,
        soluciones 186-7
    sentimientos durante un período
        de cambio 40, 56-7, 111-3, 150-
        4, 202-5, 241-4
    tipo de personalidad, diferente del
        bebé 93

maltratar a los niños 59
manipulación, por parte del bebé
    219
manos:
    control de 64, 68-9, 90
    jugar con 68-9, 73-4
    utilizar 125-6
mantón portabebés 26, 33, 39
masaje para bebés 19, 26, 39
memoria 15
miedos 156-7, 163, 186-7, 217-8, 259
mimos 25-6, 60, 123
    véase también contacto físico
mimoso, excesivamente 199-200,
        239-40
mirar 120, 128, 159-60
mirar y ver, actividades 15, 16-17, 22,
        46-7, 64-5, 91
    cosas de verdad 67-8, 74
    véase también mirar
motricidad 248-9
    véase también gatear; andar
moverse desnudo 98, 125
movimientos:
    ajuste 115
    intencionados 61-2
    más suaves 88-92
    repetidos 115
música 22, 116-17, 128, 174

nanas 134
natación 184
niñas:
    y contacto físico 148
    relaciones con la madre 93, 167
niños:
    y contacto físico 148
    relaciones con la madre 93, 166-7
niños superdotados 71-2
nombrar cosas, juego 222, 246, 261
número, aprendizaje de 212-13

objetos:
    buscar 131
    con algo dentro 169
    esconder 170-71
    examinar 115
    explorar la casa 123
    para desmontar 169-70

reconocer 22, 208-9
    seguir 47, 88-9
    tirar 168-9, 244
    tocar 96, 119, 159, 215-6
    yuxtaposición 155-6
observación 128
oído 17-18
olores, preferencias 18
opiniones del bebé 136-7

padre *véase* madre
padres *véase* madre
palabras:
    experimentos con 257
    juegos 222-3
    primeras 173
«Palmas, palmitas», canción 134, 224,
        261-2
pareja, presencia después del
        nacimiento 27
parque:
    objeciones 155
    uso 76
partes del cuerpo, relaciones 177-8
participar 162
paseos en bicicleta 184
pautas, percepción de 51-78
peleas 204-5, 243-4
peligro *véase* precauciones de
        seguridad
pensar 207
pequeño y grande, concepto 216
percepción de la distancia 143, 155
pérdida del control, evitar 138, 152,
        205, 244
pérdida del apetito 54, 82, 110, 148-9,
        201-2, 238
períodos de crisis ix, 3, 267-8
    correspondencia con la edad 3-4
    duración 6, 36, 52, 79-80, 106, 144,
        194, 230
    más pronunciados 7, 55, 60, 82,
        109, 148, 197, 234
períodos de respiro 76-7, 102-3,
        139-41, 189-91, 226-7, 264-5
personalidad, surgimiento 8, 65-6,
        91-2, 122, 162, 210-11, 251
pesadillas 146, 199, 236-7

pesado y ligero, concepto 216
pies, descubrimiento de 68-9, 73-4
precauciones de seguridad 129-30,
    170, 185, 217, 226, 253-4, 264
preferencias, expresar 16, 45-6, 49, 52
primera palabra 173
primera sonrisa 24
primeros pasos 157, 176
problemas digestivos 43
pronunciación 257

quality time 10
qué pasará ahora, juego 133
¡que te cojo!, juego 224

rechazo a que lo cambien 149, 201,
    237-8
reconocer a la gente 209
reflejo de aprehensión 21
reflejo de Moro 21-2
reflejo de succión 21
reflejos automáticos 21-3, 41, 62, 88
registro de los progresos XII, 10,
    11-12
    del bebé 13, 34, 50, 78, 104, 142,
    192, 228, 266
reglas nuevas 135-6, 186, 220, 256
relaciones 143-92
respirar, respuesta refleja 21
respuestas del bebé como guía 49
risa 95
ruido, divertirse con 183

sabores, preferencias 18
saltar en el regazo, juego 102
sensación 18-19
sentarse, 99
sentarse solo 157, 174-5
sentidos 16-21
señalar 247
    juegos 260-1
siete grandes saltos IX, X, 3, 267-8

signos de cambio 36-41, 52-61, 80-87,
    107-14, 144-54, 194-205, 230-44
sonidos:
    respuesta refleja 21
    véase también escuchar; expresión
    oral
sonrisas:
    primeras 24
    y preferencias 45-6
sucesiones 117, 229-66
sucesos, percepción de 105-42
sueño:
    consejos para dormir 41
    trastornos 55, 82-3, 108, 145-6,
    198-9, 236

tacto *véase* contacto físico
tamaño 171, 212, 214
tareas de la casa, ayuda 250, 256-7,
    260
«tiene suficiente», signos de 67, 258
timbres, explorar 221
timidez con los extraños 54, 82,
    108-9, 146-7, 233-4
tocar 119, 159
tocar (objetos) 96-7, 101, 119, 159,
    215-16
tocar telas, juego 101
tocarlo todo, período de 188-9
tragar 89
transiciones suaves 88-92
travesuras 220, 240-41

ver *véase* mirar y ver
vestir/desvestir:
    el bebé solo 170, 222, 250, 260
    rechazo 149, 201, 237-8
visita a la granja 184
vista *véase* ver

zarandeos y daños al bebé 59, 86,
    113